Angeln

Titel des italienischen Originals: »Pesca«
Einzig berechtigte Übertragung aus dem Italienischen: Manuela Eder
Fachlich redigiert: Andreas Zierhut

Redaktion: Valeria Camaschella
Bildredaktion: Centro Iconografico dell' Istituto Geografico de Agostini
Bildnachweis: Archivio IGDA (C. Bevilacqua, A. Calegari, A. Caligiani, Cammy, Camusso,
P. Cavallero, Foto Grafica, R. Fusconi, D. Gallino, Photo 1, A. Rizzi, C. Sergi, S. Vannini),
W. Danieli, S. Zedda
Herausgegeben von: Studio Booksystem, Novara

Deutsche Erstausgabe

Alle Rechte vorbehalten
Copyright © 1999 by Istituto Geografico de Agostini S. p. A., Novara
Copyright der deutschen Ausgabe © 2000 by Neuer Kaiser Verlag
Gesellschaft m.b.H., Klagenfurt
Kein Teil des Werkes darf in irgendeiner Form (durch Fotografie, Mikrofilm
oder ein anderes Verfahren) ohne schriftliche Genehmigung
des Verlages reproduziert oder unter Verwendung elektronischer Systeme verarbeitet,
vervielfältigt oder verbreitet werden.
Einbandgestaltung: Volkmar Reiter
Satz: Context Type & Sign Pink, St. Veit/Glan
Gesamtherstellung: Gorenjski Tisk, Kranj-Slowenien

WISSENSWERTES · SPORT · TECHNIK

Angeln

**Ausrüstung – Techniken – Fische
Süßwasser – Meer – Küste**

Alfredo Caligiani

VERLEGT BEI
KAISER

Inhaltsverzeichnis

7	Einführung
9	**Angeln im Süßwasser**
10	Gewässertypen
	Fließgewässer
13	Stehende Gewässer
16	Angeln mit Naturköder
	Treibangel mit Pose
21	Köder für die Treibangel
26	Grundangeln
32	Matchangeln
38	Matchangeln mit Pose
46	Stippangeln
52	Angeln mit Kunstköder
	Fliegenfischen (Flugangeln)
66	Spinnen
74	Nymphenzug und Tiroler Hölzl
78	Fliegenzug und Wasserkugel
82	**Süßwasserfische**
	Stör
84	Aal
86	Barbe
90	Karausche
92	Blaufelchen
94	Karpfen
98	Hecht
102	Katzenwels
104	Sonnenbarsch
106	Döbel, Aitel
110	Schwarzbarsch, Forellenbarsch
112	Plötze, Rotauge
114	Bachforelle
118	Seesaibling
120	Wels, Waller
122	Zander
124	Äsche
128	Schleie

131	**Angeln im Meer**
132	Die Angelreviere
	Die Felsenküste
134	Die Sandküste
135	Hafenanlagen
136	Wellenbrecher
137	Flussmündungen
138	Angeln vom Ufer
	Mit der Stipprute
142	Mit der Bolognarute
148	Grundangeln
150	Brandungsfischen (Surfcasting)
158	Matchangeln
160	Matchangeln mit Pose
164	Klippenfischen (Rockfishing)
170	Spinnen
174	Angeln vom Boot aus
	Grundangel und Handschnur
182	Schleppangeln
192	Hochseeschleppen (Big Game)
196	Treib- und Grundangel
	auf der Duftspur
200	**Meeresfische**
	Blöker
202	Conger, Meeraal
204	Zahnbrasse
206	Marmorbrasse
208	Meeräsche, Großkopf
210	Rotbrasse
212	Blaufisch (Bluefish)
214	Makrele
216	Goldbrasse
218	Großer Thun, Roter Thun, Blauflossenthun
220	Glossar
222	Artenverzeichnis

Einführung

Mitunter ist das Angeln ein feinsinniges Spiel, ein Bluff- und Täuschungsmanöver, zum Beispiel dann, wenn man einen Raubfisch dazu bringen will, sich für einen künstlichen Köder zu interessieren. Manchmal ist es auch ein Kräftemessen, ein Kampf, der alle unsere Kräfte fordert, wie etwa wenn man einen Großen Thun an der Schleppangel hat. Für manche Angelmethoden genügen einfache, traditionelle Gerätschaften, die die Fischer schon in grauer Vorzeit mit sich trugen, für andere wiederum benötigt man eine hochspezielle Ausrüstung mit Zubehör auf dem neuesten Stand der Technik. In jedem Fall jedoch ist das Angeln eine faszinierende Aktivität, die uns nicht nur Emotion und Spannung, sondern obendrein noch kulinarischen Genuss beschert. Doch so weit wird man kaum kommen, wenn man nicht in den Grundbegriffen dieser Kunst zumindest theoretisch einigermaßen beschlagen ist. Eben jenes Grundwissen zu vermitteln ist die Aufgabe dieses Führers, er stellt sich in den Dienst des begeisterten Anfängers und gibt ihm einen möglichst vollständigen und klaren Überblick über die faszinierende Welt des Sportangelns, während er dem erfahrenen Angler als Nachschlagewerk und zur Ergänzung seiner Erfahrungen ein nützlicher Helfer ist.

Das Handbuch ist in zwei große Abschnitte unterteilt, die sich jeweils mit dem Angeln im Süß- und im Salzwasser beschäftigen. In beiden Teilen werden sowohl Themen behandelt, die den Anfänger in die Geheimnisse des Fischfangs einweihen, als auch solche, die den fortgeschrittenen Sportangler anregen, neue Materialien und Techniken auszuprobieren. Im ersten Teil werden die verschiedenen Gewässertypen vorgestellt, denn zweifellos zählt das Wissen um den bevorzugten Lebensraum der einzelnen Fischarten zu den wichtigsten Grundkenntnissen für den angehenden Angler. Darauf folgt jeweils ein ausführliches Kapitel, in dem sowohl traditionelle als auch in den letzten Jahren neu entwickelte Techniken vorgestellt werden. Besonderes Augenmerk wird dabei den Auswahlkriterien beim Kauf einer Angelrute und der übrigen Ausrüstungsteile geschenkt, um speziell dem Neuling kostenintensive Fehlkäufe zu ersparen. Im dritten Kapitel jedes Abschnitts werden die verschiedenen Fischarten in alphabetischer Reihenfolge vorgestellt: Erscheinungsbild, Wachstum und Fortpflanzung, Lebensraum und Nahrung der wichtigsten für den Angler bedeutsamen Spezies in Süß- und Salzwasser werden ebenso beschrieben wie die im speziellen Fall am besten geeigneten Angelmethoden. Das Glossar und das Artenverzeichnis im Anhang erleichtern das Verständnis des Textes und das Nachschlagen bestimmter Themenbereiche.

Angeln im Süßwasser

Gewässertypen

Fließgewässer

Das bevorzugte Betätigungsfeld vieler Sportangler im Süßwasser sind die fließenden Gewässer. Nicht nur die reizvolle Umgebung, der abwechslungsreiche Charakter und das große Angebot an kampfstarken Fischarten ziehen den begeisterten Angler an, er kann in dieser Umgebung auch eine ganze Menge unterschiedlicher Techniken einsetzen und die Strömung für sich nutzen. Fische, die in Fließgewässern leben, sind aufgrund der dort herrschenden natürlichen Lebensbedingungen einer harten Selektion unterworfen. Sie müssen hart, kräftig, widerstandsfähig und schlau genug sein, Hochwasser- und Trockenperioden zu überleben und sich auf der Suche nach geeigneten Laich- und Futterplätzen gegen mitunter starke Strömungen durchsetzen. Für den Angler macht vor allem der Kampfgeist diese Fischarten so interessant, denn auf diese Weise wird seine Beschäftigung erst zum Sport, zum spannenden Erlebnis und zur echten Herausforderung. Zu den Fließgewässern zählen Bäche, Flüsse und Ströme. Von der Quelle bis zur Mündung ändern sich Strömung, Temperatur sowie Wasser- und Bodenqualität ständig, und daraus ergeben sich verschiedenartige Biotope (Lebensräume) für Fische, andere Wassertiere und Pflanzen.

Der Gebirgsbach: Der Gebirgsbach ist jene Gewässerregion, wo das Gefälle des meist aus Kies, Geröll und Felsen bestehenden Bachbetts eine starke Neigung aufweist, die Strömung entsprechend stark ist und der Wasserstand je nach herrschender Niederschlagsmenge stark variiert. Alle Bäche entspringen in Form kleiner Rinnsale, die weiter talabwärts zusammenfließen, aus Quellen oder fließen als Schmelzwasser aus den Endmoränen der Gletscher. Die starke, oft reißende Strömung wird von Hindernissen wie Felsblöcken unterbrochen, vor denen manchmal tiefe Ausspülungen liegen, so genannte Gumpen. Immer wieder unterbrechen kleine bis größere Wasserfälle über steile Hanglagen und Felswände den Lauf. Das Wasser ist sauber und klar, sehr kalt und sauerstoffreich und stellt damit den idealen Lebensraum für Wachstum und Vermehrung der **Bachforelle** dar. Nach diesem Leitfisch nennt man diese Gewässerregion auch

Unten: Schematische Darstellung der Gewässerregionen der Fließgewässer, die nach den dort am häufigsten vorkommenden Fischen, den so genannten Leitfischen, benannt sind.
Rechte Seite: Die Wasser eines Wildbaches stellen den idealen Lebensraum der Bachforelle dar.

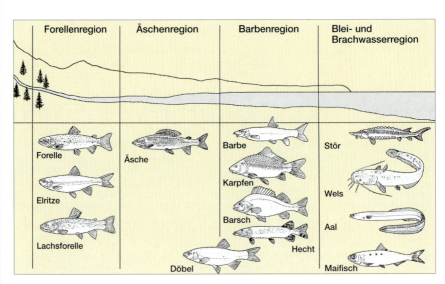

ANGELN IM SÜSSWASSER

Forellenregion. Daneben kommen die **Elritze** oder **Pfrille** sowie in manchen Alpenbächen auch die **Lachsforelle** vor. Beide Spezies bevorzugen sauerstoffreiches Wasser mit Temperaturen von oft unter 10 °C.

Doch die Königin dieser Region ist und bleibt die begehrte Bachforelle mit ihrem unvergleichlich schönen, schillernden Farbkleid. Sie steht vorzugsweise in versteckten Höhlen unter Felsen oder unter dem unterspülten Uferbereich. Das Angeln auf die kämpferische und schlaue Bachforelle ist sicherlich eine der größten Herausforderungen für den Sportangler überhaupt, wozu sich noch das einmalige Naturerlebnis in der faszinierenden Bergwelt gesellt.

Der Bach in der Niederung: Weiter talabwärts nimmt die Strömung allmählich ab, und bei abnehmendem Gefälle wird der Wasserlauf nicht nur ruhiger, son-

dern auch breiter. Das Wasser enthält weniger Sauerstoff, das Bett besteht oft aus längeren Kies- und Sandstrecken, oft mit reich bewachsenem Ufer. Immer noch finden wir hier die **Bachforelle** vor, doch die Beherrscherin dieser Gewässerregion ist die **Äsche,** eine elegante Vertreterin der Thymaliden. Man trifft sie vorzugsweise in fließenden Gewässern an, wo sie ein sandiges Bachbett mit bemoosten Steinen bevorzugt, weil dort die von ihr bevorzugten Wasserinsekten reichlich vorkommen. In derselben Region findet man bereits auch den **Döbel** vor, der auf der Suche nach Insektenlarven und Krustentieren aus den Flüssen oft in die Bäche hochsteigt.

Der Fluss: Ist aus dem Bach am Talgrund schließlich ein Fluss geworden, weist der Wasserlauf ein deutlich breiteres Bett auf, die Strömung ist weniger stark, das Wasser enthält weniger Sauerstoff, ist dafür tragfähiger und erscheint streckenweise trüb. Die durchschnittliche Wassertemperatur steigt. Der Grund ist mit kiesig sandigem Sediment bedeckt. Dieser Lebensraum ist das Reich der Cypriniden oder Karpfenfische wie **Barben, Döbel** und **Rotfeder,** alles Fische, für welche der Sportangler jeweils eigene Techniken und Köder kennt. Gegen die Mündung des Flusses zu wird der Grund zunehmend schlammig, und einige Wühlfische (auch Gründel- oder Bodenfische genannt) treten in Erscheinung, wie **Karpfen, Schleie** und manchmal auch die **Karausche,** auf die - nach vorherigem Anfüttern - mit Grundköder geangelt wird. Gegen Ende des Unterlaufes größerer Flüsse und Ströme treffen wir zunehmend tote Flussarme an, die die Charakteristika eines stehenden Gewässers annehmen. Dort leben der **Barsch** und der **Hecht,** die klassischen Räuber des Süßwassers. Im Mündungsbereich selbst vermischen sich Süß- und Salzwasser, und in diesem einzigartigen Brackwasserambiente hat der Angler Gelegenheit, einige Spezies, die im Salzwasser leben oder dort laichen, während ihres Aufstiegs in die Flüsse an den Köder zu bekommen, wie den **Stör,** den **Aal** und die **Flunder,** die das Süßwasser schätzt und oft weit in die Flüsse hinaufwandert.

Gräben und Kanäle: Auch künstliche Wasserläufe können reichhaltige Fischwasser darstellen. In Be- und Entwässerungsgräben, die meist mit Brunnenwasser bewässert und sehr schmal sind und ein reich mit Wasserpflanzen bewachsenes Bett aufweisen, treffen wir mitunter auf **Forellen, Elritzen,** aber auch **Plötzen** und **Barben,** die fast immer in friedlicher Nahrungskonkurrenz leben.

Die breiteren, tieferen, für Bewässerungs- und Schifffahrtszwecke erbauten Kanäle sind meistens langsam fließende Gewässer und können unterschiedlich tief sein. Sie werden von verschiedenen Fischarten, wie **Äsche, Nase, Rotfeder, Katzenwels** und **Aal** bevölkert. Sie können mit verschiedenen Methoden wie Grundangeln, Spinnen oder Treibangeln gefangen werden.

Stehende Gewässer

Die in Talebenen, Becken und an Talsperren zusammenfließenden Bäche und Flüsse bilden verschieden große Wasseransammlungen (Seen), die in die Kategorie der stehenden Gewässer fallen. Sie können unterschiedlichen Ursprungs sein und vom Schmelzwasser eines Gletschers, Niederschlägen, unterirdischen Quellen oder Zuflüssen gespeist werden. Alle stehenden Gewässer, seien es nun natürliche Seen, Stauseen, Teiche oder Tümpel, bilden ein mögliches Betätigungsfeld für den Sportangler und die unterschiedlichen Techniken, deren er sich bedient.

Seen und Teiche: Seen sind im Hinblick auf Flächenausdehnung, Tiefe und Bodenbeschaffenheit ziemlich unterschiedlich. Jeder Seentyp bildet einen eigenen Lebensraum für die eine oder andere Kategorie von Fischen und hat somit seine eigene Fauna.

Diese Fauna präsentiert sich in den Alpenseen, den subalpinen Seen und den Seen in den Niederungen und im Flachland äußerst unterschiedlich.

Die Alpenseen weisen meist nur spärlich bewachsene Ufer und klares, sauerstoffreiches Wasser auf. Dort leben vor allem Salmoniden, die jedoch wegen des eingeschränkten Nahrungsangebotes nicht besonders groß werden. Im

Unten: Die Finte, eine für Alpenseen typische Spezies, die in tiefem Wasser lebt und sich von Plankton ernährt.
Linke Seite: Zur Laichzeit steigt die Forelle in den Oberlauf der Bäche auf, wo sie ideale Bedingungen für das Ablaichen und die Entwicklung der Brut vorfindet.

subalpinen Bereich dagegen, wo die Wassertemperatur bereits etwas höher und auch das Nahrungsangebot größer ist, finden sowohl Salmoniden als auch Cypriniden, die eine beachtliche Körpergröße erreichen können, optimale Bedingungen vor.

Die Seen im Hügel- und Flachland sind meist größer und bieten daher eine Vielfalt an Fischarten. Die ausgedehnteren unter ihnen enthalten eine große Bandbreite an verschiedenen Süßwasserfischen. Besonders **Finte, Renke** und **Karpfen** werden geschätzt, denn sie bescheren jedem Sportangler, vom Anfänger bis zum Experten, immer wieder ein Erfolgserlebnis. Da so viele unterschiedliche Arten vorhanden sind, kann der Petrijünger dort vom Beginn des

ANGELN IM SÜSSWASSER

Frühjahrs an über die Sommermonate bis in den Winter hinein seiner Leidenschaft frönen. Die Wintersaison bietet besonders häufige Begegnungen mit **Hecht, Döbel** und **Nerfling.**

Teiche und Weiher: Die auf natürliche Art entstandenen Weiher sind oft Reste eines verlandeten Sees oder eines seit Jahrzehnten isolierten Flussarmes und bilden den idealen Lebensraum für einen bestimmten Fischbestand wie **Hecht, Zander, Schleie, Rotfeder** und **Wels,** durchwegs hochgradig anpassungsfähige Spezies, die besonders gut für die Lebensbedingungen in diesem Habitat gerüstet sind. Das Angeln in Weihern, insbesondere auf bestimmte Raubfische wie den **Forellen-** oder **Schwarzbarsch,** kann ausgesprochen spannend sein, umso mehr, als dass man dabei spezielle Blinker oder Popper, meist knallbunte, fantasievoll geformte Kunstköder, einsetzt. Interessante Fischwasser sind auch die künstlich angelegten Teiche, da sie meist ebenfalls eine große Artenvielfalt aufweisen und von den Eigentümern mit immer neuen Fischen besetzt werden. Häufig enthalten solche Fischzuchtteiche hauptsächlich **Regenbogenforellen,** die in diesem Lebensraum besonders gut gedeihen. Hier hat der Neuling Gelegenheit, Techniken und theoretische Kenntnisse zu erproben, bevor er sich in das Abenteuer der wilden Flüsse und Bäche stürzt, und sich durch schnelle Erfolgserlebnisse mit dem nötigen Selbstbewusstsein zu wappnen, bevor er sich mit der Königin der Wildbäche, der **Bachforelle,** einlässt.

Unten; Der Sonnenbarsch liebt Weiher mit dichtem Krautbewuchs und langsam fließende Gewässer.
Linke Seite, oben: Blaufelchen.
Unten: Regenbogenforelle.

Angeln mit Naturköder
Treibangel mit Pose

Diese Technik erfreut sich das ganze Jahr über größter Beliebtheit und zählt an den Ufern unserer Flüsse und Seen sicherlich zu den verbreitetsten Angelmethoden. Praktisch alle Nicht-Salmoniden werden mit der Treibangel gefangen, die klassischen Beutefische sind **Döbel, Barbe, Rotfeder, Saibling, Maifisch** und **Nase.**
Wie der Name schon sagt, treibt der Köder an der Angel dabei in unterschiedlichen Wassertiefen, meist dicht über dem Grund. Er wird von einer Pose, auch Schwimmer oder Floß genannt, getragen und in der gewünschten Tiefe gehalten. Mit der Treibangel wird in mehr oder weniger schnellen, stets aber fließenden Gewässern gefischt. So kann die Vorfachmontage mit dem Köder eine gewisse Strecke flussabwärts zurücklegen, ohne stehen zu bleiben. Die Pose an der Wasseroberfläche dient auch als Bissanzeiger. Je nach Verhalten des Fisches beim Biss kippt sie oder taucht unter. Ideal für diese Angelmethode sind Wasserläufe im Hügelland und in den Niederungen, die eine konstante Strömung aufweisen. Hat man sich seinen Standort erst einmal ausgesucht, sollte man idealerweise die Aufmerksamkeit der Fische erregen, indem man mit einer gewissen Menge an Lockmaterial anfüttert. Damit man mit dieser Methode auch Erfolg hat, sind mehrere Faktoren zu beachten, wie Wassertiefe, Strömungsgeschwindigkeit, Wetterbedingungen, beim Werfen besonders die Windrichtung, und auch die dominante Fischart. Nach diesen Kriterien wählt man das geeignete Gerät.

Ausrüstung: Für die Treibangel eignen sich mehrere Arten von Ruten. Da wäre z. B. die Stipprute ohne Führungsringe und Rolle, bei denen die Schnur an der Rutenspitze befestigt ist, oder die Teleskoprute mit Ringen und Rolle. Beide Typen wurden in letzter Zeit dynamisch weiterentwickelt, besonders auf dem Gebiet der Materialien macht sich der technologische Fortschritt bemerkbar. Hohlglas- und Kohlefaserruten beispielsweise sorgen dafür, dass das Gerät immer leichter wird und der Angler beim Werfen nicht vorzeitig ermüdet. Die Wahl des Rutentyps hängt nicht zuletzt von den persönlichen Vorlieben ab, da beide Modelle durchaus für diese Art des Angelns

Mit der Treibangel, einer an unseren Gewässern weit verbreiteten Methode, kann man zu jeder Jahreszeit eine Vielzahl von Fischen verschiedener Spezies erbeuten.

ANGELN MIT NATURKÖDER

geeignet sind. Der Vorteil beim Stippen ist, dass man die Pose und damit den Köder ständig unter unmittelbarer, direkter Kontrolle hat, weil die Schnur nicht den Umweg über die Rolle nimmt. Daher kann man rascher auf den Biss reagieren. Die Teleskoprute mit Rolle wiederum ermöglicht einen weiteren Aktionsradius und kann auch beim Drill durch die Wirkung der Bremse einige Vorteile für sich verbuchen. Einerlei, welchen Typs die Rute ist, sie sollte für die Treibangel mit Pose zwischen 5 und 8 m lang sein. Durch die verschiedenen neuen Materialien und die höchst unterschiedlichen Eigenschaften moderner Ruten ist die Auswahl im Fachhandel schier unbegrenzt.

Rolle und Zubehör: Bei der Auswahl der richtigen Rolle sind bestimmte Eigenschaften wie Gewicht, Kapazität und Typ der Bremse ausschlaggebend. Auch hier gewährleisten Materialien der neuesten Technologie große Effizienz und Verlässlichkeit. Je nach Modell unterscheiden sie sich in einigen Eigenschaften wie Übersetzung, Schnurfangbügel, Montageart, Sensibilität und Wirkungsweise der Bremse sowie Stellung der Achse zur Rute.

Die Schnüre - heutzutage verwendet man praktisch nur noch Monofile, das sind einfädige Nylonschnüre - müssen im Hinblick auf Stärke und Tragkraft sowie Sichtbarkeit unterschiedlichste Kriterien erfüllen.
Die Schnur soll so dünn wie möglich sein, damit sie der Fisch nicht bemerkt, und zugleich so stark wie möglich, damit sie auch ein größeres Exemplar nicht abreißen kann. Außerdem soll sie ermöglichen, ein relativ geringes Gewicht über eine weite Strecke zu werfen. Dafür benötigt man einen eher geringen Durchmesser zwischen 0,12 und 0,16 mm. Das Vorfach, das ist die Verbindung zwischen Schnur und Haken, soll noch dünner sein, bis zu 0,08 mm, damit es im Fall des Falles schneller reißt als die Hauptschnur. Man sollte nur Schnüre erster Qualität verwenden, bei

Links: Sehr wichtig ist die Auswahl der passenden Rolle zur jeweiligen Rute. Hauptkriterien dabei sind Stärke und Länge der Schnur, die sie fassen soll, sowie die Art der Bremse.
Oben: Teleskopruten mit Führungsringen werden, mit einer Rolle versehen, häufig zum Angeln mit Pose verwendet.

ANGELN MIT NATURKÖDER

denen der Durchmesser möglichst konstant ist, Schwachstellen beeinträchtigen die Tragkraft erheblich. Viele Fischer schwören auf farbneutrale, durchsichtige Schnüre, andere auf blaue, graue oder braune wegen ihrer Unsichtbarkeit (für den Fisch), wieder andere auf fluoreszierend weiße, gerade wegen der guten Sichtbarkeit (für den Angler).

Sehr praktisch für das Treibangeln mit Posen ist eine Sitzkiepe, das ist eine oben als Sitz gepolsterte, oft geflochtene Gerätekiste mit diversen Schubfächern, wo man alles benötigte Zubehör praktisch und übersichtlich verstauen kann. Außerdem erleichtert die niedrigere Position beim Sitzen das Beobachten der Pose, da der Blickwinkel flacher ist. Weiteres nützliches Zubehör sind ein Setzkescher, zur Lebendhältung des Fanges, sowie ein Unterfangkescher, möglichst mit Teleskopgriff, da es sowohl für den Fisch als auch das Gerät schonender ist, ihn mit dem Netz aus dem Wasser zu heben.

Gerade beim Posenangeln kommt dem Blei eine erhöhte Bedeutung zu, denn es dient dazu, die Pose so auszutarieren, dass sie aufrecht schwimmt. Grundsätzlich unterscheidet man zwei Arten von Bleien. Die eine Art, häufig runde Schrotbleie mit unterschiedlichem Durchmesser, aber auch Bleioliven oder Catharinen, werden auf die Schnur montiert und dienen als Gegengewicht für die Pose. Die andere Art, die so genannten Bodenbleie, sind größer und schwerer, sie halten den Köder auf dem Grund. Mit den kleinen Schrotbleien kann man ein bestimmtes Gewicht über eine beliebige Länge verteilen, das häufig birnen- oder tropfenförmige Bodenblei hat die Aufgabe, den Köder schneller auf den Grund zu bringen. Bodenbleie gibt es in allen möglichen Gewichtsklassen, wobei das Eigengewicht in Gramm auf dem Blei angegeben ist. Ein anderes wichtiges Hilfsmittel ist das Lotblei, das zum Ausmessen der Wassertiefe dient. Das kann ein Grundblei sein, oder auch ein spezielles, im Fachhandel erhältliches Gewicht. Eine Schleuder ist ebenfalls nützlich, wenn man in einiger Entfernung vom Ufer angeln und auch anfüttern möchte. Damit kann das Lockfutter mit einiger Übung zielgenau platziert werden.

Pose und Haken: Bei der Montage der Schnur für die Treibangel müssen einige Faktoren in Betracht gezogen werden, wie etwa die Fließgeschwindigkeit des Wassers,

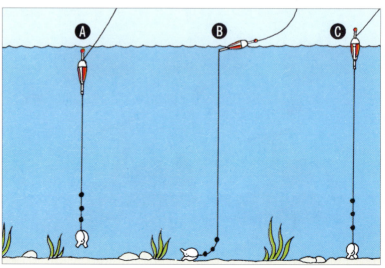

*Rechts: Taucht die Pose ganz unter, muss sie weiter oben an der Schnur montiert werden **(A)**, neigt sie sich zur Seite, muss sie nach unten versetzt werden **(B)**, die korrekte Schwimmlage zeigt, dass die Pose an der richtigen Stelle montiert ist **(C)**.*
Oben: eine klassische Sitzkiepe, ein Hocker mit Schubfächern für verschiedene Ausrüstungsteile.

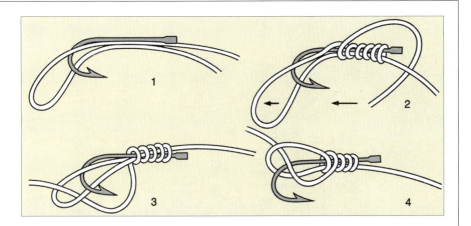

Oben: ein korrekter Knoten zum Befestigen eines Plattenhakens.

die Beschaffenheit des Grundes, die vorhandene Fischart und die Art des benutzten Köders. Die Pose ist dabei eine wichtige Komponente und kann den Erfolg des jeweiligen Angeltages entscheidend beeinflussen. Sie muss die richtige Form haben und darf weder zu leicht noch zu schwer sein. Es gibt spezielle Posen für langsam fließende Gewässer, sie sind spindelförmig und tauchen beim leisesten Anzug unter. Modelle für mittlere Strömungsgeschwindigkeit sind unten bauchig, jene für starke Strömungen weisen einen größeren Querschnitt auf und haben einen rundlichen Körper, damit sie in der starken Strömung stabil liegen, nicht zu tief untertauchen oder zu weit abgetragen werden. Die Pose wird gleitend montiert (Gleitfloß oder Laufpose), wenn in besonders tiefem Wasser (über Rutenlänge) gefischt wird. Die Schnur gleitet dann durch die Öse der Pose bis zu einem Stopper (oft ein Spaltblei oder ein Knoten). Ein weiterer wichtiger Teil der Ausrüstung ist der Haken. Ohne ihn kommt man nur beim so genannten Pöddern aus. Die Auswahl des Hakens erfolgt nach zwei entscheidenden Kriterien: Er muss zur Art des verwendeten Köders und zur Fischart passen, auf die geangelt wird. Es gibt zahlreiche unterschiedliche Typen von Haken mit verschiedener Länge, Bogentiefe, Bogenöffnung und mit geradem, abgebogenem oder aufgebogenem Öhr oder Platte. Auch die Farbgebung kann verschieden sein, es gibt Haken mit Nickel- oder Bronzeauflage, aber auch vergoldete Varianten.

Das Blei: Eine korrekte Bleibeschwerung ist unabdingbar, denn durch sie wird der Köder auf möglichst natürliche Art, das heißt den Fressgewohnheiten des jeweiligen Fisches entsprechend angeboten, damit er auch genommen wird. Bei der Montage

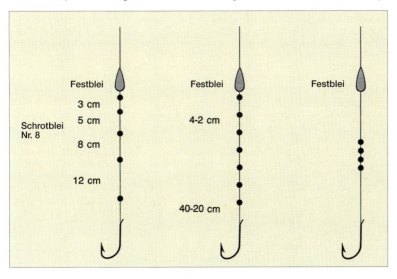

Ganz oben: Ein Festblei ist für die Treibangel besonders wichtig, Kugel- und Schrotbleie sind in allen Durchmessern und in verschiedenen Ausführungen erhältlich.
Oben: Besonders praktisch sind Sortierboxen mit Fächern für die unterschiedlichen Grammaturen.

zum Posen- und Stippangeln stehen grundsätzlich drei Arten zur Verfügung, die Bleibeschwerung zu verteilen: in wachsenden oder abnehmenden Abständen, in regelmäßigen Abständen oder dicht an einer Stelle konzentriert (siehe Zeichnung S. 19 unten). Man verwendet dazu Kugel- oder Spaltbleie und eventuell eine Bleiolive oder ein anders geformtes Festblei. Jeder Angler entwickelt mit der Zeit und mit wachsender Erfahrung eine eigene Technik, was die Bleibeschwerung betrifft. Dabei geht es darum, wie sich der Köder bewegt, ob der Fisch die Bleischrote wahrnimmt, ob die Vorfachspitze mit dem Haken diagonal über dem Grund schwimmen, eher vertikal darüber schweben oder ganz auf dem Grund liegen soll.

Um die richtige Bleibeschwerung zu finden, muss man zwischen langsam und schneller fließenden Gewässern unterscheiden. In langsam fließenden Gewässern genügen wenige Schrotkügelchen, in schnelleren Strömungen muss mit einem Festblei kombiniert werden.

In langsam fließenden Gewässern kann man Spaltbleie desselben Durchmessers am Vorfach in von oben nach unten wachsenden Abständen oder aber Bleischrote abnehmenden Durchmessers von oben nach unten in regelmäßigen Abständen anbringen. Jede Bleibeschwerung, die maximal das Gewicht der Pose erreicht, ist für besonders misstrauische Fische wie **Döbel**, **Frauennerfling** und **Barbe** geeignet, denn der Widerstand beim Biss ist gering. In schnell fließenden Gewässern muss das Schrotblei mit einer Bleiolive kombiniert werden. Die Klemmschrote können in von oben nach unten wachsenden Abständen angebracht werden, das letzte ist je nach den Fressgewohnheiten des Fisches in unterschiedlichem Abstand vom Haken zu montieren.

Je näher dem Grund er normalerweise seine Nahrung sucht, umso kleiner sollte die Distanz zum Haken sein. Je stärker die Strömung, umso mehr Gewicht muss auf die Montage. Gleichmäßige Abstände zwischen den Bleien sind dann gut, wenn wenn auf Fische geangelt wird, die auf dem Grund schnell fließender Gewässer stehen. Die Distanz zwischen Haken und dem ersten Blei sowie zwischen den anderen Bleischroten ist umso kleiner, je stärker die Strömung ist. Gruppiert man die Schrotbleie in der Mitte zwischen Bleiolive und Haken, erhält man eine Art der Beschwerung, die besonders für das Angeln mit der Teleskoprute Vorteile bietet, denn sie sorgt bei Weitwürfen dafür, dass sich die Schnur nicht verdrallt. Die Bleischrote sind an einer Stelle konzentriert und ziehen die Schnur beim Auswerfen sauber ab.

Köder und Lockfutter: Fast alle Beutefische, um die es beim Treibangeln mit Pose geht, sind Allesfresser, daher kann man ihnen eine Menge unterschiedlicher, auch

ANGELN MIT NATURKÖDER

Köder für die Treibangel

Köder	Fischart	Hakengröße	Saison
Made	Karpfenfische	Nr. 12/18	jede
Schnakenlarve	Barbe, Döbel	Nr. 10/12 kurz	Frühjahr
Tauwurm	Döbel, Barbe, Karpfen, Schleie, Rotfeder	Nr. 10/14 lang	Frühjahr
Maiskorn	Karpfen, Döbel, Rotfeder, Barbe, Schleie	Nr. 12/14 kurz	Frühjahr/Sommer
Käse	Döbel, Barbe	Nr. 8/10 gerade	Winter/Frühjahr
Holunder	Döbel	Nr. 12/14 kurz	Sommer
Kirsche/Sauerkirsche	Döbel	Nr. 6/8 oder Zwilling	Frühjahr
Hühnerdarm	Döbel, Aal	Nr. 6/8 gerade	Winter
Libelle	Döbel	Nr. 8/10 gerade	Sommer
Brot	Döbel, Karpfen	Nr. 8/12 kurz	jede
Polenta	Karpfen, Schleie	Nr. 19/12 kurz	Frühjahr/Sommer
Weintraube	Döbel	Nr. 6/8 kurz	Sommer

pflanzlicher Nahrungsmittel als Köder anbieten. Der »Erfolgsköder« schlechthin ist sicherlich die Fleischfliegenmade, oft auch Fleischmade oder einfach Made genannt, die zu jeder Jahreszeit eingesetzt werden kann und für die Fische in fließenden wie in stehenden Gewässern immer einen begehrten Leckerbissen darstellt. **Barbe** und **Döbel** bevorzugen indes den Tauwurm, der auch von anderen Fischen und sogar von der **Forelle** oft gerne genommen wird. **Karpfen** fängt man vielfach mit pflanzlichen Ködern wie Maiskörnern. Früchte wie Kirschen und Holunderbeeren sind ebenfalls beliebt, Letztere gelten als Geheimtipp beim Döbel. Im Winter angelt man auch gerne mit Hühnerdarm oder sonstigen Geflügelinnereien, die man im Fachhandel bereits zu fertigen, »maulgerechten« Köderhappen präpariert zu kaufen bekommt. Jeder Angler sollte immer mehrere Arten von Ködern bei sich haben, denn es kommt immer wieder vor, dass man plötzlich feststellt, dass die Fische ohne ersichtlichen Grund einen bestimmten Köder, den sie bisher akzeptiert hatten, nicht mehr anneh-

Unten: Wenn das Lockfutter über weite Strecken ausgeworfen werden muss, ist eine Schleuder ein nützliches Hilfsmittel.

ANGELN MIT NATURKÖDER

*Rechts: Futterkugel mit Fliegenmaden, bereit zum Auswurf mit der Schleuder.
Oben: In seichtem Wasser bei nicht allzu starker Strömung wirft man das Lockfutter mit der Hand aus.*

men wollen. In solch einem Fall sollte man immer auf eine oder besser mehrere Alternativen zurückgreifen können. Beim Posenangeln ist es sehr wichtig, die Fische in den Bereich zu locken, den man mit der jeweiligen Montage absuchen möchte. Das erreicht man durch Anfüttern mit Lockfutter. Da das Futtermaterial langsam absinkt oder abgetrieben wird, sollte man periodisch für Nachschub sorgen, um das Interesse der Fische wachzuhalten. Häufig werden dazu Fliegenmaden verwendet. Das Lockfutter muss flussaufwärts ausgeworfen werden, sodass es beim Absinken mit der Strömung in die Nähe des eigentlichen Köders getrieben wird.

Das wiederholte Anfüttern hält die Fische aktiv und aufmerksam und lockt immer mehr Artgenossen an. Vor dem Anfüttern mit Fliegenlarven sollte sich jeder Angler genau nach den regionalen Bestimmungen erkundigen, an manchen Gewässern ist die Made als Köder verboten. In tiefen Gewässern

ANGELN MIT NATURKÖDER

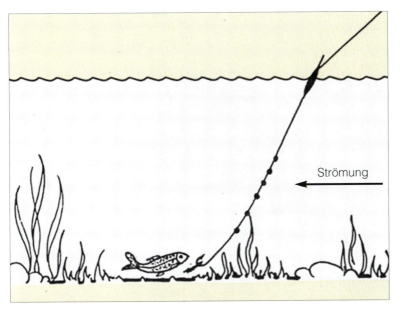

*Links: Die ideale Position der Schnur mit dem Köder; der Angelhaken befindet sich näher am Fisch als das bebleite Vorfach.
Unten links: Eine Weichsel ist ein ausgezeichneter Köder, wenn man große Döbel fangen will.
Rechts: Fliegenmaden sind beliebte Allroundköder.*

mit starker Strömung muss das Anfütterungsmaterial massiver und schwerer sein, damit es nicht zu schnell abtreibt. Man kann Panier- und Kuchenmehl mischen, um einen Teig anzufertigen, in den Maden oder andere tierische oder pflanzliche Stoffe geknetet werden, der Fachhandel hält auch spezielle Zubereitungen bereit, mit denen man aus verschiedenen Naturködern Futterkugeln formen kann, die sich im Wasser langsam lösen und das Lockmaterial freisetzen. Die handelsüblichen Teige müssen oft kurz eingeweicht werden, bevor man sie ins Wasser wirft. Mit zunehmender Erfahrung wird jeder Angler mit der Zeit ein paar Rezepte für spezielles Lockfutter für bestimmte Fischarten sammeln und sich auch eigene Mixturen zusammenstellen. Oft werden diese auf Grund jahrelanger Beobachtung entstandenen Mischungen, die aus einfachsten Grundzutaten bestehen, wie ein großes Geheimnis gehütet.

ANGELTECHNIK

Nach dem ersten Anfüttern und der Vorbereitung aller notwendigen Utensilien misst man die Tiefe des betreffenden Gewässers mit einem Lotblei. Danach wird die Position der

ANGELN MIT NATURKÖDER

Pose entsprechend eingestellt. Nun beginnt das eigentliche Angeln mit dem Auswerfen der Schnur, und zwar immer flussaufwärts vom Standplatz des Anglers oder von dem Punkt aus, an dem sich das Lockfutter befindet. So hat die Schnur Zeit, im Wasser so weit abzusinken, dass die Pose perfekt austariert ist, bevor sie die vorgesehene Stelle erreicht hat. Nun muss der Angler so auf die Rute einwirken, dass der Köder auf die bestmögliche Art präsentiert wird. Theoretisch sollte der Fisch zuerst nur den Köder sehen. In Wirklichkeit jedoch verhält es sich meist anders, denn die Schnur wird von der Strömung mitgetrieben.

So kann es passieren, dass sie streckenweise vertikal zur Wasseroberfläche verläuft und der Fisch gleichzeitig den Köder, den Haken und das Blei entdeckt, was natürlich sein Misstrauen erregen wird. Dann wird er wahrscheinlich auf den Leckerbissen verzichten, anstatt anzubeißen. Diesen Effekt kann man mit einem kleinen Handgriff vermeiden. Man zieht kurz an, sodass sich die Pose flussaufwärts neigt und zurückgehalten wird, während das Vorfach mit dem Köder weiter flussabwärts getragen wird und die Schnur schräg im Wasser liegt. Dauer und Intensität dieser Anziehbewegung müssen der Strömungsgeschwindigkeit angepasst sein.

Bei schwächerer Strömung zieht man in Abständen leicht an und lässt immer wieder nach, bei starker Strömung kann es auch notwendig sein, konstant dagegenzuhalten. Dabei erreicht man Folgendes: Der Köder wird besser präsentiert, und die Spannung der Schnur zur Pose wird ständig aufrechterhalten, sie hängt niemals durch.

ANGELN MIT NATURKÖDER

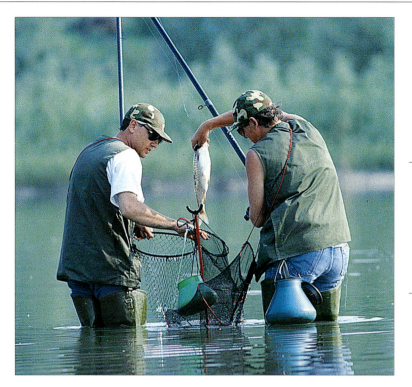

Links: Ein über 1 kg schwerer Döbel wird gelandet.
Unten links: Döbel; rechts eine Karausche.
Linke Seite: Posenangeln kann man auch mit der Stippprute.

Die ständige Bewegung macht den Köder für den Fisch interessanter, denn er wirkt lebendiger. Allerdings sollte er auch nicht immer auf derselben Höhe schwimmen; er soll sich auf- und abbewegen, da er so viel echter wirkt. Zu diesem Zweck empfiehlt es sich, immer wieder etwas Schnur einzuholen, um den Köder anzuheben, und ihn dann wieder langsam sinken zu lassen. Beißt ein Fisch an, so wird dieser Umstand dem Angler durch verschiedene Zeichen mitgeteilt. Beim Posenangeln ist es die Bewegung der Pose, die unterschiedlich aussehen kann. Sie kann kurz untertauchen, sich zur Seite neigen oder auch ganz kippen. Mitunter kommt es vor, dass die Pose gleich nach dem Auswurf gar nicht erst in die richtige Position kommt oder länger dazu braucht als gewöhnlich, auch das kann bedeuten, dass ein Fisch an den Köder gegangen ist. Ein erfahrener Angler kann die Bewegungen der Pose, die dadurch entstehen, dass der Köder den Grund berührt, sicher von einem Anbiss unterscheiden. Doch im Zweifelsfall ist es immer besser, einen Anhieb mehr zu riskieren. Wenn er wirklich ins Leere geht, trägt er immer noch dazu bei, den Köder »lebendig« erscheinen zu lassen.

Grundangeln

Eine der ältesten und zugleich einfachsten Techniken beim Angeln auf Süßwasserfische ist das Grundangeln. Diese Methode nutzt das natürliche Ernährungsverhalten mancher Fische, besonders Friedfische, die sich ihre Nahrung auf dem Grund eines Gewässers suchen. Oft ist ihr Maul speziell dafür angepasst, sie haben zum Beispiel Barteln in den Maulwinkeln, durch die sie Nahrung aufspüren können, oder spezielle Rüsselmäuler, mit denen sie Partikel vom Gewässergrund einsaugen. Solchen Fischen wird ein beschwerter, nur von der Strömung bewegter Köder auf dem Grund angeboten. Der Angler muss nur noch abwarten, bis einer anbeißt.

Die geeigneten Fischgründe für diese Art des Angelns sind stehende, aber auch langsam fließende Gewässer, das Fangergebnis sind meist größere Friedfischarten. Traditionell fängt man mit dieser Methode **Karpfen**, **Schleie**, **Katzenwels** und **Aal**, aber auch **Barbe**, **Döbel** und alle Cypriniden.

Die Montage ist relativ einfach, ebenso wie die Methode selbst, daher ist sie auch gerade für den Anfänger besonders attraktiv. Der Neuling kann auf diese Weise erste Erfolge verzeichnen, sofern er über die notwendige Geduld verfügt. Das bedeutet allerdings nicht, dass nicht auch hier eine gewisse Basis an Grundwissen nötig wäre. Und da es auch in diesem Bereich immer wieder technische Probleme gibt, wird man ganz ohne Anleitung wohl nicht auskommen. Damit der Angeltag auch wirklich den gewünschten Erfolg bringt, sind vor allem zwei Dinge zu beachten:
Zum einen ist der richtige Köder zu wählen, der vom jeweiligen Beutefisch auch genommen wird, zum anderen muss eine Angelstelle gewählt werden, an der man davon ausgehen kann, dass einige Exemplare vorhanden sind. Steht oder vielmehr sitzt man dann mit dem richtigen Gerät und der korrekten Montage am rechten Ort, kommt es noch darauf an, einen anbeißenden Fisch so zu haken, dass er auch gelandet werden kann. All das erfordert vom Angler eine gewisse Feinfühligkeit und vor allem auch eine gute Beobachtungsgabe.

Ausrüstung: Eine gemeinsame Eigenschaft aller Komponenten des Geräts zum Grundangeln ist eine gewisse Robustheit, denn bei dieser Angelmethode bekommt man es sicherlich häufig mit großen und auch schweren Fischen zu tun, die in der Lage sind, sich kräftig und ausdauernd gegen das Fangen zu wehren.

ANGELN MIT NATURKÖDER

Links: Eine gute Rute für das Grundangeln zeichnet sich durch Rückgrat aus.
Linke Seite: Geduld ist eine Tugend, was besonders für das Grundangeln gilt.

Die entscheidenden Kriterien beim Kauf der Angelrute sind Rückgrat und Spitzenaktion. Die Länge liegt zwischen 3,5 und 4,5 m, das Wurfgewicht zwischen 30 und 150 g. Gut ist es auch, wenn die Rutenspitze eine kräftige Farbe hat, denn sie dient als Bissanzeiger und muss stets gut beobachtet werden.
Die Rolle sollte genügend Fassungsvermögen haben, wichtig ist eine stufenweise Bremswirkung, da Beutefische wie beispielsweise ein großer Karpfen einen erheblichen Zug ausüben und den Angler mit zu leichtem Gerät schon mal in Schwierigkeiten bringen können.

ANGELN MIT NATURKÖDER

Seit einiger Zeit gibt es aber auch spezielle Rollen für das Grundangeln, besonders für das Karpfenangeln, die mit einem speziellen Freilaufsystem ausgestattet sind und dem Fisch erlauben, bei geschlossenem Schnurfangbügel Schnur abzuziehen.
Für einen so starken Fisch darf die Schnur natürlich nicht zu dünn sein. Die Stärke sollte zwischen 0,18 und 0,40 mm liegen. Monofil in einer Kontrastfarbe, die sich gut vom Wasser abhebt, erleichtert es dem Angler, die Schnur zu beobachten und einen Anbiss schneller zu erkennen.
Der Haken muss stark genug sein und zu der Art von Köder passen, die man zu verwenden gedenkt. Für Hartmais, einen auf Karpfen besonders fängigen Köder, benutzt man kurzschenkelige Haken Nr. 8 bis Nr. 10, zum Anködern von Würmern verwendet man einen langschenkeligen Haken Nr. 4 bis Nr. 7.
Wie der Name schon sagt, muss der Köder beim Grundangeln auf den Grund gebracht werden. Das ist die Aufgabe der Bleibeschwerung. Ob der Angeltag erfolgreich ist oder nicht, hängt sicherlich auch zu einem guten Teil mit dem richtigen Bebleien zusammen. Zur Auswahl stehen unter vielen anderen die klassischen Formen: Olivenblei und Catharine sowie Birnen- oder Tropfblei und Sargblei. Die ersten beiden Formen sind besonders für stehende und langsam fließende Gewässer geeignet, Birnen- und Tropfblei sowie das besonders schwere Sargblei kommen in Gewässern mit starker Strömung zum Einsatz.

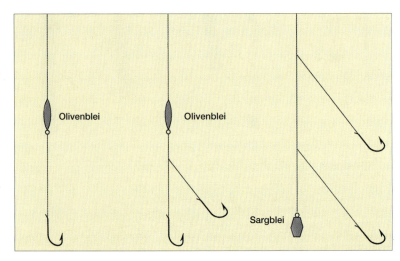

Rechts: die gebräuchlichsten Arten der Bleibeschwerung beim Grundangeln.
Oben: wichtige Ausrüstungsteile und Zubehör.

ANGELN MIT NATURKÖDER

Wichtig ist vor allem, dass das Gewicht der Bleie den Köder in Grundnähe hält, ohne dabei einen größeren Widerstand als unbedingt nötig zu erzeugen.

Außerdem ermöglicht die Bleibeschwerung auch das punktgenaue Auswerfen der Schnur. Hier noch einmal zusammengefasst die Hauptkriterien, die man bei Wahl und Montage der Bleie in Betracht ziehen sollte: Wurfweite, Strömungsstärke und minimaler Widerstand für den anbeißenden Fisch.

Rutenhalter wie etwa eine ausziehbare Gabel oder das so genannte »Rod Pod« für zwei bis drei Ruten sind ebenfalls nützlich. Akustische Bissanzeiger wie ein kleines Glöckchen, das an der Rutenspitze befestigt ist, erweisen sich besonders bei Einbruch der Dunkelheit als hilfreich.

Köder und Lockfutter: Da die Bodenfische (das heißt jene Fische, die sich ihre Nahrung auf dem Grund des Gewässers suchen) auch höchst abwechslungsreiche Fressgewohnheiten haben, können zahlreiche verschiedene Köder zum Grundangeln eingesetzt werden. Ein klassischer und äußerst fängiger Köder ist der Tauwurm (auch Regenwurm), der nicht nur leicht zu beschaffen ist, sondern auch von den verschiedensten Fischarten gerne genommen wird. Als besonders erfolgreich erweisen sich bei Karpfen, Schleie oder Karausche die bereits erwähnten Maiskörner. Auch mit Polenta kann man Schleien und Karauschen anlocken, oft werden aromatische Zutaten wie Käse zugegeben, die den feinen Geruchssinn der Fische stimulieren und ihren Appetit anregen; nicht zu vergessen die Kartoffel, die in gekochter Form ebenfalls einen vorzüglichen Köder darstellt.

Weiters erfreuen sich Wasserinsektenlarven großer Beliebtheit. Mit diesem Köder ist kein Anfüttern nötig, wohl jedoch bei der Fleischfliegenmade, die bei dieser Angelmethode ebenfalls mit Erfolg eingesetzt wird.

Wer mit Mais oder Polenta fischt, verwendet zum Anfüttern den Köder in gleicher Konsistenz, während Regenwürmer zum Anfüttern mit einer Mehlmischung vermengt werden, um Futterkugeln zu formen, die problemlos bis auf den Grund absinken. Viele Angler schwören darauf, bereits mehrere Tage zuvor mit dem Anfüttern zu beginnen. Dazu sucht man sich eine bestimmte Stelle am Wasser, an der man jeweils zur

Oben: Polenta als Lockfutter und als Köder am Haken sowie Maiskörner für Döbel, Schleie und Karpfen.

ANGELN MIT NATURKÖDER

gleichen Tageszeit eine größere Menge an Lockfutter auswirft. Nach zwei oder drei Tagen reduziert man die Menge jeden Tag ein wenig, bis man das Anfüttern am Tag vor dem Angeln ganz ausfallen lässt. Um den Fangerfolg auch wirklich zu verbessern, sollte man nicht weniger als sieben Tage hintereinander anfüttern.

ANGELTECHNIK

Wie man seine Ausrüstung zusammenstellt, hängt von den Bedingungen an der Angelstelle und von der Fischart ab. Für die bekannteste und am meisten verwendete Montage wird ein geschlitztes Laufblei montiert, das von einem Bleischrot 30 cm vor dem Haken am Vorfach gestoppt wird. Dadurch merkt der Fisch, der am Köder zieht, nichts vom Gewicht des Bleis, denn die Schnur läuft frei durch. Von dieser Grundmontage gibt es zahlreiche Variationen, z. B. können mehrere Haken am Vorfach befestigt werden. Es gibt auch eine Variante, bei der das Blei unterhalb des Hakens am Vorfach sitzt, ein System, das sich besonders bei krautreichem Grund bewährt hat.

Obwohl sich diese Variante in gewissen Situationen als wirksam erwiesen hat, ist und bleibt das Laufblei vor dem Haken die beliebteste Montage beim Grundangeln. Meist variieren die Grammaturen je nach Strömungsstärke im jeweiligen Gewässer zwischen 10 und 30 g.

Nach der Zusammenstellung der Montage und dem Anfüttern schreitet der Angler nun zur eigentlichen Aktion, die mit dem Auswerfen der Schnur beginnt. Bei fließenden Gewässern wird flussaufwärts geworfen, damit sich der Haken mit dem Köder auf die korrekte Position eingestellt hat, bis er die Angelstelle, die meist etwas flussabwärts vom Standort des Anglers liegt, erreicht hat. Dann wird die Schnur so lange

Der Angler hat durch ein Zupfen an der Rutenspitze bemerkt, dass ein Fisch an den Köder gegangen ist. Sofort versucht er, den Haken zu setzen.

ANGELN MIT NATURKÖDER

Der Angler verwendet einen ausreichend großen Unterfangkescher zum Herausheben, um sowohl den Fisch als auch die Rute zu schonen. Ein großer Fisch sollte unbedingt auf diese Weise gelandet werden.

eingeholt, bis das Gewicht des Bleis spürbar ist. Die Rutenspitze beginnt sich leicht zu biegen. Die Schnur darf nicht so stark gespannt sein, dass der Widerstand für den Fisch wahrnehmbar ist, wenn er den Köder zu nehmen versucht. Das würde sofort sein Misstrauen erregen, er würde abdrehen und sich einem anderen Leckerbissen zuwenden. Doch die Spannung darf auch nicht zu gering sein, sie muss ausreichen, dass jeder Biss sofort durch eine Beugung der Rutenspitze angezeigt wird.

Manchmal merkt man an winzigen Zitterbewegungen der Rutenspitze in kurzen Abständen, dass ein Fisch dabei ist, von dem angebotenen Köder zu nehmen. Es lohnt sich jedenfalls, ein wenig zu warten, bevor man übereilt zur Tat schreitet. Gerade größere Fische sind besonders misstrauisch und stupsen den Leckerbissen einige Male an, bevor sie ihn wirklich nehmen. Übereiltes Handeln könnte sie in die Flucht schlagen. Andere typische Bewegungen der Rutenspitze sind ein starker Zug bis zu einer bestimmten Neigung, in der die Spitze dann verharrt, oder ein hartes Ausschlagen nach unten, wobei die Rutenspitze gleich danach wieder hochschnellt. In diesen Fällen heißt es sofort handeln, denn das sind meist unmissverständliche Signale dafür, dass der Fisch bereits geschluckt hat.

Für den Grundangler ist die Deutung aller Bewegungen der Rutenspitze eine kleine Wissenschaft. Mit wachsender Erfahrung ist der Angler in der Lage, sie zu unterscheiden, verschiedenen Fischarten zuzuordnen und sie mit der jeweils richtigen Reaktion zu beantworten. Der Anhieb erfolgt mit einer energischen Bewegung, denn die meisten Grundfische haben ein eher zähes Maul. Beim Drill kommt es darauf an, wie groß der Gegner ist, den man am Haken hat. Wenn die Tragkraft der Schnur nicht ganz entspricht, wird man sich bemühen, den Fisch erst zu ermüden, ohne das Gerät übermäßig zu beanspruchen, bevor man zügig einholt und ihn mit dem Kescher landet.

ANGELN MIT NATURKÖDER

Matchangeln

Diese Technik kommt aus Großbritannien und erfreut sich seit einigen Jahren auch auf dem Kontinent wachsender Beliebtheit. Diese Methode hat sich speziell beim Angeln auf **Karpfen, Schleie, Döbel, Karausche** und **Nase** bewährt und bringt besseren Erfolg als das traditionelle Grundangeln. Von letzterer Methode unterscheidet sich das Matchangeln auch dadurch, dass der Angler dabei nicht für oft lange Zeit zur Untätigkeit gezwungen ist. Im Gegenteil, er bleibt dabei ständig aktiv und ist gefordert, er hat die Hände stets an der Rute und die Augen an die Schwingspitze geheftet. Genauigkeit bei der Montage ist für den Matchangler ein Muss, genauso wie die korrekte Position.

Die Anhänger dieser Angelmethode werden immer zahlreicher, umso mehr, als man das entsprechende Gerät zu jeder Jahreszeit und an allen möglichen Gewässern, an Kanälen und Teichen, aber auch in Flüssen und kleineren Seen, einsetzen kann. Selbst dem Anfänger bereitet das Angeln im Süßwasser mit der Matchrute keine unüberwindlichen Schwierigkeiten. Durch den guten Fangerfolg kommt der Neuling, sofern er dabei einige zuvor erworbene Grundkenntnisse in die Tat umsetzt, rasch zu Erfolgen, die ihm die Begeisterung für diesen Sport erhalten. Ein anderer, nicht unerheblicher Vorteil sind die verhältnismäßig geringen Materialkosten.

Die Rute: Die typische Matchrute ist zwischen 2,7 und 3,6 m lang und besteht aus zwei zusammensteckbaren Teilen und mehreren austauschbaren Spitzen. Handteil und Mittelteil werden zusammengesteckt, die Verbindung zur Spitze kann ein Bajonettverschluss sein. Die Matchrute besitzt genügend Kraftreserven, um es auch mit kapitalen Fischen aufnehmen zu können, die Aktion ist ein Kompromiss zwischen Sensibilität und Rückgrat, sodass sie in vielen verschiedenen Situationen einwandfrei funktioniert.

Größte Bedeutung kommt dabei der Spitze zu, denn sie hat die Aufgabe, selbst die zaghaften Bisse besonders wachsamer Fische wie Döbel und Nase verlässlich zu

Immer mehr Angler benutzen neben der herkömmlichen Teleskoprute auch die Matchrute zum Grundangeln. Beide Methoden ähneln einander in vielem, doch die Ausrüstung und die Technik weisen einige Unterschiede auf.

ANGELN MIT NATURKÖDER

signalisieren. Eine gute Matchrute ist mit mehreren verschiedenen Spitzen ausgestattet, darunter die Schwingspitze oder »Swing Tip« und die Bibberspitze oder »Quiver Tip«. Die Schwingspitze ist besonders für stehende oder langsam fließende Gewässer geeignet, denn sie ist extrem sensibel und schlägt schon bei der leisesten Berührung aus. Sie besteht aus zwei starren Teilen, die durch ein Silikongelenk miteinander verbunden sind und ist zwischen 25 und 40 cm lang. Wenn man diese Spitze zum ersten Mal benutzt, kann man das Gefühl haben, die Rute sei an der Spitze gebrochen. Der Biss wird durch Anheben oder seitliches Ausschlagen des vorderen Teils angezeigt. Auf dieses Zeichen reagiert der Angler mit einem weichen, aber geräumigen Anhieb. Ruckartiges Anreißen ist zu vermeiden, damit das meist dünne Vorfach nicht reißt.

Die Bibberspitze ist für Gewässer mit stärkerer Strömung konzipiert, es handelt sich um eine starre, 40 bis 50 cm lange Spitze, die mit Bajonettverschluss am Mittelteil befestigt wird. Beide Spitzentypen sind meist aus Glasfaser gefertigt, da dieses Material eine sensiblere Reaktion gewährleistet als Kohlefaser.

Rolle, Monofil und Futterkorb: Für das Angeln mit der Matchrute benötigt man eine hoch übersetzte Rolle mit großem Fassungsvermögen, die den Auswurf schwererer Köder und Hakensysteme auch über weitere Strecken gestattet. Außerdem

*Oben: typische Matchrute.
Unten: Die Wahl der richtigen Spitze ist bei dieser Angelmethode von größter Bedeutung.*

ANGELN MIT NATURKÖDER

Oben: Die starre Rutenspitze ist für alle Gewässerarten geeignet. Unten: Die Futterkörbe haben die Aufgabe, das Lockfutter auszustreuen und die Schnur zu beschweren.

sollten sie leicht und mit einer weichen, Rollenbremse ausgestattet sein.

Zum Matchangeln verwendet man eher dünne Schnüre, beliebt sind fluoreszierend gelb oder grün gefärbte Monofile, weil der Angler auf diese Weise den Biss schon an der Schnur sieht, noch bevor die Rutenspitze anzeigt. Die Hauptschnur sollte 0,14 bis 0,16 mm stark sein, für das Vorfach wählt man ein langes Stück eines dünneren, neutral gefärbten Monofils.

Das Blei - oder auch der Futterkorb - wird immer so montiert, dass es am Ende eines Seitenarmes der Hauptschnur sitzt. Das klassische Blei für diese Angelmethode ist die so genannte »Arlesey Bomb«, oder ein klassisches Birnenblei von 3 bis 30 g Gewicht. Die Haken variieren zwischen Nr. 14 und Nr. 16 und werden am Ende des Vorfachs befestigt, das länger ist als der Seitenarm mit Blei oder Futterkorb.

Beim Angeln mit Matchrute und Futterkorb, auch »Swimfeeder« genannt, erübrigt sich die Montage eines Bleis, denn die Drahtkörbe, Plastik- oder Glasbehälter sind zusätzlich zu ihrem Eigengewicht noch bebleit. Ihre Aufgabe ist es, das Lockfutter rund um den Köder am Haken zu verteilen. Dadurch nehmen sie dem Angler die Arbeit des Anfütterns ab und sorgen auch dafür, dass Lockfutter und Köder sich stets an derselben Stelle befinden. Form und Gewicht des Behälters wählt man je nach Strömungsintensität, Wassertiefe, Fischart und natürlich auch Art des Köders.

Es gibt Futterkörbe, die nach beiden Seiten offen (»open end«) und damit besonders für Teig mit Maden geeignet sind, andere sind geschlossen (»block end«) mit Löchern in den Wänden, wodurch man die Maden auch lose hineingeben kann. In langsam fließenden oder stehenden Gewässern sind die offenen beliebter, während bei größerer Strömungsstärke und Wassertiefe die geschlossenen den Vorteil haben, dass sich das Lockfutter nicht zu rasch und zu weit verteilt. Das Gewicht des Futterkorbes muss genau auf die Strömungsstärke abgestimmt werden, dabei soll die Beschwerung jedoch so gering wie möglich ausfallen, denn idealerweise schwebt der Futterkorb über dem Grund, sodass die Spannung der Schnur und damit auch der Biss vom Haken möglichst direkt zur Rutenspitze durchgeht. Weil man meist ein paar unterschiedliche Gewichte bzw. Formen ausprobieren wird, bis man die optimale

ANGELN MIT NATURKÖDER

Lösung gefunden hat, erweist es sich als praktisch, den Seitenarm mit dem Futterkorb mit einem Einhängewirbel zu befestigen.

Zubehör: Beim Angeln mit der Matchrute sollte man immer darauf achten, dass die Schnur mit der Rutenspitze einen Winkel von 90° einschließt. Das ist wichtig, weil auf diese Weise die Bissanzeige am besten funktioniert, die Spitze neigt sich deutlich genug, dass der Angler sofort erkennt, wenn ein Fisch an den Köder geht. Ein gutes Hilfsmittel, um die Rute bequem in der korrekten Position zu fixieren, sind so genannte Rutenhalter oder Leggabeln.

Zum Angeln in stehenden und langsam fließenden Gewässern verwendet man eine Leggabel mit mehreren Auflagen, sodass man den rechten Winkel zwischen Schnur und Rutenspitze immer richtig wählen kann, egal wie weit die Angelstelle vom Standplatz entfernt ist. Man stellt sie in geeigneter Entfernung vom Sitzplatz des Anglers auf und balanciert die Rute aus, bis sie stabil liegt und die Spitze sich nicht mehr bewegt.

Ebenfalls nützlich sind eine Schleuder zum wiederholten Anfüttern, ein höhenverstellbarer Klappstuhl und ein Unterfangkescher mit Teleskopgriff, mit dem man einen schweren Fisch auch weiter vom Ufer entfernt bergen kann. So verhindert man, dass sich der Fisch in krautige Stellen im Uferbereich zurückzieht, wo sich die dünne Schnur leicht irgendwo festziehen und reißen könnte.

ANGELTECHNIK

Hat der Angler erst einmal den richtigen Platz am Ufer eines Gewässers gefunden, muss er die Rute entsprechend platzieren und dabei immer darauf achten, dass Schnur und Spitze einen Winkel von 90° bilden. Nach der Wahl der geeigneten Rutenspitze werden Hauptschnur und Vorfach sowie Seitenarm montiert. Am zweckmäßigsten ist es, an einen Wirbel mit Karabinerhaken ein Stück Schnur von etwa 20 cm Länge zu befestigen. Blei oder Futterkorb werden in den Wirbel eingehängt. Mit ein paar Doppelknoten wird der Seitenarm verstärkt, damit er sich nicht so leicht

*Links: Der Döbel ist ein klassischer Beutefisch für den Matchangler.
Oben: Ein Futterkorb (»block end«), aus dem die lose eingefüllten Maden langsam herausgespült werden.*

ANGELN MIT NATURKÖDER

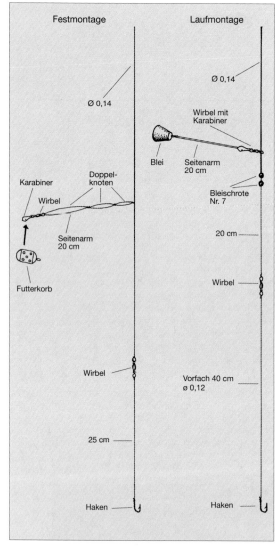

Oben: Beispiele für die Montage beim Matchangeln.

verwickeln kann, dann wird er an der Hauptschnur fest gemacht.
Der Karabiner ist wichtig, damit Blei oder Futterkorb nötigenfalls rasch und einfach ausgetauscht werden können und der Angler auf wechselnde Bedingungen schnellstens reagieren kann.
Nun erfolgt der Auswurf, der mit Futterkorb etwas schwieriger ist. Arbeitet man ohne Futterkorb, bringt man mit der Schleuder etwas Lockfutter in Form nicht zu großer Futterkugeln aus und versucht, mit dem Wurf genau diese Stelle zu erreichen. Nach dem Wurf wird die Rute so auf den Rutenhalter gelegt, dass die nicht zu stark gebeugte Rutenspitze etwa 30 bis 40 cm über der Wasseroberfläche steht. Das gilt insbesondere für stehende und langsam fließende Gewässer. In schnell fließenden Gewässern wird die Rute höher gehalten, damit die Strömung auf möglichst wenig Schnur einwirken kann.
Wer mit losen Fliegenmaden angefüttert hat, wird zunächst sicherlich den einen oder anderen Döbel anlocken. Diesen fängt man am besten an einem Haken Nr. 19 bis 22 an einem langen, 0,08 mm starken Vorfach. Um diesen argwöhnischen Fisch zum Beißen zu bewegen, holt man die Schnur immer wieder ein Stück ein, um dann wieder nachzulassen.
Ist man auf größere Grundfische wie Karpfen und Karausche aus, wählt man für das Vorfach ein Monofil von 0,12 Durchmesser und füttert mit kompakterem Lockfutter an. Dazu werden die Fliegenmaden mit Paste verknetet. Als äußerst fängig hat sich ein Kombiköder aus Tauwurm und Fliegenmade erwiesen, viele Angler schwören auf diese Kombination.

Matchangeln mit dem Futterkorb: Den besten Fangerfolg erzielt man beim Matchangeln mit dem Futterkorb, der das Anfüttern rund um den beköderten Haken mit großer Präzision gewährleistet. Die herausgespülten Futterbrocken tarnen dabei den Köder am Haken perfekt.
Der Seitenarm mit dem Futterbehälter kann fest oder laufend auf der Hauptschnur montiert werden. Für die Laufmontage führt man die Hauptschnur durch den Einhängewirbel. Der Wirbel wird mit einem Klemmschrot vor dem Vorfach gestoppt, sodass er in Richtung Rutenspitze frei laufen kann.
Dann befestigt man am Ende des Seitenarmes den Futterkorb, dessen Gewicht so gewählt sein muss, dass er sich vom Grund hebt, sobald ein Fisch den Köder nimmt. Bei dieser Montage wird der Biss durch ruckartiges Biegen der Rutenspitze oder auch durch ein plötzliches Nachlassen der Spannung signalisiert.
In diesen Fällen muss der Angler sofort reagieren und den Anhieb setzen. Beim

ANGELN MIT NATURKÖDER

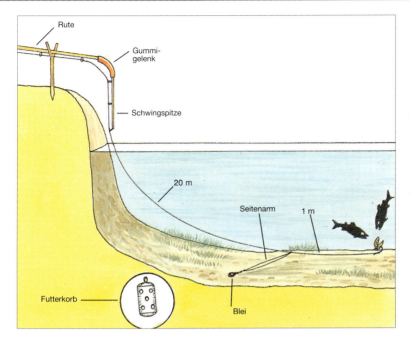

Links: Matchrute mit Schwingspitze. Unten: Mit dem Futterkorb werden oft die besten Erfolge erzielt.

Angeln mit dem Futterkorb ist es außerdem wichtig, immer an dieselbe Stelle auszuwerfen, damit das Lockfutter nicht zu weit zerstreut wird. Außerdem darf der Angler die Rutenspitze niemals aus den Augen lassen und sie genauso konzentriert beobachten wie etwa der Treibangler seine Pose.

In jedem Fall ist es empfehlenswert, jede Anzeige der Rutenspitze unverzüglich mit einem Anhieb zu beantworten. Zu langes Abwarten, um dem Fisch Zeit zum Schlucken zu lassen, wäre bei dieser Methode ein Fehler. Gerade Grundfische haben die Angewohnheit, einen Bissen sofort fahren zu lassen, wenn sie irgendetwas Ungewöhnliches bemerken, wie in etwa den Widerstand der Rutenspitze oder des Seitenarmes mit dem Futterkorb. Schon das Gewicht der Vorfachschnur kann genügen, um einen bereits sicher geglaubten Fang zu vertreiben.

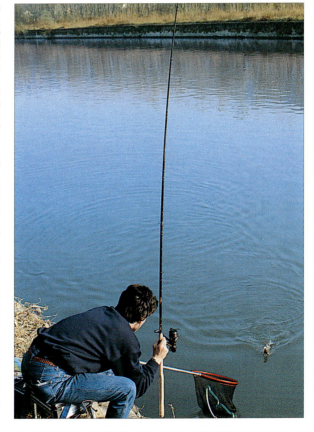

ANGELN MIT NATURKÖDER

Matchangeln mit Pose

Diese Angelmethode stammt aus England und ist unter den Anglern jenseits des Ärmelkanals, die immer wieder mit widrigen Wetterbedingungen wie etwa starkem Wind zu kämpfen haben, äußerst beliebt, da man damit auch weiter vom Ufer entfernte Bereiche abfischen und selbst bei schlechtestem Wetter kapitale Fische erbeuten kann.

Die Methode und die entsprechende Ausrüstung sind das Resultat von Überlegungen und Versuchen, wie man Wind und Wetter am besten überlisten kann. Eine Besonderheit bei dieser Technik ist, dass die Rutenspitze dabei ständig ins Wasser gesenkt bleibt. Auf diese Weise bieten die gespannte Schnur und die Rutenspitze dem Wind keine Angriffsfläche. Außerdem erreicht der Matchangler große Wurfweiten und kann mit ganz leichten Schnüren und speziellen bebleiten Posen fischen, die so sensibel sind, dass sie beim leisesten Anbiss untertauchen und vom Fisch nicht bemerkt werden. Mit dieser Ausrüstung kann der Angler Probleme umgehen, die mit anderen Techniken nur schwer zu lösen wären. Er arbeitet dabei zwar mit einfachem, aber hoch effizientem und gründlich durchdachtem Gerät. Man angelt damit vor allem auf **Karpfen, Döbel, Schleie** und **Barbe**.

Ausrüstung: Das ideale Gerät für das Matchangeln mit Pose ist eine dreiteilige Steckrute von 3,9 bis 4,2 m Gesamtlänge mit mindestens 12 bis 14 Führungsringen. Ein essenzielles Merkmal ist die progressive Aktion, die bis in den Griff durchgeht und eine harmonische Biegekurve bewirkt. Der Fachhandel bietet eine Anzahl an Allroundruten mit leichtem, mittelschwerem und schwerem Wurfgewicht an. Für den Anfang sollte man ein Modell wählen, mit dem man ohne Anstrengung Posen von 4 bis 8 g Gewicht werfen kann.

Die passende Rolle sollte leicht und hoch übersetzt sein, damit die Schnur nach dem Wurf rasch sinkt.

Bei der Auswahl der Schnur hält man sich an Monofile von 0,12 bis 0,14 mm Durchmesser, am besten dehnungsarmes Nylon, das rasch sinkt. Die Stärke der Vorfachschnur hängt von mehreren unterschiedlichen Faktoren wie Farbe und Tiefe des Was-

ANGELN MIT NATURKÖDER

Ausrüstung (links) und Waggler (unten) für das Matchangeln. Linke Seite: Zum Matchangeln verwendet man spezielle Matchruten mit harmonischer Biegekurve.

sers, Fischart und Art des Köders ab. Meistens wird der Durchmesser zwischen 0,08 und 0,12 mm liegen.

Pose, Blei und **Haken:** Das innovativste Element der Ausrüstung ist sicherlich die Pose. Ein unerfahrener Angler, der so eine Pose zum ersten Mal an der Schnur sieht, könnte meinen, sie habe sich gelöst, weil sie nur am unteren Ende befestigt ist. Man nennt sie Waggler, sie sind meist vorgebleit. Es gibt zwei verschiedene Typen, einen sehr schmalen, der an die früher oft verwendeten einfachen Pfauenfederkiele erinnert und heute noch oft aus diesem kräftigen, wasserabweisenden Material hergestellt wird und ein Gewicht von maximal 6 bis 7 g tragen kann. Der andere Typ, der auch »bodied« genannt wird, hat eine Verdickung am unteren Ende und entwickelt dadurch mehr Auftrieb, daher trägt er größere Gewichte. Ein großer Vorteil der Matchposen ist, dass sie leicht auswechselbar sind. Da man sie nur an einem Ende befestigen muss, genügt ein Stück Silikonschlauch an der Schnur, in das der jeweils benötigte Waggler einfach hineingesteckt wird. Will man die Pose laufend montieren, nimmt man einen vorgebleiten Waggler und hängt ihn mit einem Wirbel direkt in die Schnur ein. Auf originalen Matchposen ist

ANGELN MIT NATURKÖDER

Oben: Zum Angeln mit der Matchpose: Steck- oder Teleskopruten verwenden.
Rechte Seite oben: Wurfgewicht an vorgebleiter Pose.

meist eine Tragkraftangabe aufgedruckt.

Die originalen Matchbleie sind mit einer codierten Tragkraftangabe versehen, die Codes lauten BB, AAA und SSG, jede davon entspricht jeweils der Hälfte des Gewichts der vorhergehenden. BB entpricht 0,4, AAA 0,8 und SSG 1,60 g. Eine neu eingeführte Klasse wird mit SG bezeichnet und wiegt 1,20 g. Diese Bleie sind aus so weichem Metall gefertigt, dass sie sich leicht mit den Händen an der Schnur festklemmen bzw. abmontieren lassen. So kann der Angler rasch und unkompliziert das Gewicht der Bleibeschwerung wechseln und diverse Wassertiefen abfischen, ohne die Tragkraft der Schnur durch zu starke Abnutzung zu beeinträchtigen. Man tut gut daran, nur die besonders robusten, gehärteten Haken einzusetzen, denn oft genug arbeitet man mit kleinen Hakengrößen, bekommt es jedoch mit einem kapitalen Gegner mit zähem Maul wie dem Karpfen zu tun, der über eine längere Distanz herangeholt werden muss, ehe man ihn landen kann.

Nützliches Zubehör sind außerdem eine Schleuder (siehe Foto rechte Seite unten rechts), eine Klappbox für verschiedenes Zubehör mit Aufbewahrungsmöglichkeit für die Matchposen, ein Setzkescher, eine Leggabel mit Teleskopfuß sowie eine durch ausklappbare Beine in einen bequemen Hocker verwandelbare Gerätekiste mit verstellbarer Höhe (siehe Foto rechte Seite unten links).

Köder und Lockfutter: Der bei Matchanglern beliebteste Köder ist die altbewährte Fliegenmade. Auch in verpuppter Form, Caster genannt, wird sie an so manchem Fluss oder Kanal ganz besonders auf die Nase eingesetzt. Das Anfüttern erfolgt immer an der gewählten Angelstelle, auch die Wurfweite sollte nicht zu stark variieren, damit die Fische sich nicht über eine größere Fläche zerstreuen.

Fehler beim Anfüttern sind auch durch eine noch so gute Technik beim eigentlichen Angeln nur sehr schwer auszugleichen, sodass man mit Fug und Recht behaupten kann, ein schlechter Angler, der gut angefüttert hat, habe die besseren Chancen als ein guter Angler, der schlecht angefüttert hat. Gewöhnlich besteht das Lockfutter aus Futterkugeln, die man aus Paste formt und einzeln mit der Schleuder auswirft.

ANGELN MIT NATURKÖDER

Im Handel gibt es bereits fertig zubereitete Pasten von optimaler Qualität zu kaufen, die an Ort und Stelle meist eingeweicht und mit anderen Zutaten vermischt werden. Wenn man es auf kapitale Exemplare abgesehen hat, verknetet man Fliegenmaden mit einem ebenfalls im Fachhandel erhältlichen Spezialmehl zu kompakteren Kugeln, für die sich kleinere Fische nicht interessieren. Im Wasser lösen sich die Kugeln langsam auf und geben die Larven nach und nach frei und erfüllen so die Aufgabe des stetigen Anfütterns perfekt.

Rechts: spezielles Monofil für das Matchangeln.
Unten: drei Typen der Wagglerpose: »straight« (a), »insert« (b) und »bodied« (c)

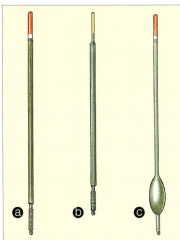

Angeltechnik: Mit der Matchrute mit Pose arbeitet man nur an stehenden oder langsam fließenden Gewässern. Die leichten, sensiblen Waggler würden in einem Fluss oder Bach ständig auf und ab tanzen und in jedem kleinen Strudel untertauchen. Wer auch bei schnellerer Strömung mit der Matchrute angeln will, kann das mit einer speziellen Pose (»Stick float«; siehe Zeichnung unten rechts). Hier wird die Pose an drei Stellen an der Schnur fixiert und ist somit durch die größere Stabilität auch für die Treibangel geeignet.

Da der Köder beim Matchangeln mit Pose weitab vom Ufer angeboten wird, benötigt man ein gewisses Wurfgewicht, das optimal über Pose und Schnur verteilt werden muss.

An der Pose befinden sich etwa drei

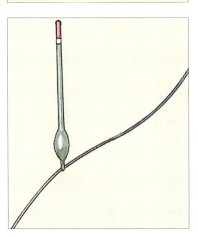
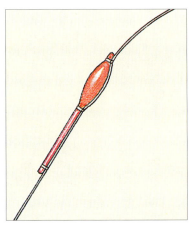

ANGELN MIT NATURKÖDER

Viertel des gesamten Wurfgewichts, den Rest verteilt man am Schnurende, sodass mühelos große Wurfweiten erreicht werden.

Ist die Beschwerung gut ausgewogen, sollte der Wurf keine besonderen Schwierigkeiten bereiten. Mit einer harmonischen, kontinuierlichen Bewegung schleudert man die Rute nach vorne, in Richtung der gewählten Angelstelle, und gibt die Schnur dann frei. Der Zug wird hauptsächlich durch den Schwimmer ausgeübt, was lästigen Verwicklungen mit dem Vorfach vorbeugt. Damit sich das Schnurende vor dem Eintauchen ins Wasser streckt, hebt man die Rute leicht an, bevor die Pose auf die Wasseroberfläche trifft, so wird der Flug verlangsamt, der Aufprall gedämpft und die Vorfachspitze taucht zuerst ins Wasser. Nach dem Wurf wird noch etwas Schnur eingeholt und die Rutenspitze gesenkt, bis sie ins Wasser eintaucht. Ist das Nylon unter der Wasseroberfläche gut gespannt, sodass ein unmittelbarer

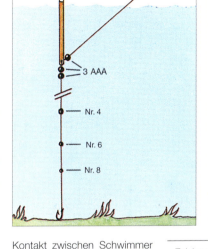

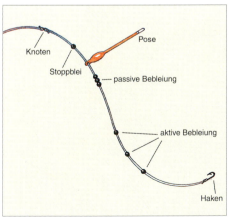

Kontakt zwischen Schwimmer und Rutenspitze besteht, genügt der leiseste Druck auf die Rutenspitze, dass die Pose sofort deutlich untertaucht.

Diese direkte Verbindung macht den großen Vorteil beim Matchangeln aus. Sie erleichtert es dem Angler, den Anbiss sofort zu erkennen und rechtzeitig anzuschlagen. Der Anhieb wird immer mit einer weichen, kontinuierlichen Aufwärtsbewegung gesetzt. Ruckartiges Reißen ist zu vermeiden, denn bei dieser Methode hat man meist ein relativ dünnes Vorfach montiert, das zu

Zeichnung oben: fest montierter Waggler; Zeichnung links: laufend montierter Waggler.
Ganz oben: Blei und Haken für die Matchangel.

ANGELN MIT NATURKÖDER

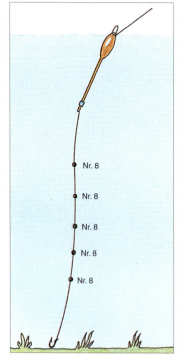

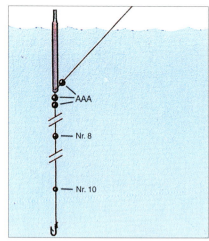

Unten: Durch die hervorragenden Wurfeigenschaften des Wagglers in Kombination mit der Parabolik der Rute kann man große Weiten erzielen.

starker Beanspruchung womöglich nicht standhält. Nichts ist ärgerlicher, als die eben gehakte Beute gleich wieder zu verlieren. Aus denselben Gründen lassen viele englische Matchangler den Fisch erst einmal bei offenem Schnurfangbügel etwas Schnur abziehen, ehe sie zum Einholen übergehen. Auch dabei wird stets darauf geachtet, niemals mit zu großer Gewalt auf die leichte Schnur einzuwirken. Der Erfolg gibt ihnen Recht, und so tun es ihnen die Kollegen auf dem Kontinent gerne gleich.

ANGELTECHNIK

Mit dem fest montiertem Waggler fischt man vorwiegend seichte Gewässerbereiche (bis zu ca. 2,5 m Wassertiefe) ab. Bei der Montage verteilt man das aktive Blei so,

ANGELN MIT NATURKÖDER

Typisch beim Matchangeln sind die so genannten Waggler, lange, schmale Posen, die bebleit sind und weit ausgeworfen werden können.

dass das Hauptgewicht näher am Haken als an der Pose sitzt. Die Montage selbst hält man so einfach wie möglich, um zu vermeiden, dass sich die Schnur beim Werfen mit dem Vorfach verdrallt.

Bei Wassertiefen über 4 m montiert man die Pose laufend, meistens wird der Köder dann in Grundnähe angeboten. Die Laufpose verhält sich bei der Bissanzeige anders als der fest montierte Waggler. Während Letzerer beim Anbiss vom Fisch nach unten gezogen wird, steigt die Antenne der Laufpose bis zum Stopper aus dem Wasser, weil der Fisch, der einen Köder vom Grund nimmt, nach oben abzieht und damit das Gewicht, das den Waggler austariert, mitnimmt. Diese Montage wird auch Liftmethode genannt, die Bisse nennt man Heber.

In schneller fließenden Gewässern empfiehlt sich der Gebrauch des »Stick float« (linke Seite oben links), wobei ähnlich vorgegangen wird wie bei der klassischen Treibangel mit Pose. Man angelt damit in Ufernähe. Die Montage ist ziemlich einfach, man verteilt Lochperlen und Klemmschrote in gleich bleibenden Abständen an der Schnur. Zum Anfüttern wirft man händisch Fliegenmaden aus. Im Sommer, wenn die Fische in stehenden Gewässern dazu neigen, nach Insekten an der Wasseroberfläche zu steigen, empfiehlt sich die Liftmontage mit kurzem Vorfach (linke Seite oben rechts), mit der die Schicht knapp unter der Oberfläche abgefischt wird. Dabei füttert man ständig mit geringen Mengen Lockfutter an. Dazu verwendet man sehr leichte Schnüre, die mit derselben Geschwindigkeit sinken wie das Lockfutter.

Stippangeln

Hier handelt es sich um eine französische Methode, die sich ursprünglich in der Gegend um die Stadt Roubaix entwickelt hat. Manchmal wird von der betreffenden Rute immer noch als »Roubaisienne« gesprochen. Normalerweise bezeichnet man sie als Kopfrute oder Stippe. Heutzutage praktizieren zahlreiche Angler in allen Ländern das Stippen, denn nicht nur der Wettkampfangler, sondern auch der Neuling findet den direkten Kontakt mit dem Fisch, den er mit dieser ring- und rollenlosen Rute mit Schnurbefestigung an der Spitze bekommt, besonders spannend. Die klassischen Beutefische des Stippanglers sind **Karpfen, Karausche, Döbel, Rotfeder** und **Nase.** Auch große **Seeforellen** sind auf diese Weise schon gefangen worden. Diese Methode stellt die Lösung des Problems dar, das sich ergibt, wenn man in stehenden Gewässern bei starkem Wind mit leichtem Gerät angeln will. Der große Vorteil dieser Technik ist, dass sich die Reaktionszeit für den Anhieb praktisch auf Null reduziert. Bei allen anderen Techniken gehen wertvolle Sekundenbruchteile verloren, denn die Bissanzeige kommt durch den Umweg über Ringe und Rolle etwas später, und bis der Ruck aus dem Handgelenk des Anglers über denselben Umweg am Maul ankommt, hat der Fisch nur allzu oft Zeit, den Köder auszuspeien. Bei der Stipprute ist der Weg von der Rutenspitze zum Schwimmer kürzer, und wenn der Angler die Rute nur leicht anhebt, geht diese Bewegung praktisch ungebremst und unverzögert auf den Haken über.

Außerdem ist die Stipprute oder Stippe ein leichtes Instrument, mit dem durchaus auch kapitale Beute gelandet werden kann. Dieses Kunststück gelingt durch einen hochelastischen Gummizug, der zwischen Rutenspitze und Schnur gesetzt wird. So kann man es auch mit Gegnern aufnehmen, gegen die man beispielsweise mit einer leichten Teleskoprute nicht ankäme. Wettkampfruten haben im Kopfteil einen eingebauten Gummizug, der ebenfalls diese Aufgabe erfüllt. Der direkte Kontakt zum Fisch und die Tatsache, dass immer an exakt derselben Stelle geangelt wird, machen das Stippen zu einer äußerst produktiven Angelmethode, die auch dem Neuling keine Schwierigkeiten bereitet, sobald er einmal in die Grundbegriffe eingeweiht ist.

Die Rute: Die Rute besteht aus mehreren hohlen, konischen Teilen. Bei modernen Stippruten werden alle Teile zusammengesteckt, nur das vorderste ist ausziehbar und besteht aus Spitzenhalter und Spitze. Im Gegensatz zur Teleskoprute, bei der das dünnere Teil innerhalb des dickeren verläuft, wird bei der Stipprute das dickere Teil mit seinem dünneren Ende in das dickere Ende des dünnen Teils geschoben, weil nur so das

Unten: Damit die lange Rute gut ausbalanciert liegt, hält der Angler sie mit einem relativ großen Abstand zwischen rechter und linker Hand.

ANGELN MIT NATURKÖDER

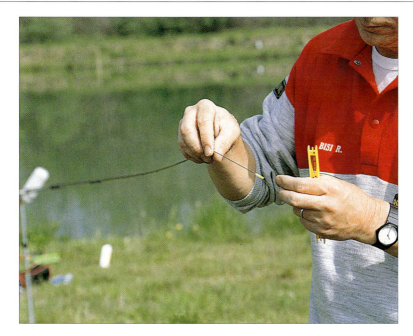

Links: Beim Stippen auf größere Fische sollte ein hochelastischer Gummizug zwischen Schnur und Spitze gesetzt werden.
Unten: eine zerlegte Stippe.

Abmontieren der hinteren Teile beim Einholen möglich ist. Heutzutage bietet der Fachhandel eine breite Palette solcher Ruten in verschiedenen Längen und Preisklassen an, eine Angebotsfülle, die den Anfänger oft verwirrt. Wer mit dem Stippen beginnt, sollte ein höchstens 13 m langes Modell wählen, das noch etwas leichter zu führen ist als die längeren Varianten.

Das wichtigste Merkmal einer Stipprute ist das relativ harte Rückgrat, das den Anhieb schnell und ungebremst weiterleitet und die Reaktionszeit zwischen Biss und Anschlag auf ein Minimum reduziert.

Pose, Blei und Haken: Der Stippangler sollte immer mehrer Posentypen bei sich haben, um auf diverse Situationen richtig reagieren zu können. Schmale Pfauenfederkiele und schlanke Formen eignen sich für stehende Gewässer, bauchige tropfen- bis birnenförmige Posen für mittlere und schnelle Strömung.

Am beliebtesten ist die tropfenförmige Pose, denn sie kombiniert hohe Sensibilität mit günstigen Eigenschaften in der Strömung. Sie ist ein Universalmodell, das - in mehr oder weniger länglicher Form - so gut wie überall eingesetzt werden kann. Sowohl die tropfen- als auch die birnenförmige Pose sollte in fließenden Gewässern immer mit einem Festblei austariert werden, das etwa 80 Prozent des Gesamtgewichts der Beschwerung ausmacht. Der Rest wird in Form von Klemmschrot über das Vorfach verteilt.

In schneller fließenden Gewässern, wo die Tragkraft des Schwimmers zwischen 3 und 10 g liegen soll, wird das Festblei oft mit drei Schrotbleien dicht hintereinander 30 cm vor dem Haken kombiniert.

ANGELN MIT NATURKÖDER

Rechts: eine Auswahl von Posen für die Stipprute. Unten: Vorfachmontagen und Posen für diverse Gewässertypen.

Bei mittlerer Strömung trägt der Schwimmer etwa 1,5 bis 3 g und wird mit sechs bis sieben Schrotbleien in zum Haken hin wachsenden Abständen austariert.

Das Vorfach ist umso länger, je langsamer das Wasser fließt. Das Festblei wird knapp vor dem obersten Kugelblei montiert. In langsam fließenden oder stehenden Gewässern ist es vorteilhafter, sehr leichte (0,25 bis 1 g), federkielartige Posen zu benutzen. Die Vorfachschnur wird mit Wickelblei beschwert. Für diese Montage verwendet man Monofil der Stärke 0,10 mm für die Hauptschnur, 0,08 mm genügen für das Vorfach. Dadurch sinkt der Köder langsamer, eine Eigenschaft, die sich besonders bei argwöhnischen Fischarten bewährt.

Die Haken werden natürlich der Fischart entsprechend gewählt, meist werden es kleine, feindrahtige Modelle von Nr. 19 bis Nr. 22 sein. Da wir gerade das Thema Schnur und Pose behandeln, muss auch erwähnt werden, dass es außer den beschriebenen noch zahllose andere Montagearten gibt, denn oft sind die Bedingungen an unseren Gewässern so unterschiedlich, dass man bereits wenige Hundert Meter stromabwärts von der aktuellen Angelstelle eine ganz andere Ausrüstung benötigt. Daher ist die Frage nach der im Einzelfall »richtigen« Schnur-Pose-Kombination immer nur aufgrund der individuellen Erfahrungen und Vorlieben

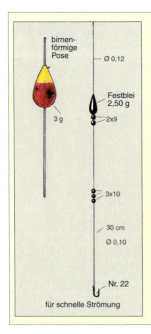

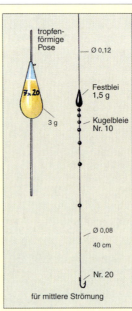

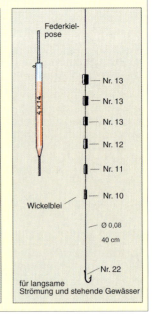

ANGELN MIT NATURKÖDER

jedes Anglers zu beantworten.

Zubehör: Was man zum Angeln mit der langen Stipprute unbedingt benötigt, ist eine passende Sitzgelegenheit. Das ist oft eine Gerätekiste mit gepolsterter Sitzfläche und ausklappbaren Beinen. Bessere Modelle sind mit einer verstellbaren Fußstütze ausgestattet, die es dem Angler erleichtert, die richtige Position einzunehmen, eine eingebaute Halterung für die Rute ist ebenfalls eine praktische Einrichtung, ebenso wie weitere Ablagemöglichkeiten für Köder-

behälter, eine Halterung für die Schleuder etc. Das Wichtigste ist jedoch, dass sie dem Angler ermöglicht, bei korrekter Haltung bequem und entspannt zu sitzen.
Außerdem empfiehlt es sich, eine Leggabel aufzustellen. So kann man das Endteil der Rute nach dem Biss abstützen und es ohne zu starke Vibrationen und brüske Bewegungen abmontieren. Meist sind diese Gabeln V-förmig und auf einem ausziehbaren Erdspeer aus Metall befestigt. Auf die Gabelenden gesteckte Schaumstoffrollen schützen das Gerät vor Abnutzung.
Eine lange, starre Stipprute verträgt sich schlecht mit den normalerweise dünnen Vorfachschnüren, daher tut man gut daran, an der Rutenspitze einen hochelastischen Gummizug zu setzen, der den kräftigen Stößen eines fliehenden Fisches die Wucht nimmt und die Ausrüstung auf diese Weise ebenfalls schont. Eine gute Lösung sind Gummizüge, die innerhalb der Rutenspitze verlaufen und so eine beträchtliche Reserve an Elastizität darstellen und die Stöße abfedern, bevor sie zum Reißen der Vorfachschnur führen. Am besten sind Silikonschläuche, die in der Rutenspitze leicht laufen. Ihr Durchmesser variiert zwischen 0,6 und 0,7 mm bei sehr dünnem Vorfach und 0,12 bis 0,14 mm, wenn man es beispielsweise auf kapitale Karpfen abgesehen hat.

Köder und Lockfutter: Auch beim Stippen ist der Fangerfolg untrennbar mit dem richtigen Anfüttern verbunden. Da der Aktionsradius durch die nicht variable Länge der Schnur zwischen Pose und Rutenspitze eingeschränkt ist, ist es umso wichtiger, das Lockfutter präzise und vor allem nicht zu weit auszuwerfen, schließlich sollen die Fische ja nicht aus der Reichweite des Anglers gelockt werden. Daher fixiert man die Rute in der Halterung am Sitz, sobald die Pose an der gewünschten Stelle steht, und zielt dann mit der Schleuder auf diesen Bezugspunkt. Das Lockfutter soll im Umkreis von einigen wenigen Zentimetern um die Pose auf die Wasseroberfläche treffen.
Schon eine Abweichung von einem halben Meter kann dazu führen, dass die Fische den Köder am Haken nicht mehr beachten.
Es genügt daher nicht, nur einmal anzufüttern, man muss in periodischen Abständen immer wieder Futterkugeln mit derselben Präzision an der Angelstelle platzieren.

*Links: Fleischmaden oder Casters, vermischt mit Paste, gehören zu den besten Lockfuttermaterialien.
Oben: Kescher und Schleuder sowie ein Rutenhalter sind unverzichtbare Teile der Ausrüstung beim Stippen.*

ANGELN MIT NATURKÖDER

Die verschiedenen Phasen beim Stippen.

Für den Teig kann man Getreide- und Paniermehl zu gleichen Teilen mischen oder auch vorgefertigte Mischungen im Fachhandel kaufen. Bei der Zubereitung ist darauf zu achten, dass der Teig die richtige Konsistenz hat, damit er sich erst auflöst, wenn er bis zum Grund abgesunken ist. Wenn man den Teig ein wenig anfeuchtet, um ihn dann ruhen zu lassen und ihn anschließend wieder anzufeuchten, wird er schön zäh. Die optimale Konsistenz ist erreicht, wenn sich der Teig leicht zusammendrücken lässt und in Form bleibt. Für die Zubereitung sollte man sich so viel Zeit nehmen wie nötig, denn von ihrer korrekten Ausführung hängt der Angelerfolg in nicht unerheblichem Maße ab. Ein schlechter Köder mit optimaler Konsistenz hat sich bisher immer noch als fängiger erwiesen als ein guter Köder, der nicht richtig zubereitet und damit schlecht präsentiert wurde. Da im Handel auch qualitativ hochwertige, fertige Teige erhältlich sind, sollte man sich im Zweifelsfall dieser Produkte bedienen, sie sind bessere Garanten für einen erfolgreichen Angeltag. Normalerweise verknetet man den Teig mit etwa 10 Prozent Ködermaterial wie Fleischmaden, Casters, Mehlwürmer und Tauwürmer (Regenwürmer).

ANGELN MIT NATURKÖDER

*Links: Ist der Haken gesetzt, wird die Rute durch Zerlegen verkürzt.
Unten: Die gefangenen Fische werden lebend in einem Setzkescher aufbewahrt.*

ANGELTECHNIK

Nachdem wir die Vorteile kennen, die eine Stipprute bietet, wollen wir nun genauer betrachten, wie man mit diesem Gerät umgeht. Zuallererst ist es wichtig, die richtige Position einzunehmen. Man angelt im Sitzen und stützt die Rute gegen das rechte Knie (das linke bei Linkshändern), wobei die Beine im rechten Winkel gebeugt sein sollen. Die Füße werden gut auf dem Boden oder der Fußstütze abgestützt, die Rute wird mit beiden Händen gehalten, mit der rechten am Ende des Handteils mit an die Rute gelehntem Unterarm, mit der linken weiter vorne von unten mit nach oben gerichteter Handinnenseite. Das ist die beste Position, aus der man alle notwendigen Handgriffe optimal erledigen kann. Mit ein wenig Übung wird man sich rasch daran gewöhnen.

Zum Auswerfen des Köders genügt es, die Rute bis in die Senkrechte anzuheben, wobei sie ein wenig nach hinten geführt wird, und die Schnur wie ein Pendel nach vorn zu schwingen. Dann wird die Rute tief, annähernd parallel zur Wasseroberfläche gehalten, die Spitze darf dabei ruhig das Wasser berühren. Da wir hier ein steifes Gerät in der Hand haben, das die Reaktionszeit vom Biss bis zum Anhieb auf ein Minimum reduziert und alle Bewegungen fast ungebremst durchgehen lässt, benötigen wir für den Anschlag selbst eine weit weniger geräumige Aufwärtsbewegung als bei einer beringten Rute mit Rolle.

Haben wir den Fisch dann am Haken, schätzen wir seine Kampfkraft ein und lassen die Rute auf der hinter uns aufgestellten Legegabel nach hinten gleiten, bis wir an der Stelle angelangt sind, an der wir abmontieren wollen. So können wir den Fisch näher heranholen, bevor wir ihn mit dem Kescher landen. Die lange Stippe wird dadurch zu einer kurzen Rute von 4 bis 5 m Länge.

Angeln mit Kunstköder
Fliegenfischen (Flugangeln)

Das Fliegenfischen oder Flugangeln gilt unter den Petrijüngern zweifellos als die sportlichste Art des Angelns im Süßwasser und unterscheidet sich grundlegend von allen anderen Methoden. Es geht dabei darum, dem Fisch einen extrem leichten Kunstköder wie eine künstliche Fliege anzubieten, der nicht an einem gewöhnlichen Monofil, sondern an einer speziellen Schnur befestigt ist, die ein gewisses Eigengewicht hat, wodurch weite Würfe ohne zusätzliche Beschwerung möglich werden. Die möglichst natürliche und attraktive Präsentation der Fliege ist von besonderer Wichtigkeit und eine eigene kleine Wissenschaft. Die Köder selbst sehen aus wie allerlei verschiedene Arten von Fliegen und anderen Wasserinsekten, die eine wichtige Nahrungsquelle für Süßwasserfische darstellen.

Das Herz jedes Fluganglers schlägt höher, wenn er die charakteristischen konzentrischen Kreise und Beulen auf der Wasseroberfläche entdeckt, die besonders zu bestimmten Tageszeiten auftreten. Denn das bedeutet, dass die Fische, oft Salmoniden, namentlich die Forellen, in Steigelaune sind und nach den Insekten an der Wasseroberfläche jagen. Das ist der richtige Moment, um dem Fisch einen täuschend ähnlichen Kunstköder zu servieren, der idealerweise jenen natürlichen Vorbildern ähnelt, die an dem betreffenden Fluss oder Bach auch vorkommen.

Forelle und **Äsche** sind die klassische Beute des Fliegenfischers, nicht minder interessant ist das Flugangeln auf den **Döbel**. Aber auch andere Arten wie **Strömer, Rotfeder, Nase, Saibling** und **Plötze** sowie insbesondere auch der in manchen Gewässern eingesetzte **Schwarzbarsch** gehen an die Fliege.

*Rechts: Die Rute des Fluganglers ist ein spezielles Gerät, das von einwandfreier Qualität sein muss.
Rechte Seite oben: Die nobelsten Ruten sind aus gespleißtem Bambus, andere aus Hohlglas und Kohlefaser.*

Die Rute: Das wichtigste Teil der Ausrüstung des Fliegenfischers ist zweifellos die Rute, gleich danach kommen Rolle und Schnur.

Moderne Ruten werden mittels neuester Technologien aus Kohlefaser hergestellt, sie sind extrem leistungsfähig, leicht und stark, eignen sich hervorragend zum Werfen und sind überdies fast wartungsfrei. Solch eine Rute ist vor allem dem Anfänger zu empfehlen. Die nobelsten Geräte, die viele eingeschworene Flugangler gegen nichts in der Welt eintauschen würden, sind aus Bambus gefertigt. Sie haben ideale Eigenschaften, was Aktion und Sensibilität betrifft, sind allerdings etwas kostspieliger. Vor dem Kauf lässt man sich am besten von einem erfahrenen Anglerkollegen beraten, auch die Händler selbst sind meist versierte Angler und verfügen über genügend eigene Erfahrung mit dem von ihnen angebotenen Gerät.

Viele Flugruten sind nach englischem Vorbild mit Längenangaben in Fuß versehen, ein Fuß entspricht 0,3048 m. Kurze Ruten bis zu 7 Fuß sind für leichte Flugschnüre von Nr. 3 bis Nr. 4 gedacht und ideal für das Angeln an Gebirgsbächen, wo der Wurf kurz und präzise sein soll. Längere Ruten werden an Flüssen verwendet, wo größere Wurfweiten erwünscht sind. Beim Trockenfliegenfischen sind ebenfalls kürzere Ruten von Vorteil, wer mit Nymphen oder Nassfliegen angelt, wird dem längeren Maß von 8 bis 9 Fuß den Vorzug geben. Ausgehend von diesen grundsätzlichen Richtlinien wird jeder Angler seine eigenen Erfahrungen mit verschiedenartigem Gerät machen und so nach und nach die für ihn selbst ideale Rute finden. Wichtig ist, dass er damit mühelos werfen kann und nicht zu rasch ermüdet, da gerade bei dieser Methode sehr häufig geworfen wird. Die Ruten sind immer mit einem Vermerk versehen, der die vom Hersteller empfohlenen Schnüre angibt. Man kann zwischen Ruten mit Spitzenaktion und solchen mit Parabolik, das entspricht durchgehender Aktion, wählen. Spitzenaktion

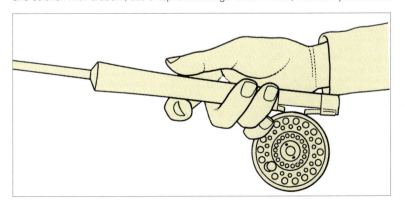

Links: Die Flugrute wird mit einer Hand gehalten.

ANGELN MIT KUNSTKÖDER

Rechts: Rollen und Schnüre für das Fliegenfischen. Unten: Ein guter Knoten zum Befestigen der Fliege (oben), ein »Casting Connector« (Mitte) und der »Blood«- oder Fassknoten zum Verbinden von Nylonschnüren (unten).

ist bei kurzen Wurfweiten vorteilhaft, während die Rute mit durchgehender Aktion mehr Kraft für Weitwürfe entwickelt.

Rolle, Schnur und Vorfach: Ist die richtige Rute gewählt, müssen auch Rolle und Schnur dazu passen. Die Rolle muss nicht nur die eigentliche Flugschnur aufnehmen, sondern auch die Nachschnur oder »Backing«, die hinter der Flugschnur montiert wird.

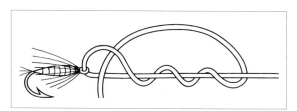

Sie soll möglichst einfach und leicht sein. Beim Kauf ist darauf zu achten, dass das Fassungsvermögen auch dem Schnurtyp entspricht, den man zu verwenden gedenkt. Für das leichte Flugangeln benötigt man eine Rolle, die die Flugschnur und etwa 40 m Backing aufnimmt, bei schwererem Gerät rechnet man mit 100 m Nachschnur.

Die Flugschnur ist meist eine ummantelte, geknüpfte Seiden- oder Synthetikschnur, die durch ihr Eigengewicht das präzise Werfen des leichten Kunstköders ermöglicht. Im Handel gibt es verschiedene Typen, die man nicht nur nach Klasse, sondern auch nach ihrer Form unterscheidet: so genannte Keulenschnüre (WF für »Weight Forward«) sowie doppelt verjüngte Schnüre (DT für »Double Taper«).

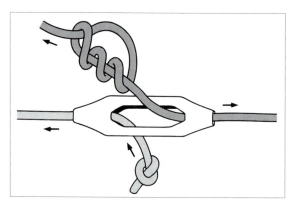

Fürs Trockenfischen gibt es schwimmende (F) und fürs Nassfischen sinkende (S) Schnüre. Die doppelt verjüngte Schnur besitzt eine etwa 9 m lange, gleichmäßige Verdickung in der Mitte.

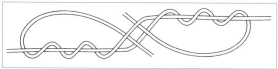

ANGELN MIT KUNSTKÖDER

Die Keulenschnur vereinigt einen Großteil ihres Gewichtes im vorderen Teil, wo ein etwa 6 m langes Stück der Schnur keulenartig verstärkt ist, um sich dann zu verjüngen und über den Rest der Länge einen einheitlichen Durchmesser aufweist.

Doppelt verjüngte Schnüre haben den Vorteil, dass man mit ihnen sehr präzise und fein werfen kann, außerdem kann man sie von beiden Seiten auf die Rolle wickeln. Die Kopflastigkeit der einseitig verjüngten Schnüre bewirkt, dass man mit ihnen leichter größere Wurfweiten erzielt, was jedoch auf Kosten der Zielgenauigkeit geht, daher benötigt man einige Übung, um mit ihnen präzise zu werfen.

Für den Neuling ist es sicherlich einfacher, es zunächst mit einer doppelt verjüngten Schwimmschnur zu versuchen, man bekommt so schneller ein Gefühl für die Wurftechnik und kann damit sowohl mit der Trocken- als auch mit der Nassfliege fischen.

Für das Vorfach nimmt man dünnes Nylon-Monofil, das am praktischsten mit einem so genannten »Casting Connector«, einer Plastiköse, mit der Flugschnur verbunden wird. Im Handel gibt es vorgefertigte, geknüpfte Vorfächer aus verschieden starken Nylonabschnitten, die zur Spitze hin dünner werden, sowie Fliegenvorfächer aus einem einzigen Nylonstück, dessen Durchmesser zum Ende hin abnimmt. Diese konischen Vorfächer haben vor allem bei geringer Wassertiefe und schwächerer Strömung Vorteile; die geknüpften Vorfäden, die gewöhnlich auch für Anfänger empfohlen werden, eignen sich für starke Strömungen und lassen sich gut auswerfen. Beim Trockenfischen verwendet man gewöhnlich ein langes, an der Spitze besonders dünnes Vorfach, beim Nassfliegenfischen ist es kürzer, damit man die Fliege besser unter Kontrolle hat. Die Vorfachspitze muss natürlich zur Größe der Fliege passen, damit es beim Werfen keine Probleme gibt.

Will man sein Vorfach selbst herstellen, nimmt man weiches, biegsames Nylon, damit sich die Kunstfliege frei und natürlich auf dem Wasser bewegt. Weiters sollte das Vorfach für die Flugangel abriebfest und dehnbar sein.

Zubehör: Außer der Grundausrüstung benötigt der Fliegenfischer noch einiges an speziellem Zubehör. Manches davon ist praktisch, aber entbehrlich, anderes wiederum fast

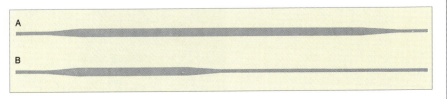

Oben: Beim Nassfliegenfischen in Gebirgsbächen kann der Angler so manche kapitale Forelle erbeuten. Unten: A) doppelt verjüngte Flugschnur (DT) und B) Keulenschnur (WF).

ANGELN MIT KUNSTKÖDER

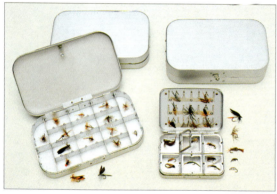

Ganz oben: Zubehör für das Flugangeln. Darunter: Sortierboxen für Trocken- und Nassfliegen. Unten und rechte Seite: der Rollwurf.

ein Muss. Wer in schmalen Bächen angelt, kommt mit normalen kniehohen Gummistiefeln aus, an breiteren Flüssen und in tieferem Wasser empfehlen sich Watstiefel oder Wathosen, die bis unter die Arme reichen, damit man auch wirklich frei ist, sich die beste Angelstelle auszusuchen. Anglerwesten, wie sie im Fachhandel angeboten werden, haben viele kleine Taschen, wo man das Zubehör verstauen kann, das man sonst umständlich vom Ufer holen müsste. An einen Gürtel mit entsprechenden Schlaufen kann man einen Schnurclip hängen, der immer dabei sein sollte, um nötigenfalls ein zu langes Vorfach zu kürzen, ebenso wie etwas Silikonschlauch für das Vorfach sowie eine Nadel, um Lackreste vom Hakenöhr zu entfernen.

Ohne Kescher geht es auch beim Fliegenfischen nicht, am besten ein Klappkescher, der aufspringt, sobald man ihn aus seiner Hülle zieht. Man befestigt ihn am Gürtel, ebenso wie mehrere durchsichtige Plastikbehälter, in denen man die Fliegen und eine Tube Silikon aufbewahrt, das man tropfenweise auf die Kunstköder gibt, damit sie besser schwimmen. Sehr nützlich sind auch Polarisationsbrillen, die Oberflächenspiegelungen auf dem Wasser neutralisieren, sodass man die nach Insekten steigenden oder in Grundnähe nach Nymphen (Insektenlarven) jagenden Fische im Wasser besser erkennen kann.

Der Wurf: Bei dieser Angelmethode ist der Wurf wichtiger als bei allen anderen Techniken. Wer mit dem Flugangeln beginnt, muss daher zuallererst die Wurftechnik lernen und üben.

Der am meisten verwendete Wurf und somit auch der erste, mit dem sich der Anfänger vertraut machen sollte, ist der Überkopfwurf. Zum Üben sucht man sich am besten einen Platz, der weitgehend frei von natürlichen Hindernissen wie niedrigen Bäumen und Sträuchern ist, damit man die ganze Bewegung ungehindert ausführen kann. Der Wurf erfolgt in zwei Phasen. Zuerst wird die Schnur nach hinten geschwungen (Rückschub), dann nach vorne geschleudert (Vorschub).

Beide Bewegungen müssen har-

monisch ineinander übergehen und vor allem kontinuierlich erfolgen. Beim Rückschub wird die Schnur hoch hinter den Rücken des Anglers ausgeworfen, bis sie sich ganz streckt, dann beginnt die Gegenbewegung, bei der es darauf ankommt, dem Vorschub genügend Energie zu verleihen, bis die Rute wieder die Ausgangsposition erreicht hat und die Fliege an der gewünschten Stelle auf die Wasseroberfläche trifft.

Damit der Wurf gelingt, müssen beide Bewegungen flüssig und auch mit der richtigen Geschwindigkeit ausgeführt werden. Man beginnt noch relativ langsam und steigert dann die Geschwindigkeit, sodass sich in der letzten Phase genügend Beschleunigung auf die Schnur überträgt. Dieses Prinzip gilt mehr oder weniger für alle Wurftechniken. Sowohl beim Rück- als auch beim Vorschub muss die Schnur korrekt gespannt sein, beide Bewegungen müssen derselben Achse folgen, außerdem darf der Bewegungsablauf nicht durch plötzliches Verlangsamen oder ruckartiges Beschleunigen unterbrochen werden. Die Einhaltung der vertikalen Wurfachse, die korrekte Spannung der Schnur und die Kontinuität der Bewegung in allen Phasen des Wurfes sind die Hauptziele, auf die sich der Neuling beim Erlernen der Wurftechnik konzentrieren muss.

Eine andere wichtige Technik ist der so genannte Rollwurf, der vor allem dann eingesetzt wird, wenn der Angler hinter dem Rücken nicht genügend Freiraum zur Verfügung hat. Auch beim Nymphenfischen ist er beliebt.

Dabei liegen am Anfang einige Meter Schnur auf dem Wasser. Mit einer langsamen, gleichmäßigen Bewegung hebt man die Rute an, bis sich die Rutenspitze etwas nach hinten neigt. Dann wird die Rute in waagrechte Position gesenkt, dabei führt man eine

ANGELN MIT KUNSTKÖDER

*Rechts: Beim Angeln mit der künstlichen Fliege ist der Fisch beim Biss im klaren Wasser mühelos mit bloßem Auge zu erkennen.
Unten: Köcherfliege (A), Steinfliege (B) und Eintagsfliege (C) mit den entsprechenden Imitationen.*

energische Drehbewegung aus dem Handgelenk aus, sodass die Schnur einen weiten Kreis beschreibt und sich sodann in die gewünschte Richtung streckt.
Bei einer anderen Spielart des Rollwurfs wird die Rute horizontal, parallel zur Wasseroberfläche geführt.

Die wichtigsten Insekten: Mit der Kunstfliege fängt man nur Fische, die sich gewohnheitsmäßig von geflügelten Insekten in all ihren Entwicklungsstadien ernähren. Daher sollte der Angler wenigstens in groben Zügen in der Lage sein, diese Insektenarten zu erkennen, damit er die im jeweiligen Fall geeignete Imitation aus seinem Fliegensortiment wählen kann.

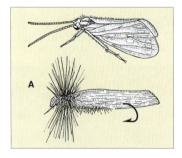

Ein wichtiges Phänomen, das dem wachsamen Auge des Anglers nicht entgehen sollte, ist das Schlüpfen der Insektenlarven im Wasser. Man kann davon ausgehen, dass sich in jedem beliebigen Wasserlauf Myriaden von Insekteneiern befinden, aus denen winzige Larven schlüpfen, die sich zunächst auf dem Grund des Gewässers, meist in flachem Wasser, aufhalten und Schutz unter Steinen und Kieseln suchen.

Sie wachsen allmählich zu Nymphen heran, die sich vom Grund wegbewegen und nach und nach an die Oberfläche aufsteigen, wo sie die Metamorphose zum ausgewachsenen geflügelten Insekt vollenden, sich wieder paaren und so den Lebenszyklus von neuem beginnen lassen. Die Fische fressen alle Entwicklungsstufen: Sie

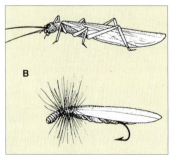

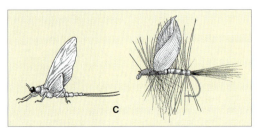

ANGELN MIT KUNSTKÖDER

Links: Der Angler wählt die für seine Angelstelle passende Fliege. Unten: eine Reihe verschiedener Trockenfliegen.

suchen auf dem Grund nach den Larven, jagen in halber Wassertiefe die Nymphen und steigen nach den ausgewachsenen Insekten an die Wasseroberfläche. Dementsprechend kann der Angler den natürlichen Jagdinstinkt der Fische nutzen, indem er ihnen verschiedene Nachbildungen wie Nassfliegen oder Nymphen unter Wasser sowie Trockenfliegen an der Oberfläche anbietet.

Von wirklichem Interesse für den Angler an fließenden Gewässern sind eigentlich nur drei Kategorien geflügelter Insekten:

das sind die Eintagsfliegen, die Köcherfliegen und die Steinfliegen, eventuell noch einige

ANGELN MIT KUNSTKÖDER

einzelne Insekten anderer Gruppen. Eintagsfliegen erkennt man leicht an der Position ihrer beiden Flügelpaare, die in Ruhestellung fast vertikal am Körper sitzen. Unschwer erkennt man auch die Köcherfliege, in Ruhestellung trägt sie die Flügel horizontal an den Körper gefaltet, der Umriss ähnelt im Profil einem nach hinten gekippten »V«. Besonders interessant für den Angler sind auch die Steinfliegen. Diese Insekten tragen ihre Flügel in Ruhestellung eng an den Körper gefaltet, wobei die vorderen über den hinteren liegen. Im Flug sind sie langsam und laut, ähneln in der Form den Köcherfliegen, sind jedoch größer und unauffälliger gefärbt, während Köcherfliegen metallisch glänzen. Natürlich ist es nicht nötig, sich in wissenschaftlicher Art und Weise mit den Insektenarten an unseren Flüssen und Bächen zu beschäftigen, doch gewisse Grundkenntnisse erleichtern es dem Angler, unter den zahlreichen im Fachhandel erhältlichen Fliegenformen jene zu wählen, die ihm am meisten von Nutzen sein werden. Und die Wahl des richtigen Köders ist bereits ein entscheidender Schritt in Richtung eines erfolgreichen Angeltages.

Kunstfliegen: Es gibt unzählige Formen, Farben und Größen von Kunstfliegen, einige ähneln ihren natürlichen Vorbildern zum Verwechseln, andere scheinen reine Fantasiegebilde zu sein. Der Anfänger sollte sich von der Vielfalt nicht verwirren lassen und sich auf einige wenige Sorten beschränken, die sich bereits bewährt haben, um die ersten Versuche nicht bereits mit Irrtümern und Fehlern enden zu lassen. Mit den Jahren wird sich die Erfahrung einstellen, man wird lernen, dass der naturgetreueste Köder nicht immer unbedingt der fängigste sein muss, dass viele Angler die meisten Fische an ungefähren Nachbildungen fangen und dass es auch immer wieder vorkommt, dass einzelne kapitale Exemplare an Fantasiefliegen gefangen werden, die rein gar nichts mit einem natürlichen Insekt zu tun haben. Nur die eigene Erfahrung wird dem Angler schließlich sagen, wann welche Fliege die richtige ist.

Trocken- und Nassfliegen: Wer mit einem guten Sortiment beginnen will, sollte sich gleich zu Beginn nicht nur mit Trocken-, sondern auch mit Nassfliegen ausstatten.

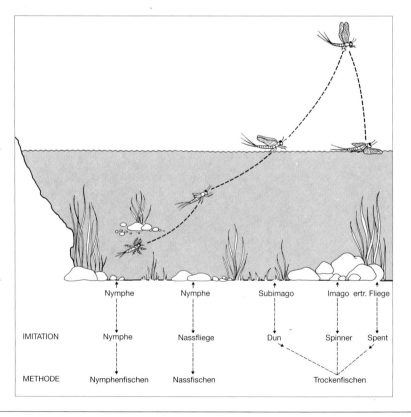

Wenn er den Lebenszyklus der Insekten kennt, von denen sich die Fische ernähren, kann der Angler mit größerer Sicherheit den für den jeweiligen Fall richtigen Kunstköder wählen.

ANGELN MIT KUNSTKÖDER

Oben: Anködern einer Trockenfliege. Zum Schluss gibt man einen Tropfen Silikon darauf, damit sie besser schwimmt.

Trockenfliegen, die sowohl aus dem Wasser aufsteigende als auch ins Wasser gefallene Insekten imitieren, müssen immer so natürlich wie möglich »serviert« werden, damit sie in den Augen des Fisches nicht nur appetitlich, sondern auch echt wirken. Damit Trockenfliegen gut schwimmen, werden in ihren Körper so genannte Hecheln - meist Brustfedern des Hahns - eingearbeitet, die es in verschiedenen Farben gibt. Sie halten die künstlichen Fliegen gut auf der Wasseroberfläche und imitieren dabei gleichzeitig die Beinchen. Es gibt aber auch eine Reihe anderer Materialien, die für diesen Zweck geeignet sind. Um die verschiedenen Insekten fressenden Fischarten anzulocken, sollte man ein Sortiment von Kunstfliegen zur Verfügung haben, die die an unseren Gewässern am meisten verbreiteten Insekten imitieren. Bekannte und auch fängige Exemplare, die den Eintagsfliegen ähneln, sind die »Red Spinner«, die »Iron Blue Dun«, die »Olive Dun«, die »Pheasant Tail« und die »Tups Indispensable«, während die »Brown Sedge« und die »Cinnamon Sedge« die Köcherfliege (Segge) vor allem in der Dämmerung gut nachahmen. Bekannte und ebenfalls fängige Fantasiekunstfliegen sind die »Panama« und die »Brown Bivisible«.

Im Unterschied zu den Trockenfliegen, die auf der Wasseroberfläche schwimmen, imitieren die Nassfliegen die Bewegung der Insektenlarven, die im Wasser geschlüpft und zur Oberfläche hin aufgestiegen sind. Da man mit ihnen vorzugsweise unter Wasser arbeitet, bestehen sie aus wenigen Hecheln und einem schwereren Haken sowie sinkendem Material. Sie werden mit Hahn- oder Rebhuhnfedern gebunden, die weich genug sind, die Bewegungen der Beine der Insektenlarve im letzten Stadium der Metamorphose im Wasser zu simulieren. Die meisten Trockenfliegenformen können ohne weiteres auch nass gefischt werden, wenn man die Flügel weglässt und nur den Körper verwendet. Bekannte und als äußerst fängig geschätzte Nassfliegen sind die »March Brown«, die »Partridge and Orange«, die »Buchter«, die »Snipe and Purple« und die »Blue Dun«. Alle diese Modelle können im Wasser, wenn sie richtig geführt werden, für den Fisch so lebensecht wirken wie ihre natürlichen Vorbilder.

ANGELN MIT KUNSTKÖDER

Rechts: Beim Angeln mit der Nassfliege arbeitet man meistens flussauf in langsam fließenden Gewässern. Unten und rechts oben: Beim Trockenfliegenfischen ist zielgenaues Werfen gefragt.

ANGELTECHNIK

Angeln mit der Trockenfliege: Die beliebteste Methode beim Flugangeln ist sicherlich das Trockenfliegenfischen. Der richtige Zeitpunkt dafür ist dann gekommen, wenn man an den Beulen und Blasen auf der Wasseroberfläche erkennt, dass die Fische nach Insekten steigen. Der Angler kann den Appetit der Fische für sich nutzen, indem er ihnen auf möglichst natürliche Art einen Köder anbietet, der dem fliegenden Insekt ähnelt, das sie gerade fressen. Geht er dabei korrekt vor, wird er schon bald den ersten Fisch nach seiner Trockenfliege steigen sehen. Bei dieser oft auch einfach »Trockenfischen« genannten Technik muss der Angler einige grundsätzliche Regeln beachten, um Erfolg zu haben. Zunächst muss er durch Beobachten feststellen, welche Insektenart am Wasser gerade vorhanden ist, um dann eine möglichst ähnliche Kunstfliege zu wählen. Zweitens gilt es, die Wasseroberfläche genau zu beobachten.
Ausgeworfen wird dann, wenn man an den Beulen an der Wasseroberfläche sieht, dass

ANGELN MIT KUNSTKÖDER

ein Fisch steigt. Man wirft in diagonaler Richtung flussauf und versucht, die Kunstfliege so zu platzieren, dass sie etwas oberhalb der Beule auf der Wasseroberfläche landet, damit der Fisch durch den Aufprall nicht verscheucht wird. Idealerweise treibt die Fliege in sein Blickfeld, wenn er gerade im Steigen begriffen ist. Hat man seine Aufmerksamkeit erregt, sodass er an den Köder gehen will, so tut er dies gewöhnlich von einem Punkt etwas weiter flussabwärts und schießt von dort auf einer diagonalen Bahn zur Wasseroberfläche empor. Das geschieht allerdings nur dann, wenn der Angler die Fliege auch wirklich optimal präsentiert hat und nichts Ungewöhnliches das Misstrauen des Fisches erregt.

Ein häufig vorkommender Fehler, der Salmoniden ziemlich sicher vom Zuschnappen abhält, ist das so genannte Furchen, das durch unterschiedliche Strömungsgeschwin-

Links: Da man mit leichtem Gerät arbeitet, ist ein Unterfangkescher beim Trockenfischen unbedingt erforderlich.

ANGELN MIT KUNSTKÖDER

digkeiten im Wasser entsteht. Liegt die Schnur in einem Bereich, in dem die Strömung stärker ist als dort, wo die Fliege auf dem Wasser treibt, so wird sie schneller über die Wasseroberfläche gezogen als beim natürlichen Schwimmen mit der Strömung. Die V-förmigen Linien, die sie wie ein Kielwasser hinter sich herzieht, werden mit Sicherheit auch den hungrigsten Fisch dazu bringen, von diesem Köder abzulassen. Geübte Angler sehen gleich, wenn die Flugschnur zu schnell davontreibt, und ergreifen Gegenmaßnahmen. Mit einer kurzen, scharfen Drehbewegung aus dem Handgelenk schwippt die Rute einmal zurück und befördert die Schnur weiter nach hinten, das heißt flussaufwärts. Damit ist der Fehler korrigiert. Vorbeugend kann man die Schnur wellig auswerfen, was man erreicht, indem man den Vorschub besonders kräftig ansetzt und beim Auslaufen der Schnur, bevor sie sich streckt, die Rute ein wenig anhebt.

Wenn sich zahlreiche Bewegungen an der Wasseroberfläche zeigen und die Fische in großer Zahl nach Insekten steigen, ist diese Methode sicher am effizientesten, oft wird der Köder schon genommen, kaum dass er auf dem Wasser auftrifft. Unglücklicherweise ist die Situation an unseren Gewässern jedoch nicht so beschaffen, dass an jedem beliebigen Tag mehrere Schwärme von Insekten an jedem Wasser schlüpfen und man nur danach Ausschau halten muss. In der Praxis wird es wohl öfter so sein, dass scheinbar überhaupt keine nennenswerte Menge an Insekten vorhanden ist. Nun braucht der Flugangler etwas mehr Geduld, er muss sich Zeit nehmen, das Wasser zu studieren, um herauszufinden, wo ein Fisch stehen könnte. Dorthin wird die Fliege ausgeworfen. Systematisch fischt man alle potenziell guten Stellen des jeweiligen Gewässers ab. Dabei darf der Angler seine Fliege niemals aus den Augen lassen, er muss sie ständig konzentriert beobachten, denn in dem Moment, in dem der Fisch an die Fliege geht, ist der Anhieb ohne Verzögerung zu setzen. Daher ist es nützlich, wenn die Fliege nicht nur für den Fisch, sondern auch für den Angler gut zu erkennen ist.

Nassfliegen- und Nymphenfischen: Die beste Zeit für das Nassfliegenfischen ist dann, wenn die Fische in Grundnähe nach nicht voll entwickelten Insekten und Larven jagen. Über lange Zeiträume im Jahr ist keinerlei besondere Aktivität von Insekten an der Wasseroberfläche zu beobachten. Das bedeutet nun nicht, dass keine vorhanden wären. Eine Forelle würde bald verhungern, wäre sie auf die an der Oberfläche treibenden Insekten angewiesen. Bei aufmerksamer Beobachtung wird der Angler bald die oft winzigen, kaum sichtbaren Anzeichen für die Aktivität der Fische entdecken: kleine Wellen, die vom Fischrücken hochgewirbelt werden.

Und da sich der Fisch nur dann für einen Kunstköder interessieren wird, wenn er dem ähnelt, was er gerade frisst, ist dies der Moment, um Nassfliegen oder Nymphen einzusetzen.

Oft wird eine Flucht aus zwei bis vier Fliegen oder Nymphen in einem Abstand von 30 bis 40 cm aneinander geknüpft. Das Vorfach kann aus mehreren Teilen geknüpft oder aus einem Stück gefertigt sein. Auch bei der Nassfliege ist es wichtig, sie mit möglichst natürlichen Bewegungen zu »beleben«, damit sie die Aufmerksamkeit der Fische ebenso erregt wie die echten, zur Wasseroberfläche aufsteigenden Nymphen, die man auch »Emerger« nennt. Das erreicht man auf einfache Weise, indem man flussabwärts fischt und dabei neben dem Wasser hergeht bzw. am Rand entlang watet. So

Eine Auswahl von so genannten Poppers, Fantasiekunstfliegen, die speziell für den Schwarzbarsch entworfen wurden.

ANGELN MIT KUNSTKÖDER

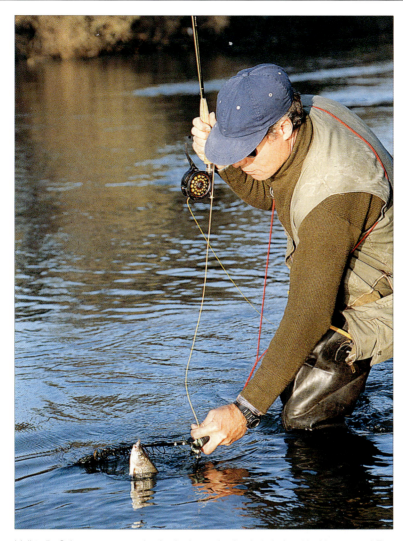

Den Flugangler erkennt man an den typischen Wathosen, dem am Gürtel mitgeführten Klappkescher, der durchlochten Rolle und der typischen Fliegenschnur.

bleibt die Schnur gespannt, der Angler kann durch wiederholtes Nachlassen und Einholen von Schnur eine auf- und absteigende Bewegung simulieren, wodurch sich auch die Beinchen bewegen und so ein lebendes Insekt vortäuschen. Natürlich sind all diese Manöver nur wirksam, wenn sie an Stellen ausgeführt werden, wo ein Fisch stehen könnte.

An solchen Stellen muss man auch stets auf einen Biss gefasst sein. Ein plötzlicher Zug auf Vorfach und Schnur muss sofort entsprechend pariert werden. Gewöhnlich gehen die Fische in der Phase des Einholens bzw. des Aufsteigens der Nymphen am ehesten an den Köder. Gute Stellen für das Nassfliegenfischen sind Flussgabelungen, Strudel an Wasserfällen, unterspülte, vegetationsreiche Ufer und alle Flussabschnitte, die sich zwischen einer langsamen und einer stärkeren Strömungszone befinden.

Wenn die Fische sich ständig nahe am Grund bewegen, um dort nach den Larven zwischen den Steinen zu suchen, kommt eine andere Spielart des Nassfliegenfischens zur Anwendung, das so genannte Nymphenfischen. In diesem Fall muss der Kunstköder schwer genug sein, um bis zum Grund abzusinken. Bei klarem Wasser kann man auf Sicht arbeiten, so ist es leichter, beim Anbiss den Anhieb rasch und präzise zu setzen, gewöhnlich dann, wenn der Fisch nahe an der seitlich vorbeitreibenden Nymphe das Maul öffnet und sich ihr zuwendet.

ANGELN MIT KUNSTKÖDER

Spinnen

Diese Angeltechik entstand in den angelsächsischen Ländern bereits am Beginn des 20. Jahrhunderts und hat in den letzten Jahrzehnten auch auf dem Kontinent überall Fuß gefasst. Da diese Methode nicht nur einen beträchtlichen Fangerfolg bringt, sondern auch als sportliche und hoch interessante Technik gilt, erfreut sie sich in letzter Zeit wachsender Beliebtheit. Dabei benutzt man ausschließlich spezielle Kunstköder in verschiedenen Farben, Größen und Formen, mit denen unterschiedliche Wassertiefen abgefischt werden. Diese Metallgebilde geben im Wasser Signale wie Schwingungen und Lichtreflexe ab, die jenen der Beute mancher Raubfische ähneln, und erregen damit das Interesse der Räuber. Andere Faktoren, die eine Rolle spielen, wenn ein Fisch an den Kunstköder geht, sind neben dem Nahrungstrieb - dem auch nicht räuberische Fische manchmal erliegen - vor allem auch instinktives Revierverhalten, da in dem blinkenden Metallstück ein Eindringling gesehen wird.

All das macht das Spinnen zu einer extrem wirksamen Angelmethode. Der Angler lernt dabei viel über die Gewohnheiten und das Verhalten der Fische, probiert immer wieder neue Kunstköder aus und versucht mit allerlei Tricks und Kniffen, den Fisch zu überlisten und an den Köder zu locken. Beim Spinnen wird besonders auf **Forellen, Döbel, Hecht** und **Schwarzbarsch** geangelt.

Ausrüstung: Wie bei allen anderen Techniken gilt auch hier, dass das Gerät der Fischart angepasst sein muss, auf die man angeln will. Es gibt keine universelle Spinnrute, die sowohl für eine schlanke Bachforelle als auch für einen kapitalen Hecht geeignet wäre. Jede Spinnrute ist für ein gewisses Wurfgewicht ausgelegt, über dem Maximum arbeitet sie nicht mehr optimal. Die Länge variiert gewöhnlich zwischen 1,5 und 2,6 m, je nach Gewässerart, Art des verwendeten Kunstköders und Fischart. An Gebirgsbächen wählt man eine nicht zu lange Rute (1,8 m maximal) mit einem Wurfgewicht zwischen 3 und 6 g. Breitere Bäche und Flüsse verlangen größere Wurfweiten, daher sind Ruten bis 2,1 m mit einem Wurfgewicht von bis zu 20 g zu empfehlen.

Links und linke Seite: eine höchst sportliche Angelmethode: das Spinnen. Unten: das notwendige Zubehör für diese Technik.

Noch längere Ruten benutzt man beim Angeln auf kapitale Räuber in Seen, an Talsperren oder an breiten Flüssen. Heute bestehen fast alle guten Spinnruten aus zwei Teilen, was eine harmonischere Aktion gewährleistet. Es gibt aber auch mehrteilige Modelle, die vor allem aus Gründen der Bequemlichkeit und weil sie sich so auch im Rucksack ins Gebirge mitnehmen lassen, beliebt sind.

Hat man die richtige Rute gefunden, geht es ans Auswählen der Rolle, eines ebenfalls wichtigen Teils der Ausrüstung des Spinnanglers, der mit den Fluchtversuchen kapitaler Gegner fertig werden muss. Die Hauptanforderung an die Qualität ist robuste Bauart, aber auch andere Kriterien wie hohe Übersetzung und eine gute, weiche Bremse sind wichtig, eine konische Spule ist von Vorteil, weil die Schnur leichter abgezogen werden kann.

Die Schnur, ein hochwertiges Monofil, muss auch einiges an Beanspruchung aushalten.

ANGELN MIT KUNSTKÖDER

Rechts: Beim Spinnen kommt der Rolle große Bedeutung zu. Oben: drei zweiteilige Carbo-Whisker-Ruten mit Steckverbindung.

Der Durchmesser sollte mindestens 0,14 bis 0,18 mm betragen, beim Spinnen mit schweren Ködern auf kapitale Fische kann die Schnur stärker sein. Sie sollte weich, dehnungsarm und abriebfest sein sowie eine gute Knotenfestigkeit aufweisen.

Köder: Die Auswahl ist grenzenlos, und jedes Jahr kommen neue Varianten dazu. So hat der Angler die Qual der Wahl, wenn es darum geht, den besten Spinnköder zu finden. Die Erfahrung lehrt, dass es nicht unbedingt notwendig ist, über den allerneuesten Löffel oder Spinner mit allen technischen Raffinessen zu verfügen, denn die besten Resultate werden nach wie vor mit einigen wenigen, sorgsam ausgewählten Exemplaren erzielt. Hier wollen wir die wichtigsten der auf dem Markt erhältlichen Spinnköder kurz vorstellen.

Da wäre zum einen der so genannte Spinner, der, wie der Name schon vermuten lässt, nach wie vor der klassische Köder beim Spinnangeln ist und in allen Gewässerarten eingesetzt werden kann. Er besteht aus einem mehr oder weniger schlanken, ovalen bis weidenblattförmigen Metallplättchen, das sich um eine feste Achse aus rostfreiem Stahl dreht. Am Ende der Achse, die auch bebleit sein kann, sitzt ein Drillingshaken. Der Spinner bewegt sich beim Einholen, und die von seiner Bewegung ausgehenden Schwingungen sowie das Farbenspiel beim Aufblitzen der Lichtreflexe auf dem Metall täuscht ein verletztes oder krankes Fischchen vor. Die Spinner sind nach Gewichtsklassen unterteilt und gekennzeichnet, was die Wahl des richtigen Köders für die betreffende Fischart erheblich erleichtert. Je nach Strömung, Gewässerart und Wurfgewicht der Rute wird man das entsprechende Gewicht wählen.

ANGELN MIT KUNSTKÖDER

So wird man in Gebirgsbächen den Spinnern der Klasse 1 und 2 den Vorzug geben. Zum Raubfischangeln in tieferen Gewässern sind schwerere Exemplare der Klasse 5 und 6 gefragt. Auch bei den Farben gibt es eine große Auswahl, die wichtigsten Farbstellungen sind Gold, Silber, Kupfer, Bronze und Schwarz. Die Farbwahl hängt weitgehend von den Wetterbedingungen ab. Im Allgemeinen sind bei trübem Wasser und bedecktem Himmel helle Farben fängiger, dunkle Farben sind besser für tiefe Wasser und klares Wetter geeignet.

Ein anderer, ebenfalls sehr verbreiteter Spinnköder ist der Löffel oder Blinker, ein mehr oder weniger in sich gebogenes Metallplättchen, das mit dem »Kopfende« an der Vorfachspitze befestigt wird und am »Schwanzende« einen meist größeren Drillingshaken trägt. Im Wasser bewegen sie die Blinker beim Einholen taumelnd und ahmen so einen flüchtenden Fisch nach, eine Täuschung, auf die mancher Räuber hereinfällt. Die Formen sind unterschiedlich: manchmal breit und dünn, dann wieder länglich und kompakt. Die erstere Art erweist sich vor allem bei nicht besonders angriffslustigen Fischen als fängig, die zweitere eher bei solchen, die aggressiv und entschlossen auf die Beute oder den Eindringling losgehen.

Beide Arten entfalten ihr Potenzial am besten in Seen und eher tiefen Flüssen, wo oft kapitale Fänge erzielt werden.

Andere bei Spinnanglern beliebte Köder sind die so genannten Wobbler und die

Links: Eine Spinnrute ist immer zweiteilig, Teleskopmodelle existieren nicht. Oben: Die so genannten Wobbler sind ziemlich naturgetreue Imitationen kleiner Fische.

ANGELN MIT KUNSTKÖDER

Gummifische, die auf mehr oder weniger naturgetreue Art verschiedene kleine Süßwasserfische imitieren. Die Wobbler verdanken ihr natürliches Tauchverhalten einer kleinen Schaufel unter dem Kopfende. Sie sind meist aus Gummi oder Balsaholz gefertigt und in verschiedenen Grammaturen für leichte bis schwere Spinnruten erhältlich. Die Wobbler werden in drei Gruppen unterteilt: Da gibt es die so genannten Schwimmwobbler, die zunächst an der Oberfläche schwimmen und nur auf Zug knapp unter die Wasseroberfläche tauchen; die Tauchwobbler, die sofort abtauchen und beim Einholen in gleicher Tiefe bleiben; und die Gliederwobbler, die aus zwei beweglich miteinander verbundenen Teilen bestehen, wodurch sie besonders natürliche und auffällig taumelnde und tänzelnde Bewegungen vollführen.

Die Gummifische haben ein ähnlich regelmäßiges Profil wie die Wobbler, sind jedoch walzenförmig und sehen wie bizarre, aufgeblasene Fischchen aus. Sie sind in Amerika besonders verbreitet, wo man damit vorzugsweise auf den Schwarzbarsch fischt. Sie sind auch sehr gute Spinnköder für Zander und Hecht, da ihre Zickzackbewegung offenbar besonders herausfordernd auf Raubfische wirkt. Erfahrene Schwarzbarschangler verwenden oft Fantasieköder wie Buzzer und Popper, mit denen auch Rapfen und so mancher Hecht gefangen werden.

Zu den bewährten Gummiködern zählen weiters die Twister, langschwänzige »Würmer«, aus oft grell gefärbtem Weichplastik, die beim Einholen taumeln und tanzen und für Zander und Barsch einen sehr anziehenden Köder darstellen.

ANGELN MIT KUNSTKÖDER

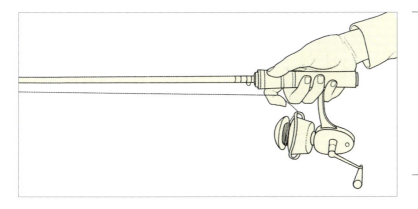

Links: der richtige Griff beim Angeln mit der Spinnrute. Unten: bereit zum Werfen.
Linke Seite oben: eine Auswahl an künstlichen Ködern für den Schwarzbarsch.
Linke Seite unten: Kapitale Forellen gehen gerne an den Wobbler.

ANGELTECHNIK

Wurftechnik: Auch beim Spinnfischen ist die Wurftechnik von großer Bedeutung. Um den Köder in oft erheblicher Entfernung so zu platzieren, dass er möglichst genau im Blickfeld des Raubfisches landet, muss der Angler in der Lage sein, präzise zu werfen. Diese Fähigkeit lässt sich nur mit einiger Übung erlernen. Der Angler hat natürlich bereits zuvor dafür gesorgt, dass Wurfgewicht und Rute zusammenpassen und dass auch die von ihm gewünschte Weite mit diesem Gerät zu erreichen ist. Nun fasst er die Rute mit der rechten Hand so am Handteil, dass die Rollenauflage zwischen Mittel- und Ringfinger liegt. Dann wird der Schnurfangbügel geöffnet und die Schnur mit dem letzten Glied des Zeigefingers gegen den Rutengriff festgehalten. Für den Überkopfwurf sollen etwa 30 cm Schnur von der Rutenspitze hängen. Dann wird die Rute hinter den Rücken geführt. Mit einem energischen Schlag führt man sie nach vorne. Der Zeigefinger gibt die Schnur frei, sobald der Spinnköder in die gewünschte Wurfrichtung zeigt. Mit dieser Wurftechnik kann man - vorausgesetzt, die Bewegung verläuft fließend - große Weiten erzielen und die gewählte Angelstelle punktgenau erreichen.

Außerdem ist es die einzig mögliche Wurftechnik, wenn natürliche Hindernisse wie Felsen oder Bäume, in denen sich die Schnur verfangen könnte, die seitliche Bewegungsfreiheit einschränken. Allerdings muss dafür genügend Rückenfreiheit vorhanden sein. Ist das nicht der Fall, weicht man auf den Seitenwurf aus, der nach links oder nach rechts ausgeführt werden kann. Beim Seitenwurf von

ANGELN MIT KUNSTKÖDER

rechts wird die Rute parallel zur Wasseroberfläche von rechts nach links am Körper vorbeigeführt.

Die Rute wird nach hinten geführt und dann energisch nach vorne beschleunigt, sobald man die Schnur freigibt, schießt sie vom Gewicht des Spinnköders gezogen davon. Beim Seitenwurf von links wird die Rute an der linken Körperseite vorbei nach vorne geführt, der rechte Arm führt eine Drehung von 90° zum Wurfziel aus, der Köder soll in einer flachen Bahn über die Wasseroberfläche hinwegfliegen.

Natürlich kann es auch vorkommen, dass der Angler weder hinter sich noch links oder rechts von seinem Standort genügend Platz zum Ausholen vorfindet. Hier kann er sich immer noch mit dem Pendel- oder Unterhandwurf behelfen. Gerade an kleinen Gebirgsbächen mit unwegsamem Ufer, wo die Wurfweite gering und genaues Zielen umso wichtiger ist, wird oft auf diese Art geworfen. Dabei wird die Rute durch Beugen des rechten Unterarms nach unten geführt, um dem Spinnköder von dort aus die nötige Beschleunigung zu verleihen, dann lässt man die Rute durch einen kurzen Ruck aus dem Handgelenk von unten nach oben schnellen, sodass der Köder in die gewünschte Richtung fliegt.

Hat sich der Neuling erst einmal mit diesen Grundtechniken vertraut gemacht, wird es nicht lange dauern, bis er seine Wurftechnik jeder Umgebungssituation anpassen kann. Dabei wird er sicherlich oft von Mischformen oder Abwandlungen dieser Grundwürfe Gebrauch machen.

Die Landung: Nach dem Werfen geht es darum, den Spinnköder so einzuholen, dass er Bewegungen ausführt, die die Neugier und die Angriffslust der Raubfische wecken. Diese Phase ist sicherlich die entscheidendste für den Erfolg des gesamten Unternehmens, denn je besser man es versteht, mit abwechselnd langsamem und schnellem Einholen, kleinen Zupfern aus dem Handgelenk oder anderen Tricks den Spinnköder richtig schön taumeln zu lassen und sozusagen zum Leben zu erwecken, umso eher wird man sich am Ende des Tages über reiche Beute freuen können. Wer annimmt, wenn man nur gut genug geworfen hätte, würde mechanisches Einholen genügen, um zum Ziel zu kommen, der irrt. Jetzt erst ist der Einfallsreichtum des Anglers gefragt, und das ist es, was für viele Spinnangler die eigentliche Herausforderung darstellt. Mit zahlreichen Manövern veranlassen sie den Spinnköder dazu, mit wechselnder Geschwindigkeit verschiedene Bewegungen auszuführen, durch die er die Aufmerk-

*Oben: Spinnangeln flussabwärts.
Unten: Ein unter Spinnanglern begehrter Fang ist der kampfstarke Schwarzbarsch (links).
Eine schöne Forelle wird gelandet (rechts).*

ANGELN MIT KUNSTKÖDER

samkeit des Fisches erregt. Beim Einholen verhält sich jeder Kunstköder anders, und diese Beweglichkeit gilt es optimal zu nutzen. Wie man das tut, hängt von der Strömung, der Wassertiefe und natürlich auch vom Bissverhalten des Beutefisches ab.

Die einfachste Art ist, den Köder mit gleichbleibender Geschwindigkeit einzuholen. Dagegen ist nichts einzuwenden, allerdings sollte man vermeiden, ihn dabei immer auf derselben geraden Linie zu halten. Mehr Erfolg hat man jedoch sicherlich, wenn man den Köder unregelmäßiger arbeiten lässt. In diesem Bereich kann der Angler viel Kreativität einbringen und die bisher gemachten Erfahrungen nutzen.

Immer wieder wechselt man die Geschwindigkeit, wiederholte, nicht zu ausladende Seitwärtsbewegungen der Rute simulieren natürliches Schwimmverhalten. Gleichzeitig wirkt die überraschende, wirbelnde Eigenbewegung des so geführten Spinnköders ungewöhnlich genug, um dem lauernden Raubfisch aufzufallen und seine Angriffslust zu wecken. Dabei muss der Angler den Köder stets im Auge behalten, denn der Biss kann in jeder Phase des Einholens kommen, gleich nach dem Wurf, aber auch in Ufernähe, unmittelbar vor dem Standort des Anglers.

In der kalten Jahreszeit, wenn die Fische in die tieferen Wasserregionen absteigen, hat es natürlich keinen Sinn, den Köder knapp unter der Oberfläche arbeiten zu lassen. Man führt ihn tiefer, näher zum Grund und geht beim Einholen sehr langsam und vorsichtig vor. Immer wieder hält man ihn kurz an, damit sich die Fische nähern und aufmerksam werden. Diese Technik erfordert einige Erfahrung und Geschicklichkeit, denn das Risiko, dass sich der Kunstköder an Hindernissen auf dem Grund verhakt, ist relativ hoch und der Verlust der oft kostspieligen Spinnköder schmerzlich.

Sobald die Forelle angebissen hat, zieht sie flussaufwärts ab. Beim Drill muss der Angler darauf achten, keine brüsken und ruckartigen Bewegungen auszuführen, um die Schnur nicht übermäßig zu beanspruchen.

ANGELN MIT KUNSTKÖDER

Nymphenzug und Tiroler Hölzl

Das Angeln mit dem Nymphenzug ist besonders an Flüssen mit Kiesbett beliebt. In einem solchen Ambiente suchen sich die Fische ihre Nahrung auf dem Grund, wo zahlreiche kleine Wassertiere leben. Für diese Angeltechnik verwendet man die so genannten Nymphen als Köder, Nachbildungen von Insekten, die einen Teil ihres Lebens im Wasser verbringen, bevor sie die Metamorphose zum ausgewachsenen Insekt vollzogen haben. **Forellen** und **Äschen,** auch manche Cypriniden, **Saiblinge, Döbel** und einige weitere Arten können auf diese Art gefangen werden.

Die außerordentliche Effizienz dieser Angelmethode ist darauf zurückzuführen, dass man damit Stellen erreicht, die für andere Techniken unzugänglich bleiben. Mit dieser Technik kann man die Köder auf dem Grund entlang ziehen und gelangt auch an verborgene, geschützte Stellen, wo die besonders misstrauischen Fische gerne stehen. Diese Eigenschaft erweist sich als ausgesprochen vorteilhaft für den Angler, und oft kann er damit einen Fang tun, der auf andere Weise ganz und gar unmöglich gewesen wäre.

Da das Fangergebnis damit besonders reichlich ausfällt, gibt es viele Gewässer, wo die Verwendung von Nymphenzügen nach Anzahl der Nymphen beschränkt oder überhaupt verboten ist. Auch das Tiroler Hölzl ist nicht an allen Gewässern erlaubt, daher tut man gut daran, sich vorher gründlich über die örtlichen Bestimmungen zu informieren.

Ruten: Es gibt spezielle Ruten, die für das Angeln mit dem Nymphenzug ausgelegt sind. Sie bestehen aus drei Steckteilen, das Wurfgewicht beträgt 15 bis 40 g, die Länge von bis zu 4 m. Sie stellen das ideale Gerät für diese Angelmethode dar.

Der Handteil sollte aus Kork sein, damit der Griff bequem mit beiden Händen gefasst werden kann, die 12 bis 15 Ringe müssen aus erstklassigem Material sein, damit sie der Abnutzung durch das Ablaufen der Schnur widerstehen.

Eine robuste Rolle mit weicher Bremse und guter Übersetzung vervollständigt die Ausrüstung. Man wählt dafür Markenartikel von bekannt guter Qualität, denn die Anforderungen an das Material sind durch die Möglichkeit von Mehrfachfängen bei dieser Angeltechnik besonders hoch.

Die ideale Schnurstärke liegt zwischen 0,18 und 0,22 mm. Nur wenn der Grund so beschaffen ist, dass man dort kapitale Exemplare vermutet, nimmt man stärkere Durchmesser.

Aufbau des Nymphenzuges: Der 0,16 bis 0,22 mm starke Vorfach wird an der

Unten: das typische Zubehör für das Angeln mit dem Nymphenzug: Nymphen zur Befestigung am Vorfach und das bekannte Tiroler Hölzl in mehreren Ausführungen. Rechte Seite unten: Diese Angeltechnik zielt vor allem auf Fische ab, die sich in Grundnähe aufhalten, um das Flussbett nach Larven abzusuchen.

ANGELN MIT KUNSTKÖDER

Links: Eine gute Art, den Nymphenzug aufzubewahren (links) sowie einige Nymphen in verschiedenen Farben (rechts).

Hauptschnur befestigt, die Nylonseitenarme, die die einzelnen Köder tragen, werden im Abstand von 25 bis 30 cm eingeknüpft. An der Vorfachspitze wird mit einem Einhängewirbel das Tiroler Hölzl befestigt, ein Holz-, Kork- oder Kunststoffstäbchen, das an einem Ende ein Blei und am anderen eine Öse besitzt. Die Aufgabe des Hölzls ist es, den Köder auf dem Grund zu halten und ihm zu erlauben, sich auf natürliche Weise frei im Wasser zu bewegen. Unter den verschiedenen Varianten, die es im Fachhandel gibt, ist das klassische Hölzl aus einem Stück flexiblen Kunststoffschlauches das beliebteste. Es ist etwa 10 cm lang und enthält ein längliches Blei. Seinen Namen verdankt es auch der Tatsache, dass es ursprünglich aus Tirol stammt, wo es reichlich Flüsse und Bäche mit steinigem oder kiesigem Grund gibt.

Die Nymphen, die an die Enden der Seitenarme des Vorfachs geknüpft werden, sind in zahlreichen Formen im Handel erhältlich. Es gibt mehrere Kategorien. Einige sollen Larven imitieren und haben einen schlanken Körper mit mehreren deutlich gefärbten Windungen und große Köpfe, andere sehen mit den zahlreichen Härchen mehr den eigentlichen Nymphen ähnlich.

Zu den beliebtesten Nymphen zählen jene mit Seiden- oder Schaumstoffkörper sowie Modelle auf beinahe ganz glatten Haken mit winzigen oder auch ohne Widerhaken. Viele erfahrene Angler binden ihre Nymphen selbst und schwören auf ganz bestimmte, eigene Modelle, die sie auf Grund langjähriger Erfahrung entwickelt haben.

ANGELN MIT KUNSTKÖDER

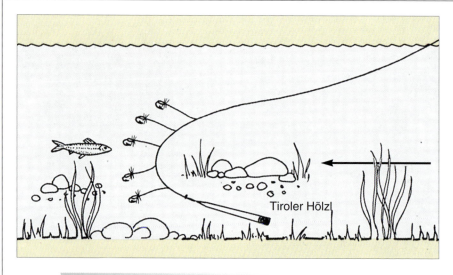

ANGELTECHNIK

Beim Angeln mit dem Nymphenzug muss man einige einfache Grundregeln beachten. Vor allem ist es wichtig, die geeigneten Stellen am Fluss auszumachen. Das sind Kiesrinnen mit einigen natürlichen Hindernissen, geschützte Gumpen, Kuhlen hinter Felsen und versunkenen Baumstämmen oder Ähnliches. Sind solche Stellen lokalisiert, geht es darum, den Köder auf die richtige Art und Weise zu präsentieren und so zu bewegen, dass er ins Blickfeld des Fisches kommt. Die Kunstköder müssen den Eindruck erwecken, sie seien von der Strömung mitgespülte Insektenlarven. Es empfiehlt sich, einige Probewürfe durchzuführen, um herauszufinden, welches Gewicht das Tiroler Hölzl im jeweiligen Fall haben soll. Denn es soll das Vorfachende auf dem Grund halten, ihm aber immer noch genügend Bewegungsfreiheit einräumen, dass die Strömung die Nymphen mitnimmt und im Wasser taumeln lässt, damit sie lebendig wirken.

Hat man die richtige Beschwerung herausgefunden, wirft man aus. Das geschieht mit einer energischen Bewegung flussaufwärts, damit der Köder rasch absinkt und die Schnur sich ohne Spannung natürlich auf dem Flussbett ausbreitet. Dann beginnen die Kunstköder in der Strömung zu arbeiten. Das Tiroler Hölzl hält etwas weiter flussaufwärts das Vorfach zurück, die Seitenarme treiben flussabwärts und bringen den Köder zuerst ins Blickfeld des flussaufwärts nach Nymphen jagenden Fisches. So gibt es nichts, was seinen Argwohn erweckt, und er wird sich bald für den Köder interessieren.

Je nach Strömung wird das Hölzl zwar langsamer als der Nymphenzug, aber

ANGELN MIT KUNSTKÖDER

dennoch mehr oder weniger schnell flussabwärts getrieben. Dabei und auch beim Einholen stößt es immer wieder an Hindernisse wie größere Steine. Die Schläge übertragen sich auf die Rute und können von einem mit dieser Technik unerfahrenen Angler leicht mit einem Anbiss verwechselt werden. Doch die Erfahrung wird ihn bald lehren, den Unterschied zwischen dem deutlicheren, trockenen Ruck durch den Biss einer Äsche oder Forelle und den wiederholten kleinen Stößen und Vibrationen, die das Tiroler Hölzl auslöst, zu erkennen.

Die Reaktion auf den Biss muss rechtzeitig erfolgen, und zwar mit einem energischen Anhieb, indem die Rute ruckartig gehoben wird, um den Haken gut zu setzen. Der Fisch darf keine Zeit haben, den Köder auszuspeien.

Im Anschluss ist es wichtig, über die Schnur stets Fühlung mit dem Fisch zu halten, das Einholen muss zügig erfolgen, bis er in Reichweite des Keschers ist, mit dem er gelandet wird. Wenn man es mit einem kapitalen Exemplar zu tun hat, ist es ratsam, dem mit der Strömung abtreibenden Fisch am Ufer entlang eine Strecke zu folgen. Letztendlich wird die Erfahrung den Angler lehren, wie man den Fisch in der jeweiligen Situation am sichersten ans Ufer heranführt. In jedem Fall jedoch ist es ratsam, den Fisch möglichst zügig und rasch zu landen, damit er keine Gelegenheit bekommt, sich den Haken aus dem Maul zu hebeln oder gar das Vorfach abzureißen.

Oben und unten sowie linke Seite unten sind einige Phasen beim Angeln mit dem Nymphenzug zu sehen.
Linke Seite oben: die ideale Position des Nymphenzuges mit Tiroler Hölzl.

ANGELN MIT KUNSTKÖDER

Fliegenzug und Wasserkugel

Diese beim Angeln auf **Forellen, Äschen** und **Döbel** besonders beliebte und fängige Methode ist eine Abart des konventionellen Fliegenfischens und arbeitet mit denselben Prinzipien: Einem Insekten fressenden Fisch werden mehr oder weniger naturgetreue Nachbildungen der Insekten, die an den betreffenden Wasserläufen vorkommen, angeboten, um ihn dazu zu bewegen, ohne Argwohn an den Köder zu gehen. Wenn gerade ein Schwarm Insekten schlüpft und die Fische in Steigelaune sind, ist es besonders vielversprechend, ihnen in der Nähe ihres Standortes eine Flucht von Fliegen anzubieten, die von einem besonderen Schwimmer, der Buldo oder Wasserkugel genannt wird, transportiert werden. Damit kann man lange Strecken abfischen und auch die misstrauischsten Exemplare aus der Reserve locken. Im Unterschied zum konventionellen Fliegenfischen ist hier keine ausgeklügelte Wurftechnik erforderlich, sondern nur ein einfacher Wurf wie beim Angeln mit dem Nymphenzug. Anschließend lässt man die Fliegenflucht einfach eine Weile treiben. Dabei ist es wichtig, sie an der Oberfläche ein wenig zu bewegen, sodass die Beinchen vibrieren und wie ihre natürlichen Vorbilder winzige Schwingungen auf dem Wasser auslösen.

Gute Angelstellen für diese Methode sind breitere Flussabschnitte, wo man genügend Raum und eine konstante Strömung zur Verfügung hat, um den Fliegenzug arbeiten zu lassen. In Bächen in der Niederung sind vor allem Abschnitte mit herausragenden großen Steinen interessant, wo das Wasser wirbelt und schäumt.

Ausrüstung: Es gibt spezielle Ruten, die eigens für diesen Zweck gebaut sind, doch es eignen sich auch Ruten für das Nymphenfischen oder Matchruten. Das ideale Gerät ist eine dreiteilige Steckrute, die nicht unter 4 m lang ist, mit durchgehender Aktion (Parabolik) und sensibler Rutenspitze, die eine schnelle Reaktion auf den Biss ermöglicht. Nur mit einer ausreichend langen Rute ist es möglich, die oft bis zu 2 m lange, an der Hauptschnur montierte Fliegenflucht korrekt zu manövrieren. Die Rute soll vor allem robust und leicht sein.

Beim Angeln mit der Fliegenflucht wird dem Fisch eine Reihe von verschiedenen Fliegen angeboten, die von einem speziellen Schwimmer transportiert werden.

ANGELN MIT KUNSTKÖDER

Klassisches Zubehör für das Angeln mit der Fliegenflucht: Rute mit Rolle, verschiedene Arten von bebleiten Schwimmern und Wasserkugeln sowie ein Sortiment von Fliegen und Nymphen.

Die Ringe sollten von erstklassiger Qualität und weit genug sein, dass die Schnur beim Werfen reibungslos abläuft. Eine gute Rolle für diese Methode sollte robust sein und eine konische Spule besitzen, was ebenfalls zum glatten Auslaufen der Schnur beiträgt. Für die Hauptschnur wählt man eine Stärke von 0,18 bis 0,25 mm. Ein hochwertiges, fluoreszierend gelb gefärbtes Monofil ist eine gute Wahl, denn so kann der Angler die Bewegungen des Fliegenzuges besser beobachten.

Fliegenzug und Wasserkugel: Das Vorfach, das heißt der eigentliche Fliegenzug, trägt je nach den Bestimmungen in den verschiedenen Fischereigebieten drei bis sieben Seitenarme, an die die Fliegen in einem Abstand von ca. 30 cm geknüpft werden. Das können Trockenfliegen sein, aber auch eigenschwere Nymphen, die die an die Wasseroberfläche aufsteigenden Larvenstadien imitieren und in geringer Tiefe arbeiten. Meistens wird dem Nymphenmodell der Vorzug gegeben, obwohl nicht wenige Angler auf dieselben Kunstfliegen vertrauen, wie sie bei der klassischen Flugangel eingesetzt werden.

Auch hier hängt die Größe des Kunstköders von dem zu erwartenden Fang ab. Auf die Forelle fischt man mit Haken von Nr. 12 bis 14, kleinere Größen eignen sich für Äsche und Döbel. Bei der Farbgebung orientiert man sich an den am jeweiligen Wasserlauf vorkommenden Insekten, wobei im Frühjahr die gedeckten Farbtöne fängiger sind, während man im Sommer zu lebhafteren Farbvarianten greift. Wenn man in unbekannten Gewässern fischt, ist es immer ratsam, sich mit den einheimischen Anglern zu unterhalten und ähnliche Köder zu wählen wie die, die sie auf Grund jahrelanger Erfahrungen für die fängigsten halten.

Die speziellen bebleiten Schwimmer haben bei dieser Technik nicht nur die Aufgabe, die Schnur auf dem Wasser zu halten, sondern auch, den Köder an die gewünschte Stelle zu transportieren. Sie helfen überdies dabei, einen gewissen Widerstand gegen die oft starke Strömung zu erzeugen. Es gibt sie in verschiedenen Größen und Gewichtsklassen, je nach den Eigenschaften des Gewässers, in dem man zu fischen gedenkt. An schnell fließenden Gewässern verwendet man Modelle aus Kork mit Blei am unteren Ende, in langsameren Strömungen greift man am besten zu hohlen, transparenten Kugeln, die im erforderlichen Maß mit Wasser gefüllt werden können, um das gewünschte Gewicht zu erreichen.

ANGELN MIT KUNSTKÖDER

ANGELTECHNIK

Der richtige Zeitpunkt für diese Methode ist gekommen, wenn die Fische dicht unter der Wasseroberfläche nach Insekten im letzten Stadium der Metamorphose jagen. Natürlich kann man auch versuchen, das Ködersystem etwas tiefer zu führen, wenn keine Insekten an der Oberfläche vorhanden sind und man hofft, die Fische weiter auf dem Grund zu erreichen, wo sie nach den Larven suchen. Doch am meisten Erfolg verspricht diese Methode sicherlich dann, wenn konzentrische Kreise an der Wasseroberfläche auf Aktivität der Fische in geringer Tiefe hindeuten. In diesem Fall wirft man die Schnur weit flussaufwärts von der betreffenden Stelle ein, um die Fische mit dem Aufprall des Ködersystems nicht aus ihrem Aktionsgebiet zu verscheuchen. Das Werfen muss geübt werden, denn mit einem zu harten Aufprall an der falschen Stelle vertreibt man die Fische oft für mehrere Stunden selbst an den besten Angelstellen. Nach dem Wurf flussaufwärts treiben die Fliegen auf der Oberfläche schwimmend auf die Angelstelle zu. Dabei muss die Schnur immer in leichter Spannung gehalten werden, damit die Köder vor dem Schwimmer liegen und sich die Reaktion im Falle eines Bisses nicht um entscheidende Sekundenbruchteile verzögert, auch wenn sich der Fisch oft selbst hakt, wenn er versucht, sich durch ruckartige Fluchten zu befreien.
Die beste Tageszeit für die-

Rechts: einige Kunstfliegen. Oben: Auswahl des Schwimmers und der Fliege.

ANGELN MIT KUNSTKÖDER

Die Abendstunden im Sommer sind am besten für das Angeln mit der Fliegenflucht geeignet, denn oft sind die Fische zu dieser Zeit in Steigelaune.

se Angelmethode ist, wie beim klassischen Trockenfliegenfischen auch, der frühe Abend in den Sommermonaten, wenn die Fische besonders aktiv sind und dicht an die Oberfläche kommen. Diese Zeit kann man nicht nur an fließenden Gewässern gut nutzen, sondern auch an kleinen alpinen und subalpinen Seen. Holt man den Fliegenzug sehr langsam so ein, dass er genau über den Bereich treibt, wo die Fische steigen, erzielt man die besten Resultate.

Süßwasserfische
Acipenser sturio • Stör

Visitenkarte

Ordnung
Acipenseriformes

Familie
Acipenseridae

Maximale Länge
5 m

Lebensraum
große Flüsse

Angeltechnik
Grundangel

Der Stör ist ein unverwechselbarer Fisch, der sich von allen anderen Süßwasserfischen durch seine schlanke, nach hinten verjüngte Körperform und die bis zu fünf Längsreihen von charakteristischen Knochenschilden auf Rücken, Flanken und Bauch unterscheidet. Der Kopf ist ebenfalls länglich und schmal mit dreieckigem Profil, an der Unterlippe sitzen vier Bartfäden. Das kleine, zahnlose Maul ist unterständig und rüsselartig vorstülpbar. Rücken-, Bauch- und Afterflossen stehen weit hinten in der Nähe der asymmetrischen Schwanzflosse, deren oberer Lappen viel länger ist als der untere. Der erste Strahl der Brustflossen ist hart und spitz. Das Farbkleid des Störs ist auf dem Rücken grau- bis grünbraun, an den Flanken heller werdend, der Bauch ist perlgrau mit gelblichem Schimmer. Die Flossen sind grünlich grau, die Knochenschilde weißlich.

Fortpflanzug und Wachstum: Der Stör steigt am Ende des Winters aus dem Meer in die Flüsse auf, um sich fortzupflanzen. Im Laichgebiet, das sich in mittleren Wassertiefen mit lebhafter Strömung befindet, setzen die Weibchen zwischen 500.000 und 2.500.000 schwärzliche Eier von etwa 3 mm Durchmesser ab. Sie bleiben in Klumpen auf dem Grund liegen, wo nach drei bis sechs Tagen die 8 bis 10 mm langen Larven schlüpfen. Der Gemeine Stör wird bis zu 5 m lang und kann ein Gewicht von über 50 kg erreichen.

Lebensraum und Nahrung: Der Stör ist ein anadromer Wanderfisch, der im Meer lebt und zur Fortpflanzung in die großen Flussläufe aufsteigt. Er hält sich fast immer in tiefem Wasser auf und bevorzugt ruhige Strömung, wenn er auf Nahrungssuche ist. Sein Speiseplan besteht vor allem aus Würmern, Larven, Krebsen, Schalentieren und kleinen Fischen, die er mit seinem rüsselartig ausstülpbaren Maul, das sich um einige Zentimeter verlängern lässt, einsaugt.

Wissenswertes: Die Griechen und Römer betrachteten den Stör als Delikatesse. Er wurde so sehr geschätzt, dass er immer auf einem prächtigen Bett aus Blumen und kostbaren Stoffen aufgetragen wurde.

SÜSSWASSERFISCHE

Links: Für das Angeln auf den Stör braucht man eine lange, solide Rute mit robuster Rolle.
Linke Seite: ein im Tessin gefangener Stör.

ANGELMETHODEN

Grundangel: Durch Wasserverschmutzung und Überfischung ist der Stör selten geworden. Dort, wo man ihn noch vorfindet, angelt man ihn mit der Grundangel und einer robusten Ausrüstung. Die Rute muss ein kräftiges Rückgrat besitzen und sollte 5 m lang und mit einer großen Rolle mit genügend Fassungsvermögen für mindestens 150 bis 200 m Monofil der Stärke 0,50 mm ausgestattet sein. Für Exemplare bis zu 20 kg montiert man zwei Sargbleie von 100 und 50 g Gewicht, das schwerere an der Schnurspitze und das leichtere etwa 150 cm davor, dazwischen drei Seitenarme aus Nylon mit großen Haken und ebensolchen Ködern. Am besten hat sich ein Knäuel aus Regenwürmern bewährt (siehe Foto unten). Der Wurf erfolgt flussaufwärts, die Strömung trägt den Köder bis zu den Gräben und Gumpen, wo der Stör gewöhnlich steht. Die Rute wird dann auf einem Rutenhalter fixiert, die Schnur in leichte Spannung versetzt. Nun wartet man auf ein Zeichen für den Biss. Typischerweise wird der Stör zuerst ein paar Mal anzupfen, bevor er den Köder mit seinem Rüsselmaul wirklich genommen hat. Nach dem Anhieb wird die Schnur sofort freigegeben, damit der Stör flussabwärts abziehen kann. Erst wenn diese erste Flucht beendet ist und der Fisch bewegungslos in Grundnähe steht, kann man dazu übergehen, zuerst langsam einzuholen, um ihn dann zügig in Ufernähe zu bringen, wo er mit dem Unterfangkescher gelandet wird.

SÜSSWASSERFISCHE

Anguilla anguilla • Aal

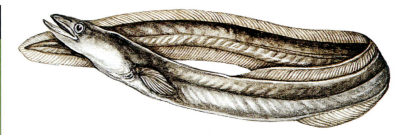

Visitenkarte

Ordnung
Anguilliformes

Familie
Anguillidae

Maximale Länge
über 1 m

Lebensraum
tiefe Gewässer mit sandigem Grund

Angeltechnik
Grundangel

Obwohl der Aal einen schlangenartigen Körper hat, ist er dennoch ein vollwertiger Fisch. Die Schnauze ist länglich und leicht zusammengedrückt. Der Kopf läuft konisch zu, die sehr kleinen Augen sitzen knapp oberhalb der Maulwinkel. Rücken- und Afterflosse sind mit der abgerundeten Schwanzflosse zusammengewachsen. Die paarigen Riechkanäle zeugen vom ausgeprägten Geruchssinn dieses besonderen Fisches. Der zähe Schleimmantel, der den gesamten Körper umgibt, verdeckt die winzigen rundlichen Schuppen fast gänzlich. Das Farbkleid ist am Rücken schwärzlich grün, die Bauchseite perlgrau bis weißlich. Wenn der Aal die Geschlechtsreife erreicht hat, wechselt er das Farbkleid und wird am Rücken schwarz mit bronze schimmernden Flossen und Flanken und silbrigem Bauch. In dieser Phase nennt man ihn auch **Blankaal.**

Fortpflanzung und Wachstum: Der Aal ist eine katadrome Spezies, die im Süßwasser lebt und heranwächst und zum Laichen ins Meer absteigt. Sein Lebenszyklus verläuft folgendermaßen: Das Laichgebiet der europäischen Aale liegt im Sargassomeer vor der nordamerikanischen Ostküste. Dort schlüpfen die Aallarven,

Beim Aalfang muss der Angler sich in Geduld üben, besonders wenn er auf kapitale Exemplare aus ist.

SÜSSWASSERFISCHE

die mit dem Golfstrom innerhalb von drei Jahren zum europäischen Kontinentalsockel transportiert werden, wo sie noch durchsichtig als so genannte **Glasaale** in die Flüsse aufsteigen. Dort werden sie zum **Fressaal**, der auch je nach Farbe als **Blau-, Gelb-** oder **Grünaal** bezeichnet wird. Mit der Geschlechtsreife werden sie zum **Blankaal**, der die Nahrungsaufnahme einstellt und wieder in den Atlantik abwandert, um das Laichgebiet aufzusuchen. Aale können über 1 m lang werden und ein Gewicht von über 5 kg erreichen.

Lebensraum und Nahrung: Aale scheuen das Licht und bleiben daher tagsüber in ihrem Versteck, im Schlamm eingewühlt oder auch unter Uferverbauungen mit Steinplatten und Balken. In der Nacht werden sie aktiv und gehen auf Futtersuche, um sich im Morgengrauen wieder in die schützende Dunkelheit zurückzuziehen. Bei schlechtem Wetter und in durch Regenfälle getrübtem Wasser ist der Aal auch tagsüber aktiv. Er ernährt sich von kleinen Fischen, Laich, Fröschen und Kaulquappen, Weichtieren und auch Aas. Er kann gut in Gewässern mit niedrigem Sauerstoffgehalt leben.

ANGELMETHODEN

Grundangel: Die beste Zeit für den Aalfang sind die Sommermonate, die beste Methode ist die Grundangel. Man nimmt eine etwa 3 m lange, robuste Rute, die vertikal am Ufer aufgestellt wird. Man montiert ein Seitenblei am Laufring an einem Vorfach der Stärke 0,30 mm, das durch ein Bleischrot 30 cm vor dem Haken Nr. 6 bis 10 gestoppt wird. Ein klassischer Köder ist ein Bündel Regenwürmer, mit denen man beim so genannten Pöddern auch ohne Haken fischen kann. Man wirft in die gewünschte Richtung und wartet, bis der Köder auf dem Grund angekommen ist, bevor man die Schnur leicht anzieht. Nützlich ist ein an der Rutenspitze befestigtes Glöckchen, denn beim langen Warten wird man die Rutenspitze nicht ständig anstarren können, außerdem arbeitet man oft in der Dämmerung. Hört man das akustische Signal, ist es unbedingt erforderlich, noch ein paar Sekunden zuzuwarten, bevor der Anhieb gesetzt wird, damit der Aal Zeit hat, den Köder richtig zu schlucken. Dann wird die Rute aus der Halterung genommen und der Fisch rasch und zügig gelandet, auf einen Drill lässt man sich mit einem Aal besser nicht ein.

*Oben: Da der Aal von einem Schleimmantel umhüllt ist, kann er nur mit Hilfe eines griffigen Stofftuches richtig festgehalten werden.
Unten: Ein kleines Glöckchen an der Rutenspitze fungiert als akustischer Bissanzeiger.*

SÜSSWASSERFISCHE

Barbus barbus plebeius • Barbe

Visitenkarte

Ordnung
Cypriniformes

Familie
Cyprinidae

Maximale Länge
60 cm

Lebensraum
Flüsse mit mäßig schneller Strömung

Angeltechnik
Treibangel, Grundangel

Die Barbe ist ein weit verbreiteter Fisch. Mit seinem schlanken Körper, dem keilförmigen Kopf mit unterständigem Maul und der weit vorspringenden Schnauze ist er ideal angepasst, um sich von Bodentieren zu ernähren. Zwei Barteln sitzen in der Mitte der Oberlippe und je eine in jedem Maulwinkel. Die Augen sind klein und liegen hoch. Die Rückenflosse ist bräunlich, 8- bis 9-strahlig und setzt in einer Linie mit denn paarigen Bauchflossen an, die Afterflosse sitzt weit vor der Schwanzflosse. Das Farbkleid ist am Rücken bräunlich mit grünen Reflexen, an den Flanken gelblich, am Bauch weiß. Am Rücken und an den Flanken kann die Barbe mehr oder weniger dunkel gefleckt sein. Rücken und Schwanzflosse spielen ins Grünlich Graue, die Brust- und Bauchflossen sind bräunlich gemustert.

Fortpflanzung und Wachstum: Die Barbe erreicht im vierten Lebensjahr die Geschlechtsreife und laicht im Mai und Juni. Die Eier werden in flachem Wasser auf kiesigem Grund abgelegt, meist sind es etwa 20.000. Nach vier bis fünf Tagen schlüpfen die Barbenlarven, wenn der Dottersack aufgebraucht ist, beginnen sie, sich von Plankton zu ernähren. Die Barbe wird bis zu 60 cm lang.

Lebensraum und Nahrung: Die Barbe liebt fließende Gewässer mit lebhafter, aber nicht zu starker Strömung auf kiesigem und sandigem Grund. Die Jungfische leben oft in Schwärmen, erwachsene Fische eher als Einzelgänger. Den Hauptanteil ihrer Nahrung finden sie auf dem Grund. Mit den ledrigen Lippen können sie kleine Steine anheben und darunter nach Würmern, Flohkrebsen und Insektenlarven suchen. Erwachsene Exemplare dehnen ihren Speiseplan auch auf kleine Fische und den Laich anderer Fischarten aus.

Wissenswertes: Die Barbe ist kein erstklassiger Speisefisch, taugt aber durchaus zum Verzehr. In der Laichzeit jedoch ist der Rogen giftig, daher wird in diesen Monaten vom Verzehr von Barben abgeraten.

SÜSSWASSERFISCHE

Links: Rot gefärbte Fliegenmaden erweisen sich als besonders fängig auf Barben.
Linke Seite: das Maul der Barbe mit den wulstigen, ledrigen Lippen.

ANGELMETHODEN

Treibangel: Für die Treibangel auf Barben an großen, breiten Flussläufen benötigt man eine Stipprute von 7 m Länge oder aber eine Teleskoprute von ca. 5 m. Die Schnur sollte eine Stärke von 0,18 bis 0,20 mm aufweisen, für das Vorfach reichen 0,12 bis 0,14 mm. Dünnere Vorfachschnur ist bei sehr klarem Wasser zu empfehlen, dickere bei trübem Wasser nach ergiebigen Regenfällen. Da sich dieser Fisch vorzugsweise von Bodentieren ernährt, muss die Schnur dementsprechend montiert werden. Man arbeitet dabei mit Birnenblei und Bleischrot, damit der Köder rasch bis zum Grund absinkt, ohne zu viele Turbulenzen zu verursachen, die von den feinen Sinnesorganen der Barbe rasch wahrgenommen würden. Der bevorzugte Köder sind Fleischfliegenmaden, auch gutes Anfüttern ist ratsam. Dazu nimmt man am besten mit Teig verknetete Maden und formt Futterkugeln, die sich im Wasser langsam auflösen. Der Trick beim Treibangeln auf Barben ist, dem Fisch, der bewegungslos in Grundnähe steht, den Köder so zu servieren, dass die Made am Haken vor dem Blei das Blickfeld des Fisches erreicht.
Sieht sie Blei und Schnur zuerst, wird die Barbe mit Sicherheit

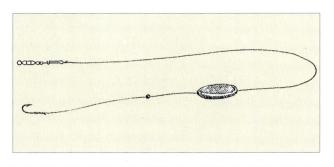

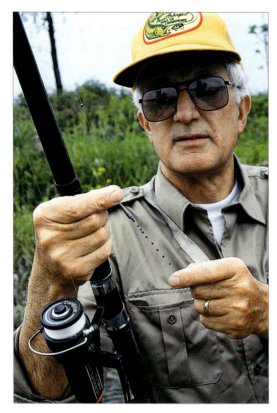

argwöhnisch und nimmt den Köder nicht. In jedem Fall muss man beim Einholen des Köders behutsam vorgehen, immer wieder Schnur nachlassen und von neuem einholen. Dabei kann man ruhig mehrere Meter abfischen, denn nicht selten geschieht es, dass eine Barbe den bereits vorbeigetriebenen Köder plötzlich doch noch nimmt. Meist beißt die Barbe dann, wenn Schnur nachgelassen wird. Ein ziemlich sicheres Bisszeichen sind kurze Zupfer an der Pose, worauf sie ganz untertaucht. Das ist der richtige Moment, um den Anhieb zu setzen, der präzise erfolgen muss, denn dieser Fisch ist ein starker Kämpfer. Daher muss die Schnur beim Drill auch stets unter mäßiger Spannung gehalten werden.

Grundangel: In den Windungen breiter Flüsse mit mäßiger Strömung erzielt man gute Erfolge mit der Grundangel auf Barben. Dabei wird der Köder von einem Grundblei am Boden des Gewässers gehalten. Das Gewicht des Grundbleis hängt von der Strömungsgeschwindigkeit ab. Die richtige Rute dafür ist etwa 4 m lang mit kräftigem Rückgrat.

SÜSSWASSERFISCHE

*Linke Seite oben: Eine gute Beschwerung für die Treibangel in schnell fließenden Gewässern ist das Birnenblei in Kombination mit mehreren Schrotbleien.
Übrige Fotos: Landung des Fangs.*

Auf die Rolle kommt Monofil der Stärke 0,30 mm, das Vorfach kann bis zu 1 m lang sein. Das Grundblei läuft auf der Hauptschnur vor einem Klemmschrot ca. 30 cm vor dem Haken als Stopper (siehe Zeichnung S. 87). Idealerweise haben wir bereits ein paar Tage zuvor an der gewählten Angelstelle angefüttert und am Vortag mit dem Anfüttern ausgesetzt. Bei gespannter Schnur merken wir am Vibrieren der Rutenspitze, dass eine Barbe sich für den Köder interessiert. Wir geben die Schnur kurz frei, um sie einzuladen, tatsächlich anzubeißen, dann setzen wir den Haken mit einem energischen Ruck, sobald sich die Rutenspitze deutlich nach unten biegt.

Köder und Lockfutter: Wie zuvor erwähnt, ist beim Angeln auf Barben das Anfüttern über mehrere Tage im Voraus günstig. Man beginnt etwa fünf bis sechs Tage vor dem Angeltag. Es gibt bereits fertige Grundköder für Barben im Fachhandel, doch die Zubereitung zu Hause ist nicht schwer und überdies kostengünstig. Teige aus Weißbrotkrume sind leicht herzustellen, besonders wirksam sind sie vermischt mit Käse, der durch seinen Geruch eine enorme Anziehungskraft auf Barben hat. Ist der Tag zum Angeln gekommen, bietet man wieder dasselbe Lockfutter an wie zuvor und versucht, alle Gumpen und Gräben abzufischen.

SÜSSWASSERFISCHE

Carassius carassius • Karausche

Visitenkarte

Ordnung
Cypriniformes

Familie
Cyprinidae

Maximale Länge
50 cm

Lebensraum
stehende Gewässer

Angeltechnik
Treibangel

Die Karausche ähnelt dem **Karpfen** durch den im Querschnitt ovalen Rumpf und den hohen Rücken, der besonders bei älteren Exemplaren deutlich ausgeprägt ist. Das Maul ist klein, dünnlippig und gleichständig, im Unterschied zum Karpfen besitzt die Karausche keine Barteln. Der Körper ist von mittelgroßen Schuppen bedeckt. Die Seitenlinie verläuft annähernd horizontal. Die Rückenflosse ist breit und verlängert sich bis nahe zur zweilappigen Schwanzflosse hin. Das Farbkleid ist bronzefarben bis gelblich braun mit grünlichem Rücken und weißem Bauch. Die Brustflossen sind grau, die Bauch- und Afterflossen schimmern rötlich.

Fortpflanzung und Wachstum: Die Karausche laicht im Mai und Juni vorzugsweise bei einer Wassertemperatur von 18 °C. Das Weibchen legt zwischen 200.000 und 300.000 Eier auf das krautige Flussbett, wo der Rogen und später auch die Larven durch winzige Haftorgane zwei oder drei Tage an den Pflanzen hängen bleiben, bis der Dottersack aufgebraucht ist. Karauschen erreichen eine Länge von bis zu 50 cm.

Auf Karauschen angelt man in stehenden oder langsam fließenden Gewässern.

SÜSSWASSERFISCHE

Lebensraum und Nahrung: Die Karausche ist ein robuster, anpassungsfähiger Fisch, der in vielen Gewässerarten leben kann. Sie kommt mit geringem Sauerstoffangebot aus und toleriert selbst leichten Salzgehalt. Sie bevorzugt stehende Gewässer mit dicht bekrautetem Grund und verbringt den Winter in einer Art Starre im Bodenschlamm. Die Karausche wächst (außer in der Zucht) langsam und ist ein Allesfresser, der sich hauptsächlich von Insektenlarven, kleinen Krustentieren, Wasserpflanzen und Plankton ernährt.

Oben links: Eine Fleischmade ist ein idealer Köder für die Karausche. Links: ein schöner Fang.

ANGELMETHODEN

Treibangel: Für das Treibangeln auf Karauschen benötigt man eine Stipprute oder Rute mit Rolle, die Hauptschnur soll 0,14 bis 0,16 mm stark sein, das Vorfach bei klarem Wasser 0,10 mm, bei trüberem Wasser 0,12 mm. Am besten verwendet man eine spindelförmige Pose, da man es, wenn überhaupt, nur mit sehr schwachen Strömungen zu tun haben wird. Normalerweise fischt man mit auf dem Grund liegendem Köder (siehe Zeichnung), daher ist das Hauptgewicht der Beschwerung an der Vorfachspitze konzentriert. Ein Festblei und eine Reihe von Kugelbleien werden in regelmäßigen oder auch kleiner werdenden Abständen vor den Haken der Größe 12 bis 16 montiert. In einem stehenden Gewässer macht es keinen Sinn, immer wieder einzuholen und nachzulassen, daher konzentrieren wir uns darauf, den Wurf möglichst gut zu platzieren. Beim Anhieb achten wir darauf, den Haken rechtzeitig zu setzen. Die Karausche beißt in Grundnähe gleich entschlossen, in mittlerer Wassertiefe etwas zögerlicher.

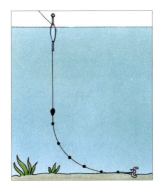

SÜSSWASSERFISCHE

Coregonus lavaretus • Blaufelchen

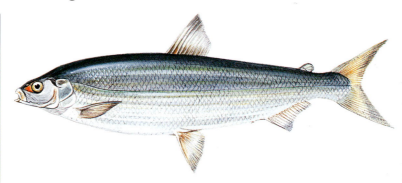

Visitenkarte

Ordnung
Clupeiformes

Familie
Coregonidae

Maximale Länge
30 cm

Lebensraum
große Seen, anadrome Populationen in Küstennähe

Angeltechnik
Grundangel

Blaufelchen haben einen schlanken, mit mittelgroßen Rundschuppen bedeckten Körper. Der Kopf ist klein, ebenso wie das Maul, die Augen relativ groß. Die 10- bis 12-strahlige Rückenflosse setzt etwas weiter vorne an als die paarigen Bauchflossen, die Schwanzflosse ist deutlich in zwei spitz auslaufende Lappen unterteilt. Die Seitenlinie verläuft ziemlich genau in der Mitte des Profils annähernd horizontal bis zur Schwanzwurzel. Das Farbkleid ist am Rücken silbrig mit graugrünem bis blauem Schimmer, die Flanken sind silbrig und werden zum Bauch hin heller, die Flossen sind grünlich getönt mit schwärzlich blauen Schattierungen am Rand.

Fortpflanzung und Wachstum: Blaufelchen laichen im Winter, der Rogen besteht aus etwa 3 mm großen Eiern, erst nach zwei Monaten schlüpfen die Larven. Der Dottersack ist bald absorbiert, anschließend wachsen die Jungfische rasch, bereits nach einem Jahr können sie bei gutem Nahrungsangebot bis zu 20 cm lang sein. Blaufelchen erreichen eine Länge von bis zu 30 cm.

Lebensraum und Nahrung: Blaufelchen leben in großen, tiefen Seen, einige Populationen auch in Küstengewässern. Sie bevorzugen frisches, gut mit Sauerstoff angereichertes Wasser. Diese Fischart reagiert sehr sensibel auf jede Art von Verschmutzung und ist heute in manchen Gebieten selten geworden. Sie ernähren sich normalerweise von Plankton, verschmähen aber auch gelegentlich Insektenlarven, Mollusken, Krustentiere und Krebse nicht.

Professionell wird auf Blaufelchen mit Treibnetzen gefischt, die mit der Strömung treiben und nur auf einer Seite verankert werden.

Blaufelchenangeln am Comer See. Diese Fischart bevorzugt große, subalpine Seen.

ANGELMETHODEN

Grundangel: Für Sportangler ist der Blaufelchen vor allem in der Wintersaison interessant, wenn die Fische sich öfter in Ufernähe aufhalten, um dort nach Nahrung zu suchen. Als Ausrüstung benötigt man eine Rute von etwa 4 m Länge, eine Rolle, die rasches Einholen erlaubt, und eine Bleibeschwerung an der Vorfachspitze. Wieder ist die Fleischmade der bevorzugte Köder. Nach dem Wurf wartet man, bis die Made auf den Grund abgesunken ist und holt sie dann langsam wieder ein Stück ein. Dann wartet man einen Moment, bevor das Spiel von neuem beginnt. Die Auf- und Abbewegung des beköderten Hakens macht den Fisch auf die Made aufmerksam. Bei einer anderen Spielart des Grundangelns verwenden die Angler an manchen Seen ein ähnliches Ködersystem wie den Nymphenzug, mit Blei an der Vorfachspitze. Die vorzugsweise rot gefärbten Kunstköder erreichen all die Gruben und Gumpen, wo der Blaufelchen gerne steht. Das funktioniert besonders gut vom Boot aus, wo man in alle Richtungen immer neu auswirft, um ein möglichst großes Gebiet abzufischen. Beim Einholen lässt man die Kunstköder lebendiger wirken, indem man immer wieder kurz aus dem Handgelenk anzupft.

Cyprinus carpio • Karpfen

Visitenkarte

Ordnung
Cypriniformes

Familie
Cyprinidae

Maximale Länge
1 m

Lebensraum
stehende oder langsam fließende Gewässer

Angeltechnik
Grundangel, Matchangel, Treibangel, Karpfenangel

Dieser größte Vertreter der Cypriniden ist in unseren Gewässern weit verbreitet und hat einen ziemlich massigen Körper mit seitlich zusammengedrücktem Rumpf und kräftigem, hohem Rücken. Das rüsselartig vorstülpbare Maul ist endständig mit dicken, ledrigen Lippen und je zwei Barteln in den Maulwinkeln und an der Oberlippe. Anstelle von herkömmlichen Zähnen besitzt der Karpfen Schlundzähne zum Zerkleinern der Nahrung. Die Rückenflosse hat ca. 20 weiche Strahlen und reicht weit nach hinten, fast bis zur Schwanzflosse, die deutlich zweilappig ist. Die Afterflosse ist dagegen relativ klein, Brust und Bauchflossen sind mittelgroß. Nach den Schuppen unterscheidet man drei Formen: den **Schuppenkarpfen,** dessen Körper gleichmäßig von großen Schuppen bedeckt ist, den **Zeilkarpfen,** der eine oder mehrere Zeilen von großen Schuppen entlang der Flanken und am Rücken besitzt, und den **Spiegelkarpfen,** bei dem die so genannten Spiegelschuppen unregelmäßig verteilt sind. Es gibt auch eine schuppenlose Form, den **Lederkarpfen.** Das Farbkleid kann unterschiedlich sein, oft ist der Rücken braun bis olivgrün, aber auch deutlich dunkelgrün mit goldfarbenen Reflexen an den Flanken, der Bauch ist weißlich bis gelblich. Die Flossen sind grünlich, Brust-, Bauch- und Afterflosse sind oft rötlich abschattiert.

SÜSSWASSERFISCHE

Fortpflanzung und Wachstum:
Karpfen laichen im Mai oder Juni, wenn die Wassertemperatur rund 20 °C beträgt. Das Weibchen setzt je nach Größe 60.000 bis 500.000 Eier ab, die befruchtet am Kraut hängen bleiben.
Nach drei bis vier Tagen schlüpfen die Larven und beginnen bald selbstständig zu fressen. Der Karpfen kann bis zu 1 m lang werden und wächst in den ersten Lebensjahren ziemlich rasch, mit zunehmendem Alter - es heißt, Karpfen können ein Alter von 20 Jahren erreichen - wird der Wachstumsrhythmus langsamer.

Lebensraum und Nahrung:
Der Karpfen liebt nicht zu kalte, langsam fließende oder stehende Gewässer und bevorzugt krautigen, schlammigen Grund. Er hält sich den ganzen Tag über in Grundnähe auf, wo er vorzugsweise in den Nachtstunden nach Nahrung sucht. In jungen Jahren rotten sich Karpfen gerne in Schwärmen zusammen, in späteren Jahren werden sie zu Einzelgängern, besonders, wenn sie sehr groß werden. Der Karpfen ist ein Allesfresser und ziemlich gefräßig: Krustentiere, Mollusken, Larven, Würmer und Schnecken wühlt er unablässig mit seinem Rüsselmaul aus dem schlammigen Boden. Er frisst auch Wasserpflanzen und allerlei verrottendes Material.

Oben: Maiskörner sind ein guter Köder für Karpfen. Linke Seite: Der Karpfen bevorzugt reich bewachsene Uferbereiche mit Röhricht und krautigem Grund.

ANGELMETHODEN

Grundangel: Das ist die Methode, die wohl am verlässlichsten die ersehnte Beute bringt, denn auf diese Art wird der Köder so präsentiert, wie es der Karpfen gewohnt ist: auf dem Grund liegend. Für das Angeln auf Karpfen benötigt man eine Rute mit genügend Kraftreserven bei bis in den Griff durchgehender Aktion von etwa 5 m Länge. Wer sich mit diesem listigen, kampfstarken und zähen Burschen einlässt, muss auf einiges gefasst sein.
Daher muss auch die Rolle genügend Monofil von 0,25 bis 0,40 mm Stärke fassen, das Vorfach sollte nie dünner als 0,20 mm sein. Karpfen haben große Mäuler, daher muss der Haken ebenfalls groß sein, Nr. 3 bis Nr. 10 sind üblich.
Das Laufblei wird von einem Klemmschrot etwa 50 cm vor dem Haken gestoppt. Wenn der Köder auf dem Grund liegt, spannen wir die Schnur nicht an, sondern halten sie nur leicht gestreckt, damit der Karpfen keinen Widerstand spürt, wenn er anbeißt.
Die charakteristische Art, wie der Krapfen einen Köder nimmt, zeigt sich sogleich in mehrmaligem leichtem Zucken der Rutenspitze, gefolgt von einem deutlichen Anzug nach unten. Nun erfolgt der Anhieb, der zur rechten Zeit kommen muss, obwohl sich die Karpfen an der Grundangel oft selbst haken.
Der Allesfresser kann mit vielerlei Nahrungsmitteln geködert werden. Gerne nimmt er mit Vanille oder Zucker verkneteten Polentateig, aber auch süße Maiskörner oder Brot in allen Varianten. Man sollte unbedingt anfüttern, denn so verbirgt sich der Brocken, in dem der Haken steckt, zwischen einigen harmlosen Happen. Daher sollte man auch immer das gleiche Material für Lockfutter und Angelköder verwenden.

SÜSSWASSERFISCHE

Angeln mit dem Carp-Rig: In den letzten Jahren findet eine Methode, mit der man gut kapitale Exemplare fängt, die durch das hohe Alter besonders listig geworden sind, immer mehr Anhänger.

Schwere Fische wie Karpfen werden immer mit dem Kescher gelandet.

Diese Methode stammt aus England, wo man sie aufgrund langjähriger Erfahrungen mit Karpfen, die so argwöhnisch sind, dass sie an keinen beköderten Haken gehen wollen, entwickelt hat. Dazu haben die dortigen Angler das so genannte »Hair-Rig« erfunden. Unter dieser Bezeichnung versteht man alle Systeme, bei denen der Haken nicht beködert, sondern durch eine dünne Schnur mit dem Köder verbunden ist. Dabei montiert man den Haken so, dass er völlig frei liegt. Dieses dünne »Haar« ist 2 bis 3 cm lang. So kann der Fisch den Köder betasten und nimmt den Haken nicht wahr, der Bissen fühlt sich genauso an wie das Lockfutter. Die haarfeine Verbindung zum Haken, die höchstens 0,06 mm stark und meist aus Carp-Dracon ist, bemerkt er gar nicht. Wenn er an den Köder geht und ihn nach dem Betasten auch nimmt, schluckt er ihn und saugt damit auch den Haken ein. Beim Angeln mit dem Hair-Rig muss der Haken rechtzeitig gesetzt werden, wartet man zu lange oder hakt man nicht kräftig genug, ist der Haken rasch wieder ausgespien.

Mit der Entwicklung dieser Systeme - man spricht auch oft von »Carp-Rigs« - erschienen auch neue Köder auf dem Markt, die so genannten »Boilies«. Das sind kleine, harte Kugeln aus Fischmehl, Brotkrume, Kasein, Weizenstärke und Eipulver. Sie werden bereits fertig angeboten und haben den großen Vorteil, dass sie nur Karpfen anziehen, andere Fische interessieren sich nicht dafür. Auch bei dieser Methode wird angefüttert, die Mengen und die Zeitintervalle, in denen man die Boilies auswirft, hängen von der jeweiligen Situation ab. Die richtige Rute dafür ist eine Karpfenrute von etwa 3,6 m Länge mit durchgehender Aktion und sensibler Spitze. Die Tragkraft ist gewöhnlich in lbs angegeben, es sollten mindestens 2 lbs sein. Eine Rolle mit Freilauf, ein Rutenhalter sowie akustische oder optische Bissanzeiger in beliebiger Form ergänzen die Ausrüstung. Weiters benötigt der Karpfenangler einen feinmaschigen Unterfangkescher, einen Karpfensack zum Hältern der gefangenen Fische sowie einen Boilie-Bohrer und eine Nadel zum Einfädeln des Haars.

Matchangel: In stehenden Gewässern bietet sich natürlich auch das Matchangeln mit Futterkorb an. Dazu verwendet man eine Rute von etwa 3 m Länge mit Schwingspitze, eine Automatikrolle mit guter Bremse und eine monofile Schnur der Stärke 0,20 mm. Die Vorfachstärke liegt zwischen 0,12 und 0,16 mm. An einem Seitenarm hängt man, besonders beim Fischen mit der Fleischmade, einen Futterkorb ein, der nicht nur als Gewicht dient, sondern auch die Maden enthält, die als Lockfutter durch die Löcher nach und nach herausgespült werden. Wenn die Schwingspitze ansteigt, das heißt sich zur Seite dreht oder hochsteigt, setzt man den Anhieb vorsichtig genug, um das Vorfach nicht zu zerreißen, aber auch kräftig genug, denn der Karpfen hat ein zähes Maul.

Treibangel: Obwohl der Karpfen mehr ein Bodenfisch ist, wurden auch schon ansehnliche Exemplare mit der Treibangel gefangen. Eine robuste Rute mit bis in den Griff durchgehender Aktion von 4 bis 5 m Länge, eine mittelschwere Rolle mit ausreichend Fassungsvermögen für mindestens 100 m Nylonschnur von 0,25 bis 0,30 mm Stärke und ein 0,18 bis 0,20 mm starkes Vorfach stellen die Grundausrüstung für das Treibangeln auf Karpfen dar. Weiters benötigt man Kugelbleie von 1,5 g aufwärts sowie eine spindelförmige Pose, die bei gänzlichem Fehlen von Strömung ruhig auch nur ein Federkiel sein darf. Man stellt die Pose so ein, dass ein Teil des Vorfachs mit dem Köder auf dem Boden zu liegen kommt. Dann fischt man den Grund in einem möglichst weiten Umkreis ab.

Unten: ein ansehnliches Exemplar, an der Treibangel gefangen.

SÜSSWASSERFISCHE

Esox lucius • Hecht

Visitenkarte

Ordnung
Clupeiformes

Familie
Esocidae

Maximale Länge
über 1 m

Lebensraum
stehende Gewässer

Angeltechnik
Spinnen, toter Köderfisch

Der Hecht ist unmöglich mit anderen Süßwasserfischen zu verwechseln. Der längliche Rumpf ist seitlich zusammengedrückt, der Kopf ist lang, die Schnauze entenschnabelartig. Das Maul ist unterständig und lang mit mächtigen Kiefern. Speziell Unterkiefer und Schlund, aber auch Oberkiefer und Rachen sind mit ca. 700 Zähnen verschiedener Form und Größe besetzt. Die Rückenflosse sitzt weit hinten, beinahe auf der Höhe des Afterflossenansatzes, beide sind gut entwickelt, während Brust und Bauchflossen eher klein ausfallen. Die mächtige Schwanzflosse ist symmetrisch und schwach gegabelt. Die Schuppen sind sehr klein. Der Hecht ist besonder gut getarnt, sein Farbkleid ist je nach Lebensraum und Alter sehr unterschiedlich. Der Rücken ist meist dunkel grünlich braun, der Körper olivfarben mit mehr oder weniger kompakten silbrig weißen Streifen oder Flecken mit gelblichem Schimmer. Der Kopf ist etwas dunkler, die Flossen haben einen rötlichen Schimmer und sind unregelmäßig schwarz gemustert.

Das Spinnen auf den Hecht erfordert eine ideale Ausrüstung. Unverzichtbar ist ein Kescher mit breiter Öffnung und tiefem, feinmaschigem Netz.

SÜSSWASSERFISCHE

Einige Hechtblinker, die beim Spinnen eingesetzt werden.

Fortpflanzung und Wachstum: Hechte laichen zwischen Februar und Mai. Das Weibchen setzt etwa 20.000 Eier pro Kilogramm Körpergewicht im flachen Wasser mit krautigem Grund ab. Die befruchteten Eier setzen sich an den Pflanzen fest, nach zwei bis drei Wochen schlüpfen die Hechtlarven. Sie bleiben durch Haftzellen an den Pflanzen, bis der Dottersack zur Gänze aufgebraucht ist. Hechte werden über 1 m lang und manchmal über 20 kg schwer.

Lebensraum und Nahrung: Der Hecht liebt stehende Gewässer mit vegetationsreichem Grund und planktonreichem Wasser, wo viele kleine und mittelgroße Fische leben, von denen er sich ernährt. Er lebt als Einzelgänger in Seen, Weihern und Teichen, wo er ständig auf der Suche nach Cypriniden, Fröschen, Grundfischen und manchmal auch kleinen Wasservögeln ist. In Zeiten mit knappem Nahrungsangebot schont er auch seinesgleichen nicht. Er ist ein ausgezeichneter Jäger, der die Kunst der Tarnung perfekt beherrscht. Lange Verfolgungsjagden liebt er nicht, seine Spezialität ist der pfeilschnelle Überraschungsangriff aus dem Hinterhalt.

SÜSSWASSERFISCHE

*Rechts: Beim Lösen des Hakens muss man besonders Acht geben, sich nicht an den zahlreichen nadelspitzen Schlundzähnen zu verletzen.
Unten: Ein Hecht muss zügig gelandet werden, sonst könnte er sich vom Haken befreien.*

ANGELMETHODEN

Angeln mit Köderfisch: Die seit Jahrhunderten praktizierte Technik des Angelns mit dem lebenden Köderfisch wird heute aus ethischen Gründen in Frage gestellt. In vielen Gewässern ist sie verboten und soll auch anderswo nur eingesetzt werden, wenn es vernünftig ist, das heißt, wenn ein besonders schlauer Räuber mit dem Blinker nicht mehr zu bekommen ist. Heute gibt man zunehmend dem toten Köderfisch den Vorzug, der mit einiger Fantasie genauso gut schwebend über dem Grund geführt werden kann, wenn man mit einem durch das Maul eingeführten Styropor- oder Balsaholzpfropfen für den nötigen Auftrieb sorgt.

Um damit auch Erfolg zu haben, sollte man die Standorte dieses Räubers gut kennen. Die beste Zeit dafür ist der Herbst. Die Rute sollte etwa 4 m lang sein und genügend Rückgrat aufweisen, auf die Rolle laden wir dann Monofil von 0,30 bis 0,40 mm Stärke. Gewöhnlich montiert man ein Stahlvorfach von 20 bis 30 cm Länge. Man verwendet Haken der Größe 3 bis 5, je nach Größe des Köderfisches, der einer Art angehören soll, die im entsprechenden Gewässer vorhanden ist (bei lebendem Köderfisch keine Arten, die eine Schonzeit haben) und etwa 10 bis 15 cm lang sein. Nase, Döbel, Karausche oder kleine Barsche sind geeignet. Der Schwimmer soll so austariert sein, dass er nicht alle Bewegungen des Köderfisches im

SÜSSWASSERFISCHE

Wasser auf die Rute überträgt, aber einen Biss dennoch deutlich anzeigt. Fischt man in der Nähe von Röhricht, wird der Biss des Hechts blitzschnell kommen, der Schwimmer taucht rasch unter, kommt dann wieder an die Oberfläche und neigt sich zur Seite.

Nun ist es besonders wichtig, nicht zu früh anzuschlagen, sondern dem Hecht noch etwas Zeit zu geben, den Köder richtig zu nehmen.

Spinnen: Die klassische Art, einen Hecht zu fangen, ist sicherlich das Spinnen. Spinnangeln ist sehr spannend und gehört zu jenen Techniken, die dem sportlichen Angler im Süßwasser am meisten Freude bereiten. Eine Spinnrute von etwa 3 m Länge sowie eine geräumige Rolle für ausreichend Schnur der Stärke 0,30 bis 0,40 mm sowie ein Stahlvorfach von mindestens 15 cm Länge gehören zur Ausrüstung. Klassische Kunstköder für den Hechtfang sind in erster Linie Blinker, Spinner und Wobbler.

Bei den Spinnern setzt man meist Klassen zwischen 9 und 12 g ein und bevorzugt Exemplare mit länglichen, hellen Plättchen und einer roten Wollflocke am Drilling, bei den Blinkern kann man 10- bis 15-g-Eisen verwenden, auch hier sind rote Flöckchen oder ein roter Strich am Fangkörper günstig. Die Wobbler haben neuerdings einen sehr guten Ruf unter Hechtanglern und werden von vielen bevorzugt. Diese Imitationen kleiner Fischchen können durch eine Tauchschaufel unterhalb des Kopfendes in verschiedenen Tiefen arbeiten. Beim Angeln auf den Hecht muss der Köder richtig geführt werden. Er sollte möglichst natürliche Bewegungen vortäuschen, das Tempo soll wechseln, gelegentliche Zupfer aus dem Handgelenk machen ihn besonders lebendig. Ab und zu kann der Köder ruhig einen schnellen Spurt einlegen. Es hat sich gezeigt, dass die Fangchancen im Frühsommer und Sommer dicht unter der Oberfläche, im Herbst in halber Tiefe und im Winter in Grundnähe am günstigsten sind. Der Hecht beißt normalerweise heftig und überraschend, die Rutenspitze zeigt an, die Schnur wird dann nach links oder rechts abgezogen. Die Befreiungsversuche des Fisches sind deutlich bis in den Griff spürbar. Die Fluchten in alle Richtungen müssen pariert werden, für die Landung verwendet man einen Unterfangkescher mit langem Netz und großer Öffnung.

Oben und links: ein schöner, mit der Spinnrute gefangener Hecht.

SÜSSWASSERFISCHE

Ictalurus melas • Katzenwels

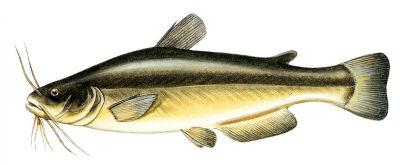

Visitenkarte

Ordnung
Siluriformes

Familie
Ictlauridae

Maximale Länge
35 cm

Lebensraum
Stehende und langsam fließende Gewässer

Angeltechnik
Grundangel

Der Katzenwels ist ein schlanker Vertretor der **Zwergwelse.** Der Kopf ist breit mit flacher Oberseite, das Maul ist ebenfalls breit mit zahlreichen kleinen, konischen Zähnen an den Kiefern. Die Augen sind rund und stehen an den Seiten weit auseinander. An der Oberseite sitzen zwei große Barteln, zwei kleinere hinter den Riechkanälen und vier weitere am Unterkiefer. Der Katzenwels besitzt wie die Salmoniden eine Fettflosse hinter der ersten Rückenflosse, deren erster Strahl hart und spitz ist, die Brustflossen besitzen ebenfalls einen spitzen Strahl, die Bauchflossen setzen hinter dem Ansatz der ersten Rückenflosse an. Die Analflosse ist ziemlich lang, die Schwanzflosse leicht konkav. Das Farbkleid ist am Rücken schwärzlich dunkelbraun, Flanken und Bauch sind gelblich bis perlgrau. Die Schwanzwurzel ist hell getönt.

Fortpflanzung und Wachstum: Der Katzenwels laicht im Juni und Juli bei einer Temperatur um 18 bis 20 °C. Männchen und Weibchen bereiten ein Nest, eine flache Grube auf dem Grund, vor, wo das Weibchen etwa 2000 bis 3000 Eier absetzt, die während der gesamten Brutzeit vom Männchen aufmerksam bewacht werden. Der Katzenwels erreicht ein Gewicht von bis zu 1 kg und eine Länge von 35 cm.

Lebensraum und Nahrung: Der Katzenwels bevorzugt mäßig temperiertes Wasser mit schwacher Strömung. Als Grundfisch liebt er schlammigen Boden und ist flexibel, was den Sauerstoffgehalt angeht. Er kann auch mehrere Stunden außerhalb des Wassers überleben. In der Nacht wird er aktiv und sucht sich seine Nahrung wie Rogen, Fischlarven und Würmer, die er mit Hilfe seiner Barteln aufspürt.

Wissenswertes: Der Katzenwels sieht nicht besonders gut, dafür ist sein Gehör besonders fein ausgeprägt. Er kann Geräusche im Wasser und menschliche Stimmen am Ufer sogar über größere Distanzen wahrnehmen.

SÜSSWASSERFISCHE

ANGELMETHODEN

Grundangel: Da der Katzenwels ein typischer Bodenfisch ist, bietet sich als Angelmethode die Grundangel an. Der Köder sollte am besten bewegungslos auf dem Grund liegend angeboten werden, damit dieser etwas faule Flossenträger genügend Zeit hat, den Happen in aller Ruhe zu verkosten. Der Regenwurm ist zu jeder Jahreszeit der fängigste Köder, große Exemplare werden einzeln angeködert, kleinere zu mehreren (siehe Zeichnung). Eine rund 3 m lange Grundrute mit Hauptschnur der Stärke 0,25 bis 0,30 ist stark genug, um auch überdurchschnittlich große Exemplare landen zu können. Beim Angeln in fließenden Gewässern benutzt man ähnliches Gerät wie für den Wal, wobei man darauf achtet, ein flaches Grundblei zu verwenden, damit der Köder auch gut auf dem Grund liegt. Der Biss des Katzenwelses ist gut an den Bewegungen der Rutenspitze zu erkennen, auf eine Reihe kurzer Zupfer folgt ein heftiger, kontinuierlicher Zug, der von der Flucht des gehakten Fisches herrührt. Er hat die Fähigkeit, solche Haken zu schlagen, dass sich die Schnur irgendwo an einem Hindernis festzieht. Da er oft tief schluckt, sollte man unbedingt einen Hakenlöser dabei haben.

Der gefräßige Katzenwels liebt Regenwürmer, die einzeln oder in Bündeln angebotenen einen hervorragenden Köder darstellen.

Tauwürmer, im Bündel angeködert

SÜSSWASSERFISCHE

Lepomis gibbosus • Sonnenbarsch

Visitenkarte

Ordnung
Perciformes

Familie
Centrarchidae

Maximale Länge
20 cm

Lebensraum
stehende
und langsam
fließende
Gewässer

Angeltechnik
Stippangel

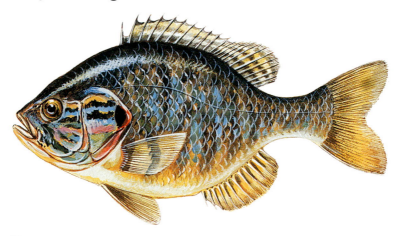

Diese ursprünglich amerikanische Fischart wurde zu Beginn des 20. Jahrhunderts in Europa eingeführt. Der auffällige Sonnenbarsch hat einen seitlich stark zusammengedrückten Körper mit hohem Rücken und sehr schlanker Schwanzwurzel. Das kleine Maul steht schräg nach oben, die Lippen sind ledrig hart, Kiefer und Schlund sind mit winzigen Zähnen besetzt. Der vordere Teil der Rückenflosse weist stachelspitze, harte Strahlen auf, der hintere, höhere Teil ist weichstrahlig. Brust- und Bauchflossen setzen auf derselben Höhe an wie die rundliche Afterflosse, deren erster Strahl ebenfalls stachelspitz ist. Der Sonnenbarsch besitzt ein besonders prächtiges Farbkleid, der Grundton ist bräunlich oliv mit dunklen, orange und violett schimmernden Streifen hinter dem Kopf und hellblauen Flecken an den Flanken. Ein schwarzer, rot geränderter Fleck neben dem Kiemendeckel trägt ein Übriges zum bunt schillernden Erscheinungsbild bei.

Fortpflanzung und Wachstum: Der Sonnenbarsch laicht zwischen April und Juni

SÜSSWASSERFISCHE

bei einer Wassertemperatur von rund 20 °C. Das Männchen gräbt dafür mit der Schwanzflosse eine Kuhle in den Grund, das Weibchen setzt je nach Größe 500 bis 5000 Eier ab.
In dieser Zeit wird das Männchen sehr aggressiv und bewacht die Brut, bis die jungen Fische das Nest verlassen. In unseren Gewässern wird der aus Amerika stammende Sonnenbarsch nur selten 20 cm lang und erreicht ein Gewicht von maximal 200 g.

Lebensraum und Nahrung: Der Sonnenbarsch bevorzugt stehende oder langsam fließende Gewässer. Er hat ein enges Revier und wechselt den Standort nur in einem kleinen Umkreis. Manchmal jagt er in Grundnähe, manchmal in halber Wassertiefe, dann wieder in der Nähe der Ufervegetation. Er lebt in Schwärmen und ist ein gieriger Räuber, der sich von Insekten, Krustentieren, Fischlarven und Rogen verschiedener Fischarten ernährt.

ANGELMETHODEN

Stippangel: Da er sich gierig auf jeden Bissen in seinem Blickfeld stürzt, ist der Sonnenbarsch ein Fisch, mit dem auch ein Anfänger leicht Erfolge erzielen wird. Man verwendet dazu eine Stipprute und unterschiedliche natürliche Köder. Die Ausrüstung ist denkbar einfach. Wir nehmen eine Stippe von 4 bis 6 m Länge, eine Schnur von 0,16 bis 0,20 mm Stärke und einen einzelnen kurzschenkeligen Haken Nr. 10 bis 14. Je nach Gewässerart montieren wir eine Pose unterschiedlicher Form. Ist Röhricht vorhanden, eignen sich bauchige Formen besser, bei freiem Wasser genügt ein schmaler Federkiel oder eine spindelförmige Pose, die mit einigen wenigen Kugelbleien an der Vorfachspitze austariert wird. Zu Beginn des Frühjahrs hält sich der Fisch noch in Bodennähe auf, man führt den Köder daher 20 bis 30 cm über dem Grund bis in höchstens halbe Wassertiefe. An sonnigen Tagen steigt der Barsch gern höher, um sich an den Sonnenstrahlen zu wärmen, daher bieten wir den Köder in diesem Fall knapp unter der Oberfläche an. Er nimmt den Köder schnell, daher muss der Anhieb prompt erfolgen. Im Sommer findet man ihn an schattigen Uferstellen oder in freien Rinnen zwischen Wasserpflanzen und Röhricht, wo er gerne an eine angebotene Fliegenmade geht. Die Pose hüpft dann ein wenig, bevor sie untertaucht.

Die Wahl des Köders ist beim Sonnenbarsch nicht schwer, er nimmt so gut wie alles.

Leuciscus cephalus cabeda • Döbel, Aitel

Visitenkarte

Ordnung
Cypriniformes

Familie
Cyprinidae

Maximale Länge
80 cm

Lebensraum
stehende
und langsam
fließende
Gewässer

Angelmethode
Treibangel,
Stippen,
Flugangel,
Spinnen

Ein in unseren Gewässern sehr verbreiteter Fisch ist der Döbel, auch Aitel genannt. Er hat einen lang gestreckten, fast drehrunden Körper, der von großen grauen Schuppen mit schwarzen Rändern bedeckt ist. Der Kopf ist groß mit kurzer Schnauze und fleischigem, etwas vorstehendem Oberkiefer. Das zahnlose Maul ist klein mit wulstigen, zähen Lippen. Die weichstrahlige Rückenflosse setzt auf gleicher Höhe mit den Bauchflossen an, die Schwanzflosse ist kräftig mit abgerundeten Lappen und lässt erkennen, dass der Döbel ein schneller Schwimmer ist. Die Grundfärbung ist silbrig grau, manchmal mit goldenem bis bräunlichem Schimmer, der Bauch ist weiß, die Flossen sind rötlich.

Fortpflanzung und Wachstum: Der Döbel laicht von April bis Juni, das Weibchen setzt 20.000 bis 100.000 Eier ab. Während dieser Zeit zeigen die Männchen, wie viele andere Cypriniden auch, einen Laichausschlag. Die Eier bleiben an Steinen oder Pflanzen hängen, die nur 2 mm langen Larven schlüpfen nach einer Woche. Der Döbel wird maximal 80 cm lang und mitunter über 3 kg schwer.

Lebensraum und Nahrung: Der Döbel lebt vorzugsweise in Gewässern mit mäßiger Strömung, kommt aber auch in Seen vor. Geringer Sauerstoffgehalt im Wasser stellt kein Problem für ihn dar, oft steigt er aber auch in den Oberlauf der Bäche bis in die Forellenregion auf, wo er sich oft in Abschnitten mit schwacher Strömung oder an der Mündung von Zuflüssen ansiedelt. Er ist ein typischer Allesfresser und nimmt gerne Maden und Larven, aber auch Früchte, Getreideprodukte und Algen werden nicht verschmäht.

SÜSSWASSERFISCHE

*Links: die delikate Phase des Landens der Beute.
Unten: Die passende Fliege wird gewählt.
Linke Seite: Der Fisch ist korrekt gehakt.*

ANGELMETHODEN

Treibangel: Mit der Treibangel kann man den Döbel zu jeder Saison und an allen möglichen Ködern fangen. Man verwendet dafür eine Teleskoprute von 5 bis 7 m Länge mit einer Rolle mit ausreichend Fassungsvermögen für 100 m Schnur der Stärke 0,16 bis 0,18 mm. Das Vorfach ist 0,08 bis 0,12 mm stark. Dazu montiert man eine spindelförmige Pose, die man mit Bleischroten so austariert, dass das Hauptgewicht nahe an der Pose liegt. Bei stärkerer Strömung kombiniert man mit einer Bleiolive. Das Vorfach sollte in beiden Fällen 40 cm lang und nicht beschwert sein, damit der Köder für den Döbel harmloser aussieht. Den Haken kann man mit so gut wie allen Arten von Ködern bestücken.

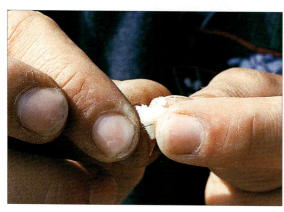

Der Speiseplan des Döbels erlaubt den Einsatz der verschiedensten Köder (hier eine Weißbrotkrume).

Brotkrume und Hühnerdarm, Sauerkirschen und natürlich Fleischmaden gelten gleichermaßen als fängig, als Geheimtip wird die Holunderbeere gehandelt. Wenn man eine Fleischmade angeködert hat, sollte man auch anfüttern, bei langsamer Strömung mit Futterkugeln und Schleuder, an schneller fließenden Gewässern mit Futterkorb. Hier sei noch einmal auf die Anhaltetechnik hingewiesen, durch die der Köder auftreibt und früher ins Blickfeld des Fisches kommt als die Schnur. Je nach Strömungsstärke wird die Pose in mehr oder weniger kurzen Intervallen durch kurzes Zurückziehen der Rute angehalten. Das Auftreiben des Köders wird den Döbel mit Sicherheit anziehen.

Stippen: In mittlerer Strömung kann man auch mit der Stipprute arbeiten. Die Schnur sollte 0,10 mm, das Vorfach 0,08 mm stark sein, dazu montiert man eine tropfenförmige Pose. Ein 1,5 g schweres Festblei und einige Bleischrote werden so montiert, daß sich das Gewicht im oberen Teil der Schnur konzentriert. Zum Anfüttern an der Angelstelle fertigt man mit Teig Futterkugeln an, wobei man etwa 10 Prozent Fleischmaden zusetzt.

Flugangel: Da der Döbel besonders gern Insekten nimmt, ist er auch ein interessanter Beutefisch für Flugangler. Eine sensible Rute mit passender Rolle und Flugschnur stellen das geeignete Gerät für diese Angelmethode dar. Da es sich beim Döbel um einen besonders argwöhnischen Fisch handelt, wählt man das Vorfach so dünn wie nur möglich, jedenfalls nicht stärker als 0,16 mm. Was die Fliegen betrifft, so haben sich Trockenfliegen vom Typ »Palmer« mit über den ganzen Körper verteilten Hecheln und Seggen auf Haken Nr. 14 bis 16 sowie einige Imitationen von Landinsekten als besonders fängig erwiesen.

Beim Werfen sollte man sich bemühen, den Döbel zu überraschen, indem man die Fliege möglichst knapp am Standort des Fisches platziert. So erscheint sie plötzlich in seinem Blickfeld, und er hat keine Zeit, die Situation einzuschätzen. Oft wird sein Jagdinstinkt ihn drängen, die so plötzlich aufgetauchte Beute rasch zu schnappen.

Spinnen: Sowohl im Gebirgsbach als auch in Flüssen in der Niederung und in Seen geht der Döbel auch an einen kleinen Spinner oder Wobbler, Kunstköder, die im Wasser höchst effizient Lebewesen imitieren können. In der Forellenregion benutzt man eine 2 m lange Hohlglasrute mit bis zu 7 g Wurfgewicht, in Flüssen und Seen, wo größere Exemplare zu erwarten sind, benötigt man ein Gerät mit höherem Wurfgewicht für 5 bis 7 cm lange Spinnköder. Die beste Zeit für das Spinnen auf Döbel ist nach Regenfällen im Frühjahr, wenn der Wasserstand hoch und der Döbel durch das knappe Nahrungsangebot im Winter hungrig geworden ist. Dann stürzt er sich geradezu auf kleine Spinner. In Seen ist man mit einem kleinen Wobbler besser beraten. Ein anderer Spinnköder, der besonders im Spätfrühjahr, wenn der Döbel durch die wärmeren Temperaturen aktiver auf Raubzug geht, erstaunlich gute Resultate bringen kann, ist der »Spin'n'glow«, eine Lockperle mit seitlich angebrachten Flügeln, die im Wasser schnell rotiert und mit oder ohne Naturköder gefischt werden kann.

Mit der Treibangel fängt man den Döbel das ganze Jahr über.

SÜSSWASSERFISCHE

Micropterus salmoides • Schwarzbarsch, Forellenbarsch

Visitenkarte

Ordnung
Perciformes

Familie
Centrarchidae

Maximale Länge
70 cm

Lebensraum
stehende oder langsam fließende Gewässer

Angeltechnik
Spinnangel, Flugangel

Dieser Fisch stammt ursprünglich aus Nordamerika und ist dort unter dem Namen **Largemouth Black Bass** bekannt. Er ist ein besonders markanter Vertreter der Barsche mit stark zusammengedrücktem Körper, großem Kopf und besonders großem Maul, mit dem er auch größere Beutefische verschlingen kann. Der mächtige Unterkiefer ist deutlich länger als der Oberkiefer und verleiht dem Schwarzbarsch ein gefährliches Aussehen. Er besitzt zwei Rückenflossen, die erste hat stachelspitze, harte Strahlen, die zweite ist länger und weichstrahlig. Brust- und Bauchflossen setzen beinahe auf derselben Höhe an, die Schwanzflosse ist schwach konkav mit abgerundeten Lappen. Kleine glatte Schuppen bedecken den Körper, das Farbkleid ist dunkelgrün mit helleren Flanken und silbrig hellen und dunklen Flecken, der Bauch ist weißlich.

Fortpflanzung und Wachstum: Von März bis Juli tragen die Männchen ein leuchtendes Farbkleid und bauen auf sandigem oder kiesigem Grund ein Nest, bevor sie auf Brautschau gehen und das Weibchen dann zum Absetzen der Eier an die vorbereitete Stelle führen. Jedes Weibchen setzt 1000 bis 4000 Eier ab, die dann vom Männchen befruchtet und bis zum Schlüpfen der Brut nach etwa zehn Tagen bewacht werden. Der Schwarzbarsch wächst schnell und kann in unseren Gewässern 70 cm lang werden und ein Gewicht von 8 bis 9 kg erreichen.

Lebensraum und Nahrung: Der Schwarzbarsch bevorzugt stehende oder langsam fließende Gewässer mit dicht bekrautetem Bett und Röhricht und Seerosen am Ufer, wo er genügend Verstecke findet, in denen er seiner Beute auflauern kann. Jüngere Fische ernähren sich vorwiegend von Insekten, mit zunehmendem Alter entwickelt er sich zum klassischen Räuber, der auch seinesgleichen nicht schont. Außerdem frisst er auch große Insekten, Frösche und sogar kleine Säugetiere.

Wissenswertes: Der englische Beiname Largemouth rührt daher, dass sein Maul ausgesprochen groß ist, bei maximaler Öffnung entspricht es dem größten Körperumfang, dadurch kann er auch große Beutetiere verschlingen.

SÜSSWASSERFISCHE

ANGELMETHODEN

Spinnen: Eine der effizientesten Methoden zum Schwarzbarschfischen ist sicherlich das Spinnen vom Ufer aus oder auch aus dem Boot, das man an einer günstigen Stelle verankert. Dazu benötigt man eine gute Wurfrute von ca. 3 m Länge, die genügend Rückgrat besitzt. Da man über hindernisreichem Grund fischt, wo sich die Schnur leicht verhakt, muss man oft kräftig anziehen, um sie wieder zu befreien. Auch die Rolle sollte robust sein und eine schnelle Übersetzung haben. Die Schnur, ein abriebfestes, kräftiges Nylon von 0,28 bis 0,30 mm Durchmesser, muss starker Beanspruchung standhalten. Die Spinnköder, die man auf den Schwarzbarsch fischen kann, sind so zahlreich, dass der Angler die Qual der Wahl hat. Die fängigsten darunter sind bestimmte Tauchwobbler und eigens für den Schwarzbarsch entworfene Gummifische, auch einfache Spinner mit länglichem Löffel, sowie diverse Weichplastikimitationen von Fröschen und Würmern, die besonders in dicht bewachsenen Bereichen eingesetzt werden. Um die besten Angelstellen zu finden, orientiert man sich an den Gewohnheiten des Schwarzbarsches, der je nach Jahreszeit und Wetterbedingungen verschiedene Bereiche des Gewässers bevorzugt. In Ufernähe und in halber Wassertiefe findet man ihn im Frühjahr, im Sommer bewegt er sich meist näher an der Oberfläche. Im Herbst und in den frühen Wintermonaten ist das Angeln in halber Wassertiefe und in Ufernähe auch nahe dem Grund wieder produktiver.

Flugangel: Da der Schwarzbarsch eine Vorliebe für große Insekten, Kaulquappen, Frösche, Reptilien und kleine Säugetiere hat, gelingt es oft, ihn für vielerlei Kunstköder zu interessieren. Meistens wird die Flugangel mit den so genannten Poppers bestückt, fanatasievolle Kreationen, die aus Balsaholz gefertigt werden und mit auffälligen Farben, Federn und Fransen dekoriert sind. Sie scheinen die Neugier dieses Räubers besonders zu wecken. Eine gute Rute für den Schwarzbarsch sollte aus Kohlefaser und etwa 2,70 m lang sein, vorzugsweise mit durchgehender Aktion und genügend Kraftreserven, außerdem sollte man damit eine Flugschnur der Klasse 7 bis 8 werfen können. Als Vorfach verwendet man ein spezielles Fliegenvorfach, das sich nach vorne hin konisch verjüngt, die Spitze sollte aber für diesen kampfstarken Gegner keinesfalls dünner sein als 0,22 mm. Der klassische Kunstköder beim Flugangeln auf den Schwarzbarsch ist der Popper, der dem Fisch in den engen Freiräumen zwischen der Ufervegetation angeboten wird, in deren Schutz er auf der Lauer liegt. Wird er richtig geführt, bewegt sich dieser Kunstköder im Wasser und lockt den Schwarzbarsch vor allem auch durch das typische ploppende Geräusch an, das er durch einen Hohlraum am Kopfende beim Abtauchen erzeugt.

*Unten: Die spektakuläre Kampfkraft des Schwarzbarsches verspricht spannende Momente beim Angeln.
Oben: Schwarzbarsche, die an der Flugschnur gefangen wurden.
Linke Seite: Kunstköder für das Spinnen auf den Schwarzbarsch.*

SÜSSWASSERFISCHE

Rutilus erythrophthalmus • Plötze, Rotauge

Visitenkarte

Ordnung
Cypriniformes

Familie
Cyprinidae

Maximale Länge
20 cm

Lebensraum
stehende
bis mäßig
fließende
Gewässer

Angeltechnik
Stippangel

Die Körperform der Plötze entwickelt sich im Verlauf ihres Lebens und ist auch regional sehr unterschiedlich. In der Jugend hat sie einen schlanken, spindelförmigen Körper, später entwickelt sich manchmal ein hoher Rücken und ein tiefer Leib. Der Kopf ist kurz mit kleinem, leicht unterständigem Maul. Die Augen sind verhältnismäßig groß, die Iris ist typisch orange rötlich gefärbt, daher auch der Name Rotauge. Die Rückenflosse ist 3- bis 9-strahlig und hoch, die Schwanzflosse kräftig und symmetrisch gegabelt. Die Afterflosse ist groß und setzt hinter dem Ende der Rückenflosse an. Der Rücken ist bräunlich grün, in der oberen Hälfte der Flanke verläuft ein deutlicher graubrauner Streifen. In der unteren Hälfte der Flanke ist die Seitenlinie mit 36 bis 42 Schuppen deutlich zu erkennen. Der Bauch ist silbrig weiß.

SÜSSWASSERFISCHE

Fortpflanzung und Wachstum: Das Rotauge laicht von Mai bis Juli, die Eier werden an das Kraut geheftet und haben etwa 1,5 mm Durchmesser. Nach wenigen Tagen schlüpfen die Larven. Sie wachsen ziemlich rasch, und sowohl die Männchen als auch die Weibchen erreichen die Geschlechtsreife zwischen erstem und zweitem Lebensjahr. Rotaugen werden bis zu 20 cm lang und 100 bis 150 g schwer.

Lebensraum und Nahrung: Die Plötze liebt sauberes Wasser bei nicht zu starker Strömung mit krautigem Grund. Auch in Seen und Kanälen mit schlammigem Grund ist sie oft zu finden. Sie ist ein Allesfresser und ernährt sich hauptsächlich von Insektenlarven, kleinen Würmern, Algen und Pflanzenkeimen.

Oben: ein frisch gefangenes Rotauge.
Linke Seite: Klares Wasser mit krautigem Grund und reich bewachsenem Ufer ist der bevorzugte Lebensraum der Plötze.

ANGELMETHODEN

Stippangel: Auch Anfänger können mit der Stippangel auf Plötzen beträchtliche Erfolge erzielen, da sie gern an alle möglichen Köder geht. Das richtige Gerät ist eine Stipprute von 5 bis 7 m Länge mit biegsamer Spitze und einer Hauptschnur von 0,16 mm Stärke mit einem 0,14 mm starken Vorfach. Die Bleimontage besteht aus Kugelbleien, die in kurzem Abstand vor dem Haken in Gruppen montiert werden. Je schwächer die Strömung, umso größer kann der Abstand zwischen Blei und Haken sein. Als Köder verwendet man häufig Fleischmaden (siehe Fotos), die besonders fängig sind, wenn sie rot eingefärbt werden. In fließenden Gewässern benutzt man eine Pose und setzt den Anhieb sofort, wenn sie untertaucht. In stehenden Gewässern, wo man den Grund abfischt, kommt der Biss etwas zaghafter, daher versucht man, mit kurzen Bewegungen die Aufmerksamkeit und die Fresslust des Fisches zu wecken. Oft kann man mehrere Fische an derselben Stelle erbeuten, da sie oft in Schwärmen schwimmen.

SÜSSWASSERFISCHE

Salmo trutta fario • Bachforelle

Visitenkarte

Ordnung
Salmoniformes

Familie
Salmonidae

Maximale Länge
50 cm

Lebensraum
Gebirgsbäche

Angeltechnik
Flugangel,
Spinnangel,
Tiroler Hölzl

Die Bachforelle ist die Königin der Gebirgsbäche. Sie hat einen schlanken Körper mit kräftigen Muskeln, einen mehr oder weniger länglich keilförmigen Kopf mit länglicher Schnauze und großem endständigem Maul, das sie als gefräßigen Räuber kennzeichnet. Der Oberkiefer ist nur unmerklich länger als der Unterkiefer. Die hakenförmigen Zähne stehen in zwei unregelmäßigen Reihen. Die Rückenflosse sitzt in der Mitte des Rückens, die Fettflosse nahe der Schwanzwurzel. Die Schwanzflosse ist leicht konkav, die Brust- und Bauchflossen sind abgerundet, die Afterflosse ist relativ groß. Das Farbkleid der Bachforelle ist besonders prächtig und kann je nach Lebensraum stark variieren. Der Rücken ist meistens grünlich grau, kann aber auch ins Braune spielen oder fast schwarz sein, die Flanken schimmern silbrig mit grauen und gelben Flecken, der Bauch ist perlweiß. Der gesamte Körper kann mit roten und schwarzen Flecken gesprenkelt sein, Erstere scheinen vor allem auf Rücken, Flanken und Kopf auf, die größeren und besser abgegrenzten schwarzen sind nur an den Flanken zu sehen. Gerade unter den Sportanglern erfreut sich die **Regenbogenforelle** (Salmo gairdneri) ebenfalls großer Beliebtheit. Sie wurde aus Nordamerika eingeführt und widersteht Wasserverschmutzung und Temperaturunterschieden besser als heimische Arten.

Fortpflanzung und Wachstum: Die Forellen laichen von Oktober bis Januar und steigen dabei in den Oberlauf der Bäche auf. Dort finden sie die optimalen Bedingungen für die Brut vor. In flachem, kaltem, mit Sauerstoff angereichertem Wasser auf kiesigem Bett graben die Weibchen kleine Kuhlen, wo sie je nach Körpergröße 1000 bis 1500 Eier absetzen. Nach ein bis drei Monaten, je nach Wassertemperatur, schlüpfen die Forellenlarven. Für die ersten Lebenstage dient ihnen der Dottersack als Nahrungsreservoir. Die Bachforelle wird selten 50 cm lang und nicht schwerer als etwa 2 kg.

Unten: Das Erscheinungsbild der Forelle ist sehr unterschiedlich, es gibt lokale Abarten mit marmoriertem Farbkleid wie die Marmorata, die in den Adriazuflüssen lebt, oder auch die Regenbogenforelle, von der schon Exemplare von annähernd 10 kg gefangen wurden.

Lebensraum und Nahrung: Die Forelle bevorzugt frische, klare Gebirgsbäche mit hohem Sauerstoffgehalt. Unter Felsen und Wurzeln, wo sie vor der starken Strömung geschützt ist, sucht sie sich ihren Standort für die Jagd. Unermüdlich ist sie auf Nahrungssuche und ernährt sich von den ersten Tagen an von Insektenlarven, Krebsen und kleinen Mollusken. Mit der Zeit wächst sie zu einem gierigen Räuber heran, der unablässig nach kleinen Fischen jagt. Auch junge Artgenossen sind vor ihr nicht sicher. Besonders gern frisst sie Köcherfliegenlarven.

114

SÜSSWASSERFISCHE

Wissenswertes: Die Forelle ist extrem anpassungsfähig, ihr Farbkleid passt sich der Umgebung an und tarnt sie perfekt. Sie scheut das direkte Sonnenlicht und hält sich meist an schattigen Stellen auf.

Oben: Die kalten, sauerstoffreichen Gebirgsbäche sind der bevorzugte Lebensraum der Bachforelle.

ANGELMETHODEN

Die Forelle ist die ungekrönte Königin unserer Gewässer, und mancher Angler kommt ins Schwärmen über ihre Schönheit, ihre Kampfstärke und zahlreiche andere Qualitäten. Da sie ein listiger Gegner ist, stellt es auch eine Herausforderung dar, immer raffiniertere Techniken zu erfinden, um sie an den Haken zu bekommen. Sehr beliebt ist auch die Regenbogenforelle (siehe Abbildung unten), die hierzulande besonders in kleinen Seen und in Fischteichen zu finden ist.

Rechts: Montage für das Grundangeln mit Wurm. Rechts unten: verschiedene Naturköder:
a) Regenwurm
b) Köcherfliegenlarve
c) Fliegenmade
d) Eintagsfliegenlarve

Mit dem Wurm: Zu Beginn der Forellensaison kann man mit dem Wurm gute Erfolge erzielen. Ein Wurm ist etwas Seltenes für Forellen und kann gerade deshalb eine fatale Anziehungskraft auf sie ausüben. Die Ausrüstung ist einfach, es wird keine Pose benötigt, ein bis zwei kleine Bleischrote vor dem Haken genügen. Der Haken wird mit einem gut gesäuberten Regenwurm beködert (beide Enden sollen sich frei bewegen), mit dem man langsam alle guten Stellen wie Kiesrinnen und Gumpen sowie flussabwärts größere, aus dem Wasser ragende Hindernisse abfischt. Dabei ist es besonders wichtig, immer aus guter Deckung zu arbeiten, denn die Forelle ist besonders wachsam. Langsam arbeitet man sich am Ufer flussaufwärts. Beißt eine Forelle an, spürt man sofort das Zupfen an der Schnur. Nun sollte man dem Fisch unbedingt Zeit lassen, den Wurm richtig zu nehmen, bevor man den Anhieb setzt.

Flugangel: Wenn die Forellen nach Insekten an die Oberfläche steigen, werden sie wenig Interesse für einen Wurm dicht am Grund zeigen. Nun ist es Zeit, ihnen nach allen Regeln der Kunst eine Trockenfliege zu servieren. Einige universell einsetzbare Fliegen sind die »Iron Blue Dun«, die »Red Spinner« und die »Brown Bivisible«, im Hochsommer und in den Abendstunden haben sich auch Seggenimitationen als fängig erwiesen. Auch Imitationen landlebender Insekten sowie Fantasiefliegen können

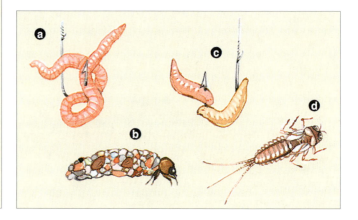

SÜSSWASSERFISCHE

die Lösung darstellen, wenn die Forellen einmal wenig beißfreudig sind und alle bisher angebotenen Köder verschmähen.

Spinnen: Schlanke, kleine Blinker und gut rotierende Spinner sind ideale Kunstköder für das Spinnen auf Forellen. Die Farbe wählt man je nach dem betreffenden Gewässer: Gold für hellen Grund, Kupfer und Bronze für tiefere Teiche, silbrig helle bei schlechter Sicht, dunkle in sehr klarem Wasser. Ein leichter, präziser Wurf knapp vor den Standort der Forelle ist entscheidend für den Fangerfolg. Beim Einholen verhält man sich so, wie es das betreffende Gewässer erfordert. Die beste Taktik ist es, die Bereiche unmittelbar flussabwärts von größeren Hindernissen wie Felsen abzusuchen, wo die Strömung ruhiger ist, ebenso wie den Rückstrombereich unter Wasserfällen oder große Gumpen, wo oft kapitale Exemplare stehen.

Tiroler Hölzl: Viele Angler schwören an Bächen, aber auch an Seen und Fischteichen auf das Tiroler Hölzl und fischen damit - sofern es erlaubt ist - vor allem auf Regenbogenforellen. Dabei kann man dem Fisch einen beweglichen Köder präsentieren und systematisch alle Bereiche abfischen, an denen sich eine Forelle aufhalten könnte, auch solche, die mit einer herkömmlichen Montage unzugänglich bleiben. Man nimmt dazu eine Kohlefaserrute von etwa 4 m Länge und das bebleite Hölzl. Wenn man an einem großen Teich fischt, nimmt man eine Rute mit höherem Wurfgewicht und ein schweres Hölzl, um größere Wurfweiten zu erreichen. Das Hölzl am Seitenarm hüpft und tanzt beim Einholen über den steinigen Grund, bleibt nicht hängen und hält den Köder ständig in Bewegung. Eine besonders fängige Kombination ergibt eine vor den mit einem Wurm beköderten Haken gesetzte Lockperle (»Spin'n'glow«) mit Tiroler Hölzl am Seitenarm.

Oben: Eine der produktivsten Techniken beim Forellenfang ist das Spinnen. Unten und linke Seite oben: Mit einem kleinen Spinner wurden schon schöne Exemplare gefangen.

SÜSSWASSERFISCHE

Salvelinus alpinus • Seesaibling

Visitenkarte

Ordnung
Salmoniformes

Familie
Salmonidae

Maximale Länge
80 cm

Lebensraum
Flüsse
und Seen

Angeltechnik
Flugangel,
Spinnen

Der in den Gewässern unserer Gebirge heimische Seesaibling hat einen ähnlichen Körperbau wie die Forelle. Der schlanke, spindelförmige Rumpf und die Anordnung der Flossen sind tatsächlich gleich wie bei der Bachforelle, der Kopf ist gedrungener, das Maul kleiner. An Kiefern, Zunge und Schlund sitzen gekrümmte Zähne. Die Schuppen sind klein und an der fast schnurgeraden Seitenlinie deutlich zu erkennen. Das Farbkleid ist sehr unterschiedlich, meist ist der Rücken perl- oder hell blaugrau, der Bauch silbrig weiß. Die Rücken- und die Schwanzflosse sind graublau, Brust-, Bauch- und Afterflossen spielen ins Orangegelbe. Während der Laichzeit verfärbt sich der Bauch rötlich.

Fortpflanzung und Wachstum: Im Herbst setzen die Weibchen etwa 1000 Eier von 5 mm Durchmesser pro Kilogramm Körpergewicht in die Laichgrube ab. Die 15 mm langen Larven ernähren sich etwa einen Monat lang von ihrem Dottersack. Der Seesaibling kann bis zu 80 cm lang und über 1 kg schwer werden. Es gibt Berichte von Rekordfängen zwischen 4 und 7 kg.

Lebensraum und Nahrung: Der Saibling liebt frisches Wasser bis höchstens 18 °C und ist häufig in Alpenflüssen und -seen zu finden. Er lebt in Schwärmen und ernährt sich als Jungfisch von Plankton, später von Krustentieren, Larven, kleinen Würmern und geflügelten Insekten, die er auch oft mit einem Sprung aus dem Wasser erbeutet.

SÜSSWASSERFISCHE

ANGELMETHODEN

Mit dem Wurm: Nach der Schneeschnelze, wenn das Wasser in den Gebirgsbächen langsam wieder wärmer wird, hat der Saibling einen gewaltigen Appetit und nimmt gern alle Arten von natürlichen Ködern, wenn sie ihm auf- und abtanzend an einem leicht beschwerten Haken oder Hakensystem knapp über dem Grund angeboten werden. Dazu eigenen sich Regenwürmer, Bienenmaden oder auch Insektenlarven, die man vor allem in den tiefen Gumpen neben Wasserfällen oder an flacheren, ruhig fließenden Stellen anbietet.

Flugangel: Im Sommer ist die richtige Zeit für die Trockenfliege, besonders an kleineren, hoch gelegenen Bächen. Da diese Gewässer meist stärkere Strömungen aufweisen, hat man mehr Erfolg, wenn man die Fliege nur kurz treiben lässt und dafür öfter auswirft, so vermeidet man das verräterische Furchen. Die Nassfliege kann dort Vorteile bringen, wo turbulente Strömungen dazu beitragen, dass sie sich im Wasser wie ein natürliches Insekt bewegt, wie etwa an kleinen Wasserfällen.

Spinnen: In kleineren Bergseen scheint der Saibling auch besonders gut an Spinner mit länglichen, hellen Löffeln zu gehen, die man in eine gewisse Tiefe absinken lässt, bevor man sie kunstgerecht zum Taumeln und Trudeln bringt. Auch Versuche mit Weichplastik-Wobblern oder kleinen grünen Twistern haben sich schon öfters gelohnt.

*Oben: Gebirgsbäche und Alpenseen sind der bevorzugte Lebensraum der Saiblinge.
Linke Seite: ein frisch an einem Wobbler gefangener Saibling.*

SÜSSWASSERFISCHE

Silurus glanis • Wels, Waller

Visitenkarte

Ordnung
Siluriformes

Familie
Siluridae

Maximale Länge
über 2 m

Lebensraum
In Grundnähe
von Flüssen
und Seen

Angeltechnik
Grundangel

Der in Mittel- und Osteuropa verbreitete Wels zählt zu den größten Süßwasserfischen. Der Körpers ist lang gestreckt und am Schwanzende an der Bauchseite abgeplattet. Das große Maul ist dicht mit kleinen, kurzen, konischen Zähnen besetzt, die auch am Schlund sitzen können. Zwei lange Bartfäden sitzen an der Oberlippe dicht vor den Augen, vier weitere kürzere hängen von der Unterlippe. Die Rückenflosse ist klein und kurz, die Afterflosse ungewöhnlich lang, sie reicht bis zum Ansatz der Schwanzflosse. Das Farbkleid ist am Rücken dunkel und je nach Lebensraum bläulich, braun oder dunkelviolett schimmernd, die Flanken sind schmutzig gelblich weiß und dunkelgrün marmoriert, der Bauch ist gelblich weiß mit rötlichem Schimmer.

Fortpflanzung und Wachstum: Welse laichen zwischen Mai und Juni. Die Männchen bereiten aus niedergedrückten Wasserpflanzen und Wurzeln eine nestartige Unterlage, wo die Weibchen einige Zehntausend Eier absetzen. Die Brut ernährt sich von Anfang an von Plankton und wächst schnell. Durchschnittlich wird der Wels 1 bis 2 m lang und 30 bis 50 kg schwer.

Lebensraum und Nahrung: Der Wels lebt ständig in den Tiefen großer Seen und Flüsse, wo er oft lange Zeit an seinem geschützten Standort bleibt. Auf Nahrungssuche geht er vorzugsweise in der Nacht und verlässt sich dabei auf seine empfindlichen Barteln. Er ist besonders gefräßig und frisst nicht nur Fische, sondern alle möglichen Tiere, die sich freiwillig oder unfreiwillig im Wasser aufhalten, wie Amphibien, Frösche, kleine Säugetiere und sogar Vögel.

ANGELMETHODEN

Grundangel: Wer einen Wels fangen wil, muss den Köder tief führen. Ein so starker Fisch erfordert auch ein starkes Gerät. So wählt man eine Rute mit kräftigem Rückgrat und guter Parabolik, eine große Multirolle mit 150 bis 200 m Schnur von 0,50 mm Querschnitt und ein 0,40 mm starkes Vorfach. Ein Stahlvorfach ist nicht unbedingt nötig, aber die Rolle muss eine gut regulierbare Bremse haben. Die Bleibeschwerung besteht aus einem 50 bis 70 g schweren flachen Blei etwa 40 cm vor dem Haken Nr. 2 bis 3, der mit einem dicken Knäuel Würmern oder einem toten Köderfisch bestückt wird. Um die Fangchancen zu erhöhen, sollte man das Gewässer und die Standorte der Welse gut kennen oder sich einem Spezialisten anschließen. Gut sind Mündungen von Zuflüssen, wo sich Niveauunterschiede bilden, die der Wels gerne als Versteck benutzt, oder Stellen in der Nähe versunkener Bäume oder tiefe Gruben auf dem Grund breiterer Flüsse.

Es muss so ausgeworfen werden, dass das Grundblei den Köder in die

SÜSSWASSERFISCHE

Links und unten: ein schönes, an der Grundangel gefangenes Exemplar. Linke Seite: das weit geöffnete Maul eines Wallers.

tiefsten Bereiche der Gewässer trägt. Anschließend kurbelt man ihn langsam heran, um den Wels zu animieren, der vermeintlichen Beute zu folgen und sich den Bissen zu schnappen. Er beißt meist zunächst zaghaft, dann entschlossener zu, und beim Anhieb kann es schon vorkommen, dass der Angler meint, nun habe sich sein Köder so auf dem Grund verhakt, dass er ihn nie wieder freibekommen wird, denn es gelingt ihm zuerst kaum, auch nur ein paar Zentimeter Schnur einzuholen. Oft muss er dann eine Weile so verharren, bis sich der Wels entschließt, mit der Beute abzuziehen, das tut er meist flussaufwärts. Es ist wichtig, den Kontakt zum Fisch nicht zu verlieren und ihm keine Gelegenheit zu geben, unter Wurzeln oder andere Hindernisse abzutauchen, sonst wird er unweigerlich die Schnur zerreißen. Der Wels ist stark genug, über einige Zeit starken Zug auszuüben, daher muss sich der Angler einiges einfallen lassen, um ihn zu ermüden. Gelingt ihm das, wird er ihn am Ufer mit dem Unterfangkescher gut aus dem Wasser heben können.

SÜSSWASSERFISCHE

Stizostedion lucioperca • Zander

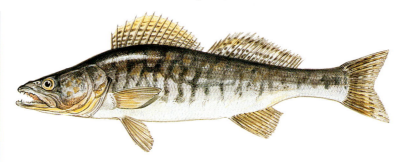

Visitenkarte

Ordnung
Perciformes

Familie
Percidae

Maximale Länge
1 m

Lebensraum
stehende
oder langsam
fließende
Gewässer

Angeltechnik
Köderfisch
am Seitenarm,
Spinnen

Dieser Fisch heißt in manchen Gegenden Deutschlands auch **Hechtbarsch,** und tatsächlich sieht er beiden ein wenig ähnlich. Er hat einen schlanken Körper mit hoch ansteigender Rückenkurve und einen kräftigen, keilförmig länglichen Kopf. Das Maul ist groß und mit spitzen, kurzen und einigen längeren Zähnen besetzt. Er hat zwei Rückenflossen, die erste ist höher mit 13 bis 15 spitzen Strahlen, die zweite weichstrahlig, niedriger und etwas länger. Die breite Schwanzflosse ist symmetrisch gegabelt, Brust- und Bauchflossen sitzen nahe beieinander. Der lang gestreckte Körper ist mit kleinen Schuppen besetzt, die an der Seitenlinie besonders deutlich zu sehen sind. Der Rücken ist dunkelgrün mit grauen Querstreifen, die sich über die Flanken fortsetzen. Die Flanken schimmern bläulich, der Bauch ist perlweiß. Rücken-, After- und Schwanzflosse sind dunkel gefleckt.

Fortpflanzung und Wachstum: Der Zander laicht von April bis Juni. Die Weibchen setzen je nach Gewicht bis zu 200.000 Eier ab, die sich an Steinen und Wurzeln festsetzen. Die Brut wird von Männchen und Weibchen bis zum Schlüpfen der Larven nach sechs bis sieben Tagen bewacht. Der Zander kann bis zu 1 m lang werden und ein Gewicht von 10 kg erreichen.

Lebensraum und Nahrung: Der Zander lebt in Seen und langsam fließenden Gewässern und liebt trübes Wasser und nicht zu dicht bewachsenen Grund. Dort jagt er zwischen Steinen und versunkenen Ästen nach kleinen Fischen.

Der Zander geht auch an den Spinnköder, wenn man ihn langsam dicht über dem Grund arbeiten lässt.

SÜSSWASSERFISCHE

*Links: Anködern in den Morgenstunden. Um diese Zeit ist der Zander ganz besonders gefräßig.
Unten: Kleine Köderfische versprechen gute Fangchancen.*

ANGELMETHODEN

Köderfisch am Seitenarm: Früher ging man davon aus, ein Raubfisch wie der Zander sei nur an einem lebenden Köderfisch zu fangen. Doch seit langem weiß man bereits, dass er ohne Weiteres auch einen auf dem Grund geführten toten Fisch nimmt. Das geeignete Gerät ist eine 3 m lange Rute mit großer Rolle und 150 m Schnur von 0,30 mm Durchmesser. Am Vorfachende wird ein 20 g schweres Olivenblei befestigt, etwa 30 cm davor montiert man den Dreiwegwirbel für die Seitenschnur (siehe Zeichnung). Als Köderfische eignen sich kleine Weißfische oder Rotfedern von 6 bis 7 cm Länge. Der Zander beißt gewöhnlich schnell und kräftig, was die Rutenspitze durch eine deutliche Biegung nach unten anzeigt. Das ist der Augenblick, den Anhieb unverzüglich zu setzen und sofort mit dem Einholen zu beginnen, damit der Fisch keine Zeit hat, sich in ein Versteck im Kraut zu flüchten, wo sich die Schnur leicht festziehen könnte.

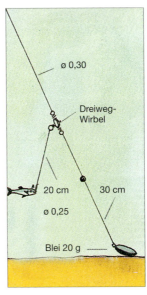

Spinnen: Lange Zeit galt es als unmöglich, Zander am Spinnköder zu fangen. Doch mit dieser Meinung haben Spezialisten in letzter Zeit gründlich aufgeräumt. Der Spinner darf nicht zu groß sein und muss extrem tief und langsam geführt werden, mit nicht zu häufigen Zupfern aus dem Handgelenk. Wo man einen Zander mit dem Spinnköder herausgeholt hat, lohnt sich nicht selten ein zweiter Versuch, denn diese Spezies lebt gesellig.

SÜSSWASSERFISCHE

Thymallus thymallus • Äsche

Visitenkarte

Ordnung
Clupeiformes

Familie
Thymalidae

Maximale Länge
50 cm

Lebensraum
fließende Gewässer

Angeltechnik
Trockenfliege, Nymphe

Die Äsche hat einen schlanken, wohlproportionierten Körper. Der Kopf ist schmal und spitz mit kleinem, leicht unterständigem Maul, wie es für die Suche nach Insektenlarven auf dem Grund geeignet ist. Das Maul ist mit kleinen Zähnen besetzt. Oft hört man, sie habe so zarte Lippen, dass sie sich häufig den Haken herausreißt, was jedoch eher damit zusammenhängt, dass ihr Maul stellenweise so knorpelig ist, dass dieser schlecht eindringt. Die Augen sind groß mit tropfenförmiger Pupille, die zur Maulseite hin schmal zusammenläuft. Sie hat eine sehr schöne, hohe Rückenflosse und weiter hinten die kleine, für Salmoniden typische Fettflosse. Die Schwanzflosse ist symmetrisch und deutlich gegabelt, die übrigen Flossen sind relativ klein. Das Farbkleid ist am Rücken olivgrau, die Flanken sind bläulich und weisen kleine schwarze Punkte auf, die sich im vorderen Teil häufen. Der Bauch ist weiß bis gelblich. Die Rückenflosse ist rotviolett gestreift.

SÜSSWASSERFISCHE

Fortpflanzung und Wachstum: Die Äsche laicht von März bis April in sauerstoffreichem, frischem Wasser auf sandigem, kiesigem Grund. Die Weibchen legen zwischen 1000 und 8000 Eier, die sie auf dem Grund mit Sand bedecken. Die Larven schlüpfen nach ca. 25 Tagen. Bereits im ersten Lebensjahr erreichen sie eine Länge von 10 bis 15 cm und weisen an den Flanken die typischen schwarzen Punkte auf. Die Äsche wird nur in Ausnahmefällen 50 cm lang und selten über 1 kg schwer, es wurden aber bereits Rekordexemplare zwischen 2 und 3 kg gefangen.

Lebensraum und Nahrung: Die Äsche lebt in sauberen, sauerstoffreichen Flüssen mit konstanter Temperatur. Sie liebt flachen, kiesigen Grund mit altem Moos, wo sie die zahlreichen Wasserinsekten findet, die ihre Ernährungsgrundlage bilden. Sie lebt gesellig und hat kein festes Jagdrevier, sie wandert mit dem Schwarm und den Jahreszeiten die Gewässer auf der Suche nach optimalen Bedingungen ab. Sie ernährt sich von Insektenlarven, Fischrogen, kleinen Mollusken und Würmern.

ANGELMETHODEN

Mit der Trockenfliege: Als klassischer Insektenfresser ist die Äsche nahezu ideal für die Flugangel mit der Trockenfliege. Dementsprechend beliebt ist sie bei leidenschaftlichen Fluganglern. Tatsächlich ist diese Technik sicherlich die effizienteste und interessanteste Methode, Äschen zu fangen. Das geeignete Gerät ist eine Kohlefaserrute von etwa 2,5 m Länge mit durchgehender Aktion (Parabolik), eine doppelt verjüngte Schnur der Klasse 3 oder 4, die präzises Werfen erlaubt und gut schwimmt. Das Vorfach darf nicht zu stark sein, 0,14 bis 0,18 mm Querschnitt müssen ausreichen, viele Äschenangler kommen sogar mit bis zu 0,10 mm dünnem Vorfachmaterial aus. Das Vorfach muss so fein sein, weil auch die Kunstfliegen, mit denen auf Äschen gefischt wird, sehr klein sind, ebenso wie ihre natürlichen Vorbilder. Unter besonderen Umständen kann man auch schon mal mit größeren Kunstfliegen an Haken Nr. 12 bis 14 Erfolg haben, doch das ist eher die Ausnahme. Wenn wir hier eine Auswahl der fängigsten Fliegenmuster vorstellen wollen, so dürfen in der Sortierbox des Äschenanglers die »Iron Blue«, die »Black Midge« und die »Black Sedge« nicht fehlen, dazu noch einige klassische Äschenfliegen wie die »Red Tag« und die »Grayling Witch«. Beim Fischen mit der Flugangel sollte sich der Angler an einige Regeln halten, um seine Fangchancen zu erhöhen. Das Wichtigste ist, wie bereits im Kapitel über das Flugangeln beschrieben, die Kunstfliege so natürlich wie möglich zu servieren.

Vor allem darf die Fliege nicht furchen, wenn sie von der Strömung schneller abgetrieben wird als die Schnur. Ein gutes Rezept dagegen ist das Umlegen der Fliegenschnur, das so genannte Menden. Dabei legt man die Schnur in einer mehr oder

*Oben: eine schöne Äsche, an der Trockenfliege gefangen.
Linke Seite: Der Angler muss sich beim Anhieb konzentrieren und auf den richtigen Moment warten, wenn er die typische Beule sieht, die die nach der Kunstfliege steigende Äsche verursacht.*

SÜSSWASSERFISCHE

Rechts: Die Äsche ist eine klassische Beute für den Flugangler mit der Trockenfliege. Oben: einige Trockenfliegenmuster auf Haken Nr. 18, eine geeignete Größe für das Angeln auf Äschen.

weniger weiten Schlinge auf dem Wasser um, bevor der Strömungsdruck zu groß wird. Die meisten Erfolgschancen hat man, wenn man die Fliege genau an dem bisherigen Steigepunkt der Äsche serviert. Dazu wirft man etwas flussauf, um sie durch den Aufprall nicht zu verjagen. Es kommt vor, dass sie die abgetriebene Fliege oft noch ein ganzes Stück flussabwärts nimmt, wenn der Angler schon nicht mehr damit rechnet. Da die Äsche in Schwärmen lebt, sind die typischen Beulen auf der Wasseroberfläche zahlreich und leicht zu entdecken, ein klarer Vorteil für den Angler.

Mit der Nymphe: Wenn die Äsche nicht nach Insekten an der Wasseroberfläche steigt, ist sie dabei, nach Larven und Nymphen

SÜSSWASSERFISCHE

Links: Das kleine Maul der Äsche erfordert kleine Hakengrößen. Unten: eine am Kunstköder gefangene Äsche.

auf dem Grund und in halber Tiefe zu suchen. Dann hat es natürlich keinen Sinn, ihr eine Trockenfliege anzubieten, und man wird zur Nassfliege oder Nymphe greifen. Hat man eine Äsche entdeckt und festgestellt, dass sie auf Nymphenjagd ist, so wirft man eine beschwerte Nymphe und lässt sie in die geeignete Tiefe absinken, wo sie ins Blickfeld des Fisches treibt. Ist der Köder einmal dort, wo man ihn haben will, hebt man ihn direkt vor dem Maul des Fisches an, um ein Insekt zu simulieren, das zur Wasseroberfläche aufsteigen will. Meistens wird die Äsche dem Köder dann ein Stück folgen, um ihn zu schnappen.

SÜSSWASSERFISCHE

Tinca tinca • Schleie

Visitenkarte

Ordnung
Cypriniformes

Familie
Cyprinidae

Maximale Länge
60 cm

Lebensraum
stehende oder langsam fließende Gewässer

Angeltechnik
Grundangel, Treibangel mit Pose

Die Schleie hat einen gedrungenen, fast drehrunden Leib, der zur Schwanzwurzel hin schlanker und seitlich zusammengedrückt ist, der Rücken ist hoch und geschwungen. Die Schnauze ist rundlich mit kleinem, fleischigem Maul, in den Winkeln sitzen zwei kurze Barteln. Die kleinen Rundschuppen sind von einer dicken Schleimschicht überzogen. Die auffällig kleinen Augen haben eine orangerot gefärbte Iris. Die Rückenflosse ist nicht lang, aber hoch mit abgerundetem Rand und sitzt ebenso wie die konkave, abgerundete große Afterflosse weit hinten. Die Schwanzflosse ist kräftig, breit und leicht konkav, die Enden sind abgerundet. Der Rücken ist bräunlich olivgrün, zu den Flanken hin heller, der Bauch kann aschgrau oder gelblich sein und schimmert oft orange oder rötlich. Die Flossen sind dunkelgrün, die Brust- und Bauchflossen sind am Ansatz orangerot gefärbt.

SÜSSWASSERFISCHE

Fortpflanzung und Wachstum: Die Schleie laicht von Mai bis Juli. Die besonders fruchtbaren Weibchen setzen bis zu 600.000 Eier pro kg Körpergewicht ab. Sie bleiben an den Stängeln der Wasserpflanzen haften, die Larven schlüpfen nach etwa einer Woche. Die Schleie ist ein langlebiger Fisch und erreicht nicht selten ein Alter von über 10 Jahren. Sie kann bis zu 60 cm lang und normalerweise 3 kg, in Ausnahmefällen aber auch 5 bis 6 kg schwer werden.

Lebensraum und Nahrung: Die Schleie lebt in stehenden oder sehr langsam fließenden Gewässern mit reichem Krautbestand und schlammigem Grund. Sie ist ein Bodenfisch, der sich von Würmern, Weichtieren und Insektenlarven ernährt.

Wissenswertes: Geübte Schleienangler erkennen die Stellen, an denen die Schleie gerade dabei ist, den Grund nach kleinen Wassertierchen abzusuchen, an den typischen Bläschen, die bei dieser Tätigkeit aufsteigen. Nach einem alten Aberglauben wurden dem Schleim der Schleie früher Heilkräfte zugeschrieben, weshalb man sie auch als »Doktorfisch« bezeichnete.

ANGELMETHODEN

Grundangel: Für die Grundangel auf Schleien nimmt man eine Hauptschnur von 0,25 mm Querschnitt sowie ein mindestens 1 m langes Vorfach mit etwa 0,18 bis 0,20 mm Durchmesser. Davor wird eine Bleiolive laufend montiert und mit einem Spaltblei 50 cm vor dem Haken Nr. 7 bis 10 gestoppt. Als Köder eignen sich Tauwürmer, aber auch Brot- oder Polentateig (siehe Foto) mit aromatischen Zutaten wie etwa Käse. Ausreichendes Anfüttern an der Angelstelle ist wichtig, der Angelköder wird so auf den Grund gelegt, dass keinerlei Spannung den Fisch alarmieren könnte, wenn er den Köder mit den Lippen betastet. Da die Schleie immer erst ein wenig an dem Bissen »lutscht«, bevor sie ihn nimmt, wird die Rutenspitze zuerst ein wenig zittern und dann richtig ausschlagen.

Treibangel mit Pose: In langsam fließenden Gewässern arbeitet man mit der Treibangel. Dazu nimmt man eine Hauptschnur von 0,20 bis 0,25 mm Durchmesser mit Pose, ein Vorfach von etwa 1 m Länge und 0,16 bis 0,18 mm Durchmesser sowie ein Laufblei, das ca. 20 cm vor dem kurzschenkeligen Haken Nr. 10 bis 12 fixiert wird. So kann der Köder vor dem Blei auf dem Grund entlangstreifen. Wenn der Fisch beißt, wird die Pose zunächst ein wenig zittern und leicht abtreiben, bevor sie richtig untertaucht. Das ist der Moment, in dem der Anhieb zu setzen ist.

Oben: Nach dem Anhieb und bei der Landung ist darauf zu achten, dass die Schleie keine Zeit hat, sich ins Kraut zu flüchten, denn es ist schwer, sie dort wieder herauszubringen.

Linke Seite: Eine freie Uferstelle zwischen Röhricht ist ein guter Platz, um auf Schleien zu angeln, wie hier mit der Stippangel auf Grund.

Angeln im Meer

Die Angelreviere

Das Meer ist ein weites, vielfältiges Gebiet. Damit der Angler in der Lage ist, die Fischpopulationen der einzelnen Bereiche der Meeresküsten sowie die unterschiedlichen Techniken, die man dort einsetzen kann, einzuschätzen, sollte er zumindest in groben Zügen mit der Morphologie dieser so verschiedenen Reviere und mit den Gewohnheiten und der Zusammensetzung der dortigen Fauna vertraut sein. Die ersten praktischen Erfahrungen ergänzen die theoretischen Kenntnisse und helfen dem passionierten Petrijünger, sein Wissen über die verschiedenen stationären und Wanderfischarten, die das betreffende Gebiet bevölkern, zu vertiefen.

Die Felsenküste

Die kilometerlangen Küsten an unseren Meeren bieten dem Angler, der vom Ufer aus fischen möchte, ein großes Revier mit verschiedenen Abschnitten, die jeweils ein unterschiedliches Biotop darstellen. Von einer Bucht zur anderen kann das Angelrevier gänzlich andere Beschaffenheiten aufweisen. Die Felsen-, Kies- und Sandküsten stellen für viele Sportangler das Revier dar, in dem sie die ersten Erfahrungen mit dem Meer und seinen Bewohnern machen. Hier kann man zahlreiche verschiedene Angeltechniken ausprobieren, und ebenso zahlreich sind die Fischarten, die man dort antrifft.

ANGELN IM MEER

Oben und linke Seite: An der Felsenküste können vielerlei Angelmethoden angewendet werden, da dieses Ambiente besonders artenreich ist.

Die Steilküste: Steilküsten bestehen aus großen Felsmassen, die sich ins Meer hinausschieben und dabei unter Wasser gleich steil abfallen wie oberhalb des Wasserspiegels. Oft befindet sich unmittelbar über dem Wasser ein Überhang, denn die besonders starke Erosion durch die Brandung hat den Fels im Laufe der Zeit abgetragen. Darunter können Grotten und Höhlen verschiedener Größen entstanden sein. An der Basis der Steilwand häuft sich das Erosionsmaterial an und bildet einen Grund mit zahlreichen Hügeln, Felsen und Gruben, der den Lebensraum vieler Fischarten bildet. Die konstante Temperatur in diesen Bereichen lockt Wanderfische wie **Stachelmakrelen, Seebarsche** und **Meeräschen** an. Im Sommer ziehen dann viele kleinere Friedfischarten an den Felsenküsten ein, wodurch die **Goldbrassen, Seebarsche** und **Zahnbrassen** ein gutes Jagdrevier vorfinden. In den Nachtstunden regieren an der Felsenküste die **Zackenbarsche, Muränen** und **Meeraale,** die die strömungsarmen Nischen in diesen Bereichen als Versteck aufsuchen.

Abfallende Felsenküste: Ein anderes Ambiente, das viele Fischarten beherbergt, sind langsam zum Wasser hin abfallende Felsenküsten, wo einzelne Formationen wie Brecher ins Meer hinein ragen. Hier wechseln die Felsmassen mit Buchten ab. Im seichten Wasser bilden sich zwischen den Felsen Höhlen und brunnenartige Hohlräume, die mit dem offenen Meer über Spalten und Gänge in Verbindung stehen. Hier gedeihen besonders Mollusken aller Art, die für den Sportangler als Köder interessant sind. Die typischen Arten von Bodenfischen, die in diesem Ambiente vorkommen, sind **Schwarzgrundel, Drachenkopf, Knurrhahn, Meerjunker, Lippfische** und **Schleimfische,** während **Umberfische, Brandbrassen** und **Blöker** sich auf Nahrungssuche einstellen. **Goldbrassen, Meeraale, Zahnbrassen** und **Meeräschen** dürfen auch hier nicht fehlen, alles Spezies, die mit den Gezeiten diese Küstenbereiche auf der Suche nach Nahrung abwandern.

ANGELN IM MEER

Besonders vor Beginn oder nach Ende eines Gewitters scheinen die Fische besonders bissfreudig zu sein und stürzen sich auf den angebotenen Köder.

Die Sandküste

Auch die Sandküsten sind von Sportanglern gut besucht. Neben dem traditionellen Grundangeln wird dort auch das Brandungsangeln immer beliebter, das zu jeder Jahreszeit und auch in der Dunkelheit eine besonders sportliche und produktive Methode ist. Alle Sandküsten, seien es nun kilometerlange Strände oder kleine Sandsicheln zwischen felsigen Ausläufern einer Bucht, fallen normalerweise nur langsam ab und erreichen einige Meter vom Ufer entfernt noch keine nennenswerte Tiefe. Auf den ersten Blick können sie ziemlich unbelebt wirken, doch wenn man näher hinsieht, entdeckt man eine Vielzahl von Tieren wie verschiedene Würmer, Mollusken und Krustentiere, die die Ernährungsgrundlage für zahlreiche Fische darstellen, die ihr Leben oft im Sand verborgen fristen.

Petermännchen, Schollen und **Steinbutt** liegen tagsüber im Sand vergraben, **Zahnbrasse, Goldbrasse** und **Marmorbrasse** kommen auf der Jagd vorbei, um die von der Brandung aufgewühlten Gründe abzusuchen. Auch andere **Brassen, Rochen** und **Meeraale** sind häufige Besucher an sandigen Ufern, speziell in den Nachtstunden, wenn sie auf der Suche nach Nahrung weite Wanderungen unternehmen.

Hafenanlagen

Sehr gute Fischgründe sind auch Hafenanlagen, die für zahlreiche Fischarten einen sicheren Zufluchtsort darstellen. Meist liegen sie in einer natürlichen Bucht, wo zwischen den Molen, Fahrrinnen und Wellenbrechern eine geschützte Zone mit sandigem oder schlammigem Grund liegt, die ein weites Betätigungsfeld für den Angler bietet.

Ährenfische und **Blöker** halten sich meist dicht unter der Oberfläche auf, auf dem schlammigen Grund trifft man **Drachenköpfe** und **Petermännchen, Brassen, Meeräschen, Zackenbarsche** und **Goldbrassen** an, sie halten sich ständig dort auf. Zahlreich sind jene Spezies, die sich als gelegentliche Besucher einfinden wie **Hornhechte, Seebarsche** und **Brandbrassen,** wenn auch viele von ihnen sich ihre Nahrung lieber vor den Hafenmauern suchen.

Die variantenreiche Fauna der Hafenbecken zieht sowohl am Tage als auch in der Nacht zahlreiche Angler an, die mit den verschiedensten Techniken dort reichlich Beute machen können.

Links: Durch die guten Fangchancen in den Hafenbecken stellen sich immer zahlreiche Angler dort ein.
Oben: Einer der am meisten in Hafenbecken gefangenen Fische ist die Meeräsche.

Wellenbrecher

Der Bereich um alle Arten von größeren Hindernissen für die Brandung stellt immer einen besonders günstigen Lebensraum für zahlreiche Fischarten und daher auch ein gutes Revier für den Sportangler dar; besonders auch künstliche Brecher auf sandigem Grund. Oft handelt es sich um ein über mehrere Meter angelegtes Band aus großen Felsen.

Normalerweise werden solche Brecher zum Schutz der Sandstrände errichtet, um die Erosionswirkung der Meeresbrandung abzuschwächen. Rasch werden sie von allen Arten von Wasserpflanzen und -tieren besiedelt, die ihrerseits zahlreiche Fische anziehen. So werden die künstlichen Brecher zum Zufluchtsort eines komplexen symbiotischen Systems von Tierarten. Unter den Fischen sind besonders **Blöker, Goldstrieme, Meergrundel** und **Brandbrasse** zu erwähnen. Befindet sich eine Flussmündung in der Nähe, findet man dort auch **Brassen, Seebarsche** und **Ährenfische** vor, sowie gelegentlich auch **Meer-** und **Goldbrassen.**

Die Artenvielfalt um künstlich angelegte Brecher und Riffe ist heute weitgehend wissenschaftlich dokumentiert. Da sie als gutes Biotop bekannt sind, werden sie mittlerweile immer häufiger errichtet. Das kann für den Sportangler nur vorteilhaft sein, denn er findet dort ein überaus interessantes Revier vor.

ANGELN IM MEER

Flussmündungen

In Flussmündungen vermischt sich salziges Wasser mit Süßwasser. Diese auch als Brackwasser bezeichnete Mischung stellt einen ganz besonderen Lebensraum mit relativ niedrigem Salzgehalt dar, der auch für einige Süßwasserarten tolerierbar ist. Die Flüsse transportieren eine Menge organisches Material in den Mündungsbereich nahe der Küste, eine verlockende Nahrungsquelle für zahlreiche Meeresfischarten. **Seebarsch, Großkopf, Goldbrasse** und **Marmorbrasse** sind häufig in solchen Gewässern zu finden, sie suchen die Flussmündungen zu jeder Jahreszeit immer wieder auf. Im Winter sind die **Seebarsche** besonders aktiv, sie jagen nachts nach den **Glasaalen,** die in die Flüsse aufsteigen, während von März bis Dezember besonders die **Meeräschen** vom Salzwasser ins Brackwasser wandern, ebenso wie **Goldbrassen** und **Marmorbrassen.**
Bei Flut wird das Süßwasser etwas zurückgedrängt, und andere Arten, die in Küstennähe leben, steigen weit in die Mündungen auf, man trifft dann zahlreiche **Grundeln, Ährenfische, Umberfische, Hornhechte** und verschiedene Arten von **Brassen** an. Der periodische Wechsel der vorherrschenden Spezies und der Artenreichtum machen die Flussmündungen zu einem hoch interessanten Revier für den Angler. Er kann zahlreiche Techniken anwenden und auch als Anfänger leicht einen ansehnlichen Fang nach Hause bringen.

Oben und linke Seite: Künstliche Brecher auf sandigem Grund, wo große Felsen über eine lange Strecke aufgehäuft sind, ziehen immer wieder zahlreiche Sportangler an.

Angeln vom Ufer
Mit der Stipprute

Eine der häufigsten Angelmethoden, die vom Ufer aus praktiziert werden, ist sicherlich das Stippen. Da damit besonders kleinere Arten gefangen werden, stellt diese Technik für die meisten Anfänger einen guten Einstieg dar, um sich mit dem Angeln im Meer vertraut zu machen. Die Ausrüstung ist einfach, umso größere Bedeutung kommt ihrer richtigen Zusammenstellung zu. Besondere Sorgfalt muss auf die Montage der Schnur verwendet werden, die zu Gewicht und Größe der für den Fang vorgesehenen Fischarten passen muss. Gerade in Flussmündungen trifft man auf besonders vorsichtige und misstrauische Bodenfische, die selbst den appetitlichsten Köder verweigern, wenn irgendetwas daran ihnen ungewöhnlich erscheint. Das passiert besonders dann, wenn Gezeitensituation, Wetterlage und etwa vorhandene Strömungen eine besondere Anpassung der Ausrüstung erforderten und der Angler darauf keine Rücksicht genommen hat.

Die Wahl der Rute: Eine Stipprute besitzt keine Schnurführungsringe und benötigt auch keine Rolle, da die Schnur direkt an der Spitze befestigt wird.
Sie eignet sich besonders für das Angeln im Nahbereich der Küste auf weniger kapitale Fischarten, die das Gerät nicht überbeanspruchen. Im Handel gibt es Ruten mit 5 bis 7 m Länge für das langsame Angeln auf **Meeräschen, Brandbrassen** und **Blöker,** während kürzere Varianten für das schnellere Angeln auf kleinere Arten wie **Goldstrieme** und **Ährenfisch** verwendet werden. Heutzutage weisen Stippruten für das Angeln mit Pose eine gute Spitzenaktion auf, damit sie den Biss kleiner Fische zweifelsfrei anzeigen und die Reaktion in Form des Anhiebs zeitgerecht erfolgen kann. Andere wichtige Eigenschaften sind leichtes Gewicht und einfache Handhabung.
Bei der Auswahl der richtigen Rute spielt außerdem auch die Beschaffenheit der gewählten Angelplätze, die Fischart und die bevorzugte Angeltechnik eine Rolle.

Die Montage der Schnur: Wer mit Stipprute und Pose im Meer angeln will, muss bei der Montage der Schnur besonders sorgfältig vorgehen. In jedem Fall sollte man

ANGELN VOM UFER

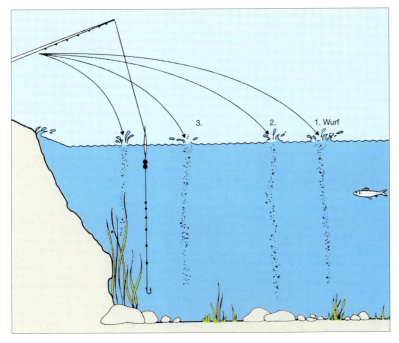

Links: Effektives Anfüttern: Das erste Mal wirft man über eine gewisse - nicht zu große - Distanz in Richtung offenes Meer, anschließend nähert man sich immer mehr der Pose an, bis der letzte Wurf zwischen Pose und Ufer liegt.
Unten: Aufbau der Schnur mit einer Wasserkugel als Pose.
Linke Seite: Der Angler sucht sich aus einer Gerätekiste eine für die Strömung passende Pose aus.

ein Monofil verwenden, das speziell für das Meerwasser konzipiert ist und der Korrosionswirkung des Salzwassers lange standhält. Der Fachhandel hält eigene Schnüre für Salzwasser bereit. Es gibt sie in verschiedenen Stärken von 0,06 bis 0,50 mm Durchmesser und mit einer Tragkraft zwischen 0,4 und 21 kg. Sie zeichnen sich durch gute Elastizität, Knotenfestigkeit sowie Reiß- und Abriebfestigkeit aus und eignen sich für alle Angelmethoden. Der Stippangler am Meeresufer, der es oft vorwiegend mit nicht allzu großen, aber sehr argwöhnischen Fischen zu tun hat, wählt den Durchmesser eher dünn, bis zu maximal 0,14 mm.

Nun wird eine im jeweiligen Fall passende Pose gewählt, die zwei Aufgaben gleichzeitig zu erfüllen hat: Sie hält die Montage mit Blei und beködertem Haken in der gewünschten Tiefe und zeigt präzise den Moment an, in dem ein Fisch an den Köder geht. Im Fachhandel gibt es verschiedene Modelle in Tropfen-, Kugel- und Federkielform sowie in verschiedenen Farben. Kugelrunde Posen eignen sich vor allem für starke Strömung, denn sie können durch ihren Auftrieb mehr Blei tragen als die anderen Typen. Spindelförmige Posen sind besser für ruhigere Wasserbereiche geeignet und zeichnen sich durch hohe Sensibilität aus.

Hat man sich für eine bestimmte Pose entschieden, geht man nun daran, sie mit dem entsprechenden Gewicht an Blei auszutarieren. Die Bebleiung muss schwer genug sein, um den Köder auf einer bestimmten Tiefe zu halten, gleichzeitig aber leicht genug, dass die Pose sofort anzeigt, wenn ein Fisch den Köder auch nur anzupft. Dazu verwendet man Spaltbleie verschiedener Grammaturen. Die schwereren Bleioliven, Catharinen oder Tropfenbleie werden oft mit ein paar Bleischroten kombiniert, damit der Köder rasch genug in die gewünschte Tiefe sinkt.

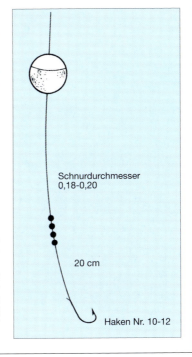

Schnurdurchmesser 0,18-0,20

20 cm

Haken Nr. 10-12

ANGELN VOM UFER

Zuletzt braucht der Angler noch einen Haken, der an der Vorfachspitze befestigt wird. Größe und Form hängen davon ab, welchen Köder man benutzen will und auf welche Fischarten man es abgesehen hat. Zum Stippangeln mit Pose werden im Allgemeinen für kleine Fischarten eher dünne, langschenkelige Haken verwendet, die mit Sandwürmern beködert werden, sowie kurzschenkelige, stärkere Haken für größere Fische.

Normalerweise bebleit man so, dass der Hauptanteil des Gewichts auf einer relativ kurzen Distanz konzentriert ist, wobei das letzte Bleischrot etwa 5 bis 20 cm vom Haken entfernt sitzt. Verwendet man sehr leichte Köder wie Fleischmaden, die man gerne langsamer auf den Grund sinken lässt, so verteilt man das Blei so, dass das Hauptgewicht näher bei der Pose liegt. Gewöhnlich erreicht man das mit einer Olive vor den Bleischroten, die mehr oder weniger weit voneinander entfernt sein können.

ANGELN VOM UFER

Das Anfüttern: Genau wie im Süßwasser dient das Anfüttern im Salzwasser dazu, die Fische auf den Köder aufmerksam zu machen. Das bedeutet zunächst, sie erst einmal anzulocken, und zwar so zahlreich wie möglich. Angler sprechen auch gerne vom Legen einer »Duftspur«, weil dazu gerade am Meer stark riechendes Material verwendet wird, schließlich sind die Distanzen größer als an Seen oder Flüssen. Beim Fischen mit der Stippute vom Ufer aus hat der Angler einen durch die nicht veränderliche Schnurlänge eingeschränkten Aktionsradius, daher ist es hier besonders wichtig, das Lockfutter nie zu weit über die Angelstelle hinaus zu werfen, sonst erzielt man womöglich den gegenteiligen Effekt und lenkt die Fische ab.

Im Handel gibt es vorgefertigten Teig, den man vor dem Auswerfen nur noch eine Weile einzuweichen braucht, damit er die richtige Konsistenz hat, doch jeder Angler mit ein wenig Erfahrung wird bald in der Lage sein, sich seinen Teig selbst zu Hause zuzubereiten. Je nach den Erfordernissen muss die Konsistenz so beschaffen sein, dass der Teig schwimmt bzw. sich bereits in oberflächlichen Wasserschichten auflöst oder aber bis zum Grund absinkt, ehe er die zugesetzten Köderhappen freisetzt. So kann der Angler auf die Fressgewohnheiten der einzelnen Fischarten eingehen. Futterteige für den Grund enthalten meist klein gehackte Meeresfrüchte, jene für die Oberfläche bestehen aus Fischmehl mit Aromazutaten wie Käse und Brot oder auch gehackten Sardinen. Das Rezept variiert je nach der vorherrschenden Fischart. Die Duftspur wird so angelegt, wie es die Wassertiefe und die Strömung an der Angelstelle sowie die Fressgewohnheiten der jeweiligen Fischart erfordern. Am effizientesten ist es, mit einigen Hand voll knapp außerhalb des Aktionsradius der Schnur zu beginnen, um sich dann immer mehr der im Wasser liegenden Pose anzunähern.

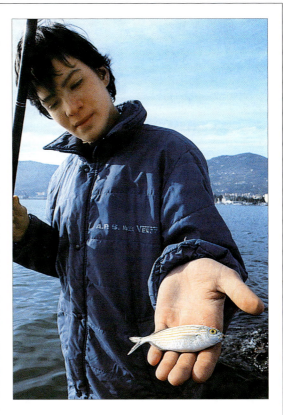

Oben: eine an der Stippangel gefangene Goldstrieme. Linke Seite: Angeln mit der Stipprute: Man benötigt verschiedenes Zubehör, genügend Teig und vor allem auch Geduld.

ANGELTECHNIK

Nach dem Anfüttern an der Angelstelle muss die Pose austariert werden. Wie man das macht, hängt von Strömung und Wellengang ab. Bei ruhigem Wasser wird der Angler an das Maximum der Tragkraft gehen, sodass der Widerstand bei einem Biss auf ein Minimum reduziert wird und die Pose beim leisesten Anzupfen sofort untertaucht. Ideal ist, wenn nur noch die Antenne aus dem Wasser ragt. Bei stärkerem Wellengang reduziert man das Gewicht der Bleie bis auf die Hälfte der Tragkraft.

Nun geht es darum, dem Fisch den Köder möglichst appetitlich zu präsentieren. Dabei sind Kenntnisse um Lebens- und Fressgewohnheiten der betreffenden Fische von großem Nutzen, denn jede Art verhält sich auf der Nahrungssuche anders und hat eigene Vorlieben, was Natur und Präsentation des Köders betrifft. Alle Fische, die in halber Wassertiefe leben, sind potenzielle Interessenten für einen von einer Pose getragenen Köder, ob sie ihn wirklich nehmen oder nicht, hängt vielfach von der Effizienz der Kombination Montage-Köder ab. Zu den häufigsten mit der Stippangel gefangenen Fischarten zählen **Blöker, Goldstrieme, Ährenfisch** und **Meerjunker.**

Mit der Bolognarute

Besonders am Meeresufer sieht man häufig Angler mit einer langen Teleskoprute, der so genannten Bolognarute, die mit einer großen Stationärrolle ausgestattet ist. Mit dieser Ausrüstung kann man große Wurfweiten erzielen und von einem beliebigen Standplatz am Ufer aus einen weit ausgedehnten Bereich abfischen. Im Gegensatz zur Stippruke, mit der man in einem eng abgegrenzten Radius in unmittelbarer Nähe des Ufers angelt und auch anfüttert, sucht man hier Angelstellen ab, die weitab vom Ufer liegen. Daher benötigt man eine ausreichende Schnurreserve auf der Rolle. Außerdem muss das Gerät kräftig genug sein, um es auch mit größeren, stärkeren Fischen aufnehmen zu können. Erhebliche Bedeutung kommt der Rolle beim Drill zu, denn im Meer hat der gehakte Fisch einen großen Raum für seine Fluchten zur Verfügung. Man fischt mit der Pose, um die verschiedenen Schichten von knapp unter der Oberfläche bis in halbe Wasertiefe oder bis knapp über dem Grund abzusuchen. Ohne Pose und mit Grundbleimontage arbeitet man beim Grundangeln.

ANGELN VOM UFER

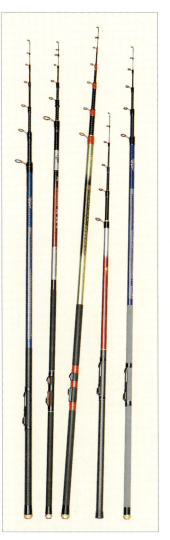

Mit der Pose: Man wählt eine Rute von 4 bis 7 m Länge mit Halbparabolik, die sich durch eine Kombination von Festigkeit und Elastizität auch dazu eignet, einen kampfstarken Fisch beim Drill zu ermüden, bevor man ihn landet. Im Handel gibt es zahlreiche Modelle aus Kohlefaser oder kombinierten Materialien, die selbst den ehrgeizigsten Anforderungen genügen. Da man mit wenig haltbarem Gerät beim Angeln im Meer keine Freude haben wird, sollte man sich an den besseren Fabrikaten der mittleren bis oberen Preisklasse orientieren. So kann man sicher sein, dass das Material einiges aushält und auch unter starker Beanspruchung noch funktioniert. Außerdem ist es bei Markenfabrikaten auch leichter, eventuell notwendige Ersatzteile zu beschaffen.
Die Rolle muss natürlich zu der Rute passen und sollte mit ca. 200 m monofiler Schnur mit 0,16 bis 0,18 mm Durchmesser bestückt sein. Dabei hält man sich am besten an die Empfehlungen des Herstellers. Ausreichendes Fassungsvermögen und Stabilität der Rolle sind ebenso wichtige Kriterien beim Kauf wie ein guter Rollenhalter für die Befestigung an der Rute.

Laufpose: Die Art, wie die Pose montiert und austariert wird, hängt wie beim Angeln mit der Stippprute auch von der Art des Köders und der Fischart ab, die man zu fangen gedenkt. Pose und Bleischrote werden entweder so montiert, dass der Köder rasch absinkt wie bei der Kombination mit Bleiolive oder Catharine, oder so, dass er möglichst frei und natürlich präsentiert wird, wo einige wenige Klemmschrote genügen. Selbstverständlich hat auch hier wieder die Stärke der Strömung und des Wellenganges entscheidende Bedeutung.

Links: verschiedene sensible Rutenspitzen.
Oben: Bolognaruten für das Angeln im Meer.
Oben links: spezielle Rutenmodelle für das Grundangeln.
Linke Seite oben und unten: Die Stationärrolle mit großem Fassungsvermögen ermöglicht große Wurfweiten.

ANGELN VOM UFER

*Rechts: Grundangeln mit der Bolognarute.
Rechte Seite: Posen in Leuchtfarben (1); Laufpose (2, 3); Fliegenmaden werden oft zu mehreren angeködert (4, 5); Französischer Brotzopf (6); Anködern von Krebsen (7, 8, 9).*

Was die Wahl der Pose betrifft, gilt alles, was beim Angeln mit der Stipprute beschrieben wurde, auch für diese Methode. Darüber hinaus kann man die Pose hier auch laufend montieren, wenn man in Wassertiefen über Rutenlänge fischt. Die Schnur gleitet beim Absinken der Montage durch die Ösen der Laufpose, bis sie an einem Punkt gestoppt wird, der genau der Tiefe entspricht, in der geangelt werden soll. Als Stopper dient ein Silikontropfen oder ein um die Hauptschnur geknüpfter Wollfaden, der sich zum Einstellen der gewünschten Tiefe beliebig verschieben lässt. Beim Werfen gleitet die Pose auf der Schnur nach vorne in Richtung Vorfach, bis sie dort vom ersten Blei gestoppt wird. So hat man eine Schnur zur Verfügung, die kurz genug zum Werfen und gleichzeitig lang genug zum Angeln in größerer Tiefe ist.

Köder: Beim Angeln mit der Bolognarute kommen zahlreiche verschiedene Köder zum Einsatz. Außerdem ist das Anfüttern mit geeignetem Material wichtig, dazu

ANGELN VOM UFER

nimmt man oft gehackte Sardinen, Brotkrume oder Teig. Besonders Meeräschen lassen sich mit einer Mischung aus Sardinen und Brot gerne anlocken, andere Arten bevorzugen mit Käse verknetete Brotkrume, Krebsfleisch sowie alle möglichen Krustentiere und Mollusken. Sehr gute Köder sind der Mieterkrebs und die beliebte Fleischmade, mit der auch oft vor und beim Angeln angefüttert wird. Sehr fängig sind die Maden, wenn sie zu mehreren am Schwanzende angeködert werden, sodass sie sich natürlich in der Strömung bewegen.

Die Bolognarute eignet sich besonders für den Fang gewisser Fischarten, die in Schwärmen schwimmen, sich aber meist in einiger Entfernung vom Ufer aufhalten.

ANGELTECHNIK

Um diese Fische, die oft knapp unter der Wasseroberfläche jagen, zu erreichen, wählt man eine robuste Rute, die weite Würfe erlaubt, sodass man die Pose 30 bis 40 m vom Ufer entfernt platzieren kann. **Hornhechte, Brandbrassen** und **Seebarsche** sind die klassischen Beutefische bei dieser Technik, die dem Angler guten Sport bietet und großen Fangerfolg verspricht. Man kann auch gut in der Dämmerung arbeiten, dazu verwendet man ein Knicklicht, das in der Dunkelheit fluoreszierend leuchtet und auch über große Entfernungen gut zu sehen ist.

Diese Kunststoffröhrchen enthalten chemische Substanzen, die je nach Temperatur

ANGELN VOM UFER

sechs bis acht Stunden leuchten. So erreicht man jene Fischarten, die vorzugsweise nachts auf Futtersuche gehen wie **Seebarsche, Brandbrasse, Meeräsche** oder auch Schwarmfische wie **Blöker** und **Stöcker.** Als Köder werden häufig Fleischmaden benutzt, die selbst von den argwöhnischsten Fischen gerne genommen werden. Wenn man von natürlichen oder künstlichen Brechern aus fischt, kann man des öfteren die eine oder andere kapitale **Brasse** haken, während in den Hafenbecken ein großer Seebarsch keine seltene Beute darstellt.

Links: Für das Angeln mit Pose vom Ufer aus verwendet man eine lange, robuste Teleskoprute, mit der man große Wurfweiten erreicht und die Pose in einer Entfernung von 30 bis 40 m einwerfen kann.
Oben: Ein größerer Fisch ist an den Köder gegangen.

Grundangeln

Beim Grundangeln, einer unter begeisterten Salzwasseranglern ebenfalls beliebten Methode, platziert man den Köder mit Hilfe eines schweren Grundbleis auf den Meeresboden, wo zahlreiche verschiedene Fischarten nach Nahrung suchen. Das Blei ist meist vor dem beköderten Haken montiert (siehe rechts). Dazu benötigt man eine leichte, robuste Teleskoprute mit variabler Länge von 3 bis 4 m und einem Wurfgewicht zwischen 30 und 100 g, um damit auch mit schweren Grundbleien die gewünschte Angelstelle erreichen zu können. Da keine Pose als Bissanzeiger vorhanden ist, muss die Rutenspitze besonders biegsam und sensibel sein. Alle im

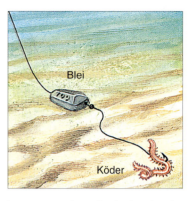

Handel erhältlichen Grundruten tragen eine eingestanzte oder aufgedruckte Angabe des minimalen und maximalen Wurfgewichts, was die Kaufentscheidung enorm erleichtert. Bei der Rolle wird man sich meistens für eine Stationärrolle entscheiden, da sie schneller und leichter zu bedienen ist als eine Trommelrolle. Eine gute Übersetzung für schnelles Einholen und ausreichend Fassungsvermögen für 200 m Schnur der Stärke 0,30 mm sind weitere Anforderungen, die eine gute Rolle für das Grundangeln erfüllen muss. Die Schnur sollte leicht und weich genug sein, damit es beim Auswerfen keine Probleme gibt und das Monofil gut von der Rolle läuft.

ANGELTECHNIK

Die Grundbleie, die man zum Auswerfen und zur Beschwerung des Köders benötigt, können unterschiedlich geformt sein. Jede Form ist für eine bestimmte Bodenbeschaffenheit geeignet. Bei sandigem Grund wählt man kugelrunde oder tropfenförmige Bleie, damit man den Köder gut auf dem Grund arbeiten lassen kann, während man bei steinigem Grund der schlanken Olivenform den Vorzug gibt, da sich diese Bleie nicht so leicht zwischen den Steinen verklemmen und beim Einholen gut über

ANGELN VOM UFER

Oben: Um geeignete Angelstellen weitab vom Ufer zu erreichen, muss man mit der Grundrute weit genug werfen können. Linke Seite: Beim Angeln mit der Grundrute lässt der Angler den Köder auf dem Grund arbeiten und ist oft längere Zeit zur Untätigkeit gezwungen.

den Grund gleiten. Die Bleie werden gewöhnlich laufend montiert und von einem Wirbel gestoppt, an dem das Vorfach befestigt wird.

Von den zahlreichen Ködern, die dabei verwendet werden, hat so gut wie jeder seine ganz spezielle Wirkung auf gewisse Fischarten. Dazu zählen Würmer, Krebse, Muscheln, Tintenfische sowie alle möglichen kleinen Fische, wie etwa Sprotten, aber auch Sandaale, am besten frisch gefangen.

Das Angeln selbst ist eigentlich recht einfach. Nach dem Auswurf an die gewählte Angelstelle befestigt man die Rute in einem geeigneten Rutenhalter oder auf einer Gabel, dann holt man so viel Schnur ein, dass das Monofil unter leichter Spannung steht. So wird jeder Zug durch einen Biss sofort auf die Rutenspitze übertragen. Dann braucht man eigentlich nur noch zu warten. Dabei sollte man allerdings sehr aufmerksam sein und die Rutenspitze niemals aus den Augen lassen, damit man einen Fisch, der beißt, auch wirklich haken kann. Je nach Art und Größe des Fisches wird man dann entweder etwas Schnur nachgeben oder sofort mit dem Einholen beginnen.

Auf jeden Fall sollte sich der Angler bei dieser Technik mit entsprechenden Geduld für die mitunter langen Perioden untätigen Wartens wappnen, der Fangerfolg wird es ihm lohnen. An einem Grundköder fängt man zahlreiche Fischarten wie etwa **Marmorbrassen,** die sich in sandigen Buchten manchmal lange Zeit am selben Standort aufhalten, oder **Goldbrassen,** die einen manchmal mit ihrer Größe überraschen können, und seltener **Umberfische,** die gerne sandig steinige Gründe aufsuchen, wo jüngere Exemplare als Bodenfische, ältere als Räuber leben. Andere typische Beutefische bei dieser Methode sind **Meeraale** und **Meergrundeln. Seebarsche, Brassen** und **Meeräschen** gehen nur selten an den Grundköder, aber hin und wieder kann man durchaus mit einem Köder, der sich langsam an der Angel bewegt, Erfolg haben.

Brandungsfischen (Surfcasting)

Eine der spektakulärsten Angelmethoden, die in den angelsächsischen Ländern unter dem Namen »Surfcasting« bekannt ist, ist das Brandungsfischen. Diese Technik wird am Tage praktiziert und wurde für Strände mit scharfer Brandung und hohem Wellengang entwickelt. Durch die kontinuierliche Bewegung der Wellen werden viele organische Partikel und Kleinlebewesen wie Krustentiere, Mollusken und Würmer aufgewirbelt. Da diese die Nahrungsgrundlage zahlreicher Friedfische darstellen, kommen diese in großer Zahl in die Nähe des Ufers. Im Gefolge der Friedfische stellen sich die Räuber ein, und so bildet sich eine komplexe Nahrungskette. Für den Angler wird auf diese Weise eine große Vielfalt an Fischarten vom Ufer aus erreichbar. Besonders in den Wintermonaten ist diese Methode beliebt, aber auch während Schlechtwetterperioden oder während des Gezeitenwechsels.

Günstige Stellen: Wenn heftiger Wellengang das Wasser am Strand in Bewegung versetzt, wird der Sandboden aufgewühlt, und es entstehen Zonen, wo sich besonders viele Planktonteilchen, Mikroorganismen und Kleinlebewesen sowie organisches Material aller Art konzentrieren. Mitten unter die Leckerbissen dieser reich gedeckten Tafel platziert der Angler seinen Köder. Dieser produktive Bereich wird durch das Spiel der Strömungen geschaffen. Der Wind streicht über das Wasser und produziert Wellen, die anschwellen und auf das Ufer zurollen. Diese zum Strand hin gerichtete Strömung nennt man Primärströmung. Je näher die Welle dem Ufer kommt, umso höher türmt sie sich auf und erreicht schließlich einen Punkt, an dem sie bricht und in sich zusammenfällt. Dadurch erzeugt sie die so genannte Sekundär- oder Rückströmung, die zuerst nach unten zum Grund hin gerichtet ist, dann zurück in Richtung offenes Meer. Dadurch wird das auf dem Grund liegende organische Material nach oben und ein Stück vom Ufer weg gezogen. Wenn der Wind sich legt, wird der Wellengang ruhiger, und in einiger Entfernung vom Ufer befindet sich eine besonders ruhige Zone, während zum Strand hin immer noch die Wellen anschwellen und brechen. Im Bereich hinter der am weitesten vom Ufer entfernten Welle sammelt sich das natürliche Lockfutter. Allgemein findet man in der Nähe aller Stellen, wo die Strömung besonders turbulent war, ein großes Angebot an Boden- und Raubfischen vor.

Wer das Spiel der Strömungen und der Gezeiten sowie die Beschaffenheit des Grundes gut kennt, wird mit Leichtigkeit erkennen, welche Phasen die meisten Fangchancen für den Brandungsfischer bieten. Bei einem Wellengang unterscheidet man grundsätzlich drei Phasen, die ansteigende, die konstante und die abfallende Phase. In der ersten Phase ist die Gegenströmung noch schwach, daher wird der Grund nicht besonders stark aufgewühlt und die Bedingungen für das Brandungsfischen

Eine der Wurftechniken, die beim Brandungsfischen eingesetzt werden, nennt sich nach dem englischen Vorbild »Ground Cast«.

ANGELN VOM UFER

Links: Teleskopruten mit austauschbaren Spitzen.
Unten: Ausrüstung für das Brandungsfischen.

sind noch nicht ideal. In der zweiten Phase und mehr noch in der dritten Phase, wenn sich der Wellengang schon wieder beruhigt, sind sie dagegen optimal, denn die Gegenströmung ist so stark geworden, dass sie auf dem Grund das Unterste zuoberst gekehrt und alle organischen Partikel und Wassertierchen herausgespült hat. Nun entpuppt sich dieser Bereich als ausgezeichnete Fischweide, und nach und nach stellen sich Grundfische und Räuber ein. Speziell in der dritten Phase, wenn der Wellengang nicht mehr so stark ist, gelingt es dem Angler auch, den Köder genau an jene Punkte zu setzen, an denen besonders viele Nahrungspartikel treiben und folglich auch besonders viele Fische jagen.

Ausrüstung: Das Wichtigste beim Brandungsfischen ist der Wurf. Nur mit einem weiten Wurf wird der Köder dort ankommen, wo die meisten Fische sind, und dieser Punkt kann auch über 100 m vom Ufer entfernt liegen. Daher benötigt man speziell dafür ausgelegtes Gerät, das robust genug für Wurfgewichte ist, die oft weit über 200 g liegen können. Der Fachhandel hält eine Vielzahl an Brandungsruten bereit, die aus den neuesten Materialien hergestellt sind und diesen Anforderungen genügen.

Es gibt zusammenschiebbare Modelle, die leistungsfähig, aber auch preiswert sind, problemlos transportiert und auch von Anfängern leicht bedient werden können. Steckruten bestehen gewöhnlich aus drei Teilen und sind mit durchgehender, aber auch mit Spitzen- oder Halbaktion zu haben und stellen die neueste Entwicklung auf dem Gebiet der Technologie dar. Sie sind für besonders große Wurfweiten gedacht, die man im Allgemeinen mit der Technik des Pendelwurfs am besten erreicht. Natürlich muss man sich an die Arbeit mit der Brandungsrute erst einmal gewöhnen und sich auch mit der Handhabung vertraut machen. Es dauert eine Weile, bis man die Wurftechnik richtig beherrscht. Daher empfiehlt es sich für den Anfänger und den wenig erfahrenen Brandungsfischer, ein weniger anspruchsvolles Gerät zu wählen, das einfacher zu

handhaben ist. Nach einiger Zeit kann man dann zu einer Ausrüstung übergehen, die bei richtiger Handhabung noch präziser und leistungsfähiger arbeitet.

Eine weitere wichtige Komponente der Ausrüstung des Brandungsanglers ist die Rolle. Das kann eine Stationär- oder eine Multirolle sein. Mit einer Multirolle muss man allerdings umzugehen wissen, daher kann man auch hier dem Anfänger die kostengünstigere Stationärrolle empfehlen, die einfacher zu bedienen ist. Sie bleibt sowohl während des Auswerfens als auch während des Einholens an ihrer festen Position. Beim Auswerfen wird die Schnur durch das Gewicht des Bleis über den Schnurfangbügel von der Spule gezogen. Sie läuft in Spiralen ab, die enger werden, sobald sie am ersten Führungsring der Rute ankommen. Um die Reibung durch das Ablaufen an den

Führungsringen und das Verdrallen der Schnur auf ein Minimum zu reduzieren, haben Brandungsruten auch immer Führungsringe mit sehr großem Durchmesser. Bei der Multirolle dagegen rotiert die ganze Spule, wodurch die Schnur gerade abgezogen wird und keinerlei Schnurdrall auftritt.

Der große Vorteil einer Rolle mit rotierender Spule zeigt sich beim Werfen, wo sie ungleich größere Weiten erzielt, aber auch beim Einholen, speziell wenn sich der Angler auf einen harten Drill mit einem kapitalen Gegner eingelassen hat. Aber wie gesagt, der Einsatz einer solchen Rolle erfordert Übung und Geschicklichkeit, außerdem ist die Wartung vergleichsweise aufwendig. Daher sollte der Anfänger erst einmal mit der in der Handhabung einfacheren, weniger wartungsintensiven Stationärrolle üben, bevor er sich später mit der Multirolle vertraut macht.

Monofil, Blei und Haken: Für den Aufbau der Schnur beim Brandungsfischen brauchen wir Monofil, Blei und Haken, die den speziellen Anforderun-

ANGELN VOM UFER

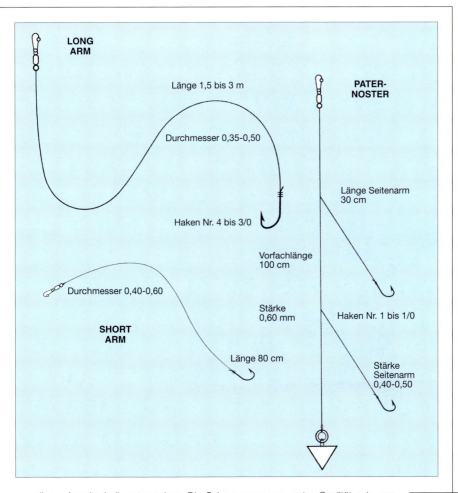

gen dieser Angeltechnik entsprechen. Die Schnur muss von erster Qualität sein, um Probleme zu vermeiden. Daher bestückt man die Trommel mit einer erstklassigen leichten, weichen Nylonschnur von 0,35 bis 0,45 mm Durchmesser. Das Vorfach kann robuster sein und sollte besondere Reißfestigkeit aufweisen. Zweifellos ist die beste Wahl ein Nylon des Typs »Shock leader«, das aus einem besonders steifen Nylonstück besteht, das an die Hauptschnur geknüpft wird und die Aufgabe hat, die enorme Belastung durch das schwere Blei und die Beschleunigung während des Wurfs abzufangen.
Damit der Köder beim Brandungsfischen trotz der starken Strömung gleichmäßig und gerade sinkt, verwendet man spezielle Bleie, oft Kegel mit abgeschrägter Basis, die besonders gute hydrodynamische Eigenschaften besitzen. Der Brandungsfischer sollte immer ein Sortiment von Bleien verschiedener Gewichtsklassen zwischen 80 und 200 g oder mehr mit sich führen, um für alle Situationen gerüstet zu sein.
Bei den Haken kommt es weitgehend darauf an, welchen Köder man zu verwenden gedenkt. Für kleine, zarte Köder verwendet man langschenkelige Haken mit engem Bogen, damit sie besser genommen werden, während bei massiveren Ködern zäherer Konsistenz die Wahl auf kurzschenkelige Formen mit großer Bogenöffnung fällt, die in turbulenter Strömung, wenn die Fische schnell nach den Ködern schnappen und sofort ruckartig anziehen, am verlässlichsten funktionieren. In jedem Fall ist man immer gut beraten, wenn man bei den Haken nicht an der Qualität spart, am besten, man nimmt nur solche aus rostfreiem Stahldraht, die am haltbarsten sind.

Vorfächer: Das Vorfach beim Brandungsfischen (siehe Zeichnung oben) sieht je nach den herrschenden Bedingungen unterschiedlich aus. Bei nicht allzu turbulentem

*Linke Seite oben rechts: »Shock leader«-Schnüre halten der Belastung bei besonders weiten Würfen mit schweren Gewichten mühelos stand.
Links: Bleikegel mit abgeschrägter Basis.
Unten: Brandungsfischen bei Nacht.*

Rechts und unten: Ein Wattwurm, ein sehr beliebter Köder beim Brandungsangeln, wird angeködert.

Wellengang ist eines der häufigsten verwendeten Vorfächer der so genannte »Long Arm«. Er besteht aus einem 1,5 bis 3 m langen Stück Monofil mit 0,35 bis 0,50 mm Durchmesser und einem Wirbel am oberen sowie einem Haken am unteren Ende. Das ist die typische Montage für das Brandungsangeln bei schwächerer Strömung und wirkt auch dann sehr fängig, wenn die Fische einmal nicht so gut zu beißen scheinen. Ähnlich ist der so genannte »Short Arm« aufgebaut, ein ca. 80 cm langes Stück Nylon-Monofil von 0,40 bis 0,60 mm. Da es kürzer ist, verdrallt es sich nicht und widersteht stärkeren Strömungen besser als der Long Arm, denn wo hohe Wellenberge sind, gibt es auch tiefe Täler, ein zu langes Vorfach könnte leicht auf dem Grund landen.

Ein anderes beliebtes Vorfach für diese Technik ist der so genannte Paternoster, der besonders für starke Strömung geeignet ist. Der Vorfaden besteht aus einem Stück Nylon der gleichen Stärke wie der »Shock leader« mit Grundblei am Ende. Daran werden zwei Arme von 30 cm Länge und 0,40 bis 0,50 mm Durchmesser mit Haken Nr. 1 bis 1/0 geknüpft. Um den Köder an besonders flachen Stränden über Grund zu halten, kann man auch mit einer Pose arbeiten. Man montiert die Pose laufend auf ein etwa 60 cm langes Nylonstück mit Einhängewirbel am oberen und einfachem Wirbel am unteren Ende. An den einfachen Wirbel wird die etwa 20 cm lange Vorfachspitze mit Haken Nr. 2 geknüpft. Diese Art der Montage verhindert das lästige Verdrallen der Schnur auch bei stärkerem Vorfach.

Köder: Beim Brandungsangeln können, wie bei allen anderen Techniken auch, die verschiedensten Köder eingesetzt werden, dem Einfallsreichtum sind kaum Grenzen gesetzt. Doch wieder gibt es einige, die sich unter diesen Bedingungen aus verschiedenen Gründen als besonders fängig erwiesen haben. Je nachdem wie stark die Brandung ist, spielt die Konsistenz des Köders eine nicht unerhebliche Rolle. Gute Erfolge erzielt man mit ölhaltigen Fischen wie Sardinen oder Makrelen. Speziell von Oktober bis Dezember scheint der Geruch dieser Fische besonders anziehend zu sein.

ANGELN VOM UFER

Viele Angler schwören auf den so genannten Fetzen, ein annähernd in Fischform ausgeschnittener Streifen Sardinen- oder Makrelenfilet, aber auch ein um einen Haken Nr. 4 geschlungener schmaler Streifen Sardinenfilet ist beliebt. Ein anderer guter Köderfisch, mit dem man ähnliches Ködermaterial herstellt wie mit Sardine oder Makrele, ist die Meeräsche. Das Fett ihres Fleisches wird im Wasser langsam freigesetzt, daher hält die für manche Raubfische besonders attraktive Wirkung lange an.

Ein guter Köder sind auch Mieterkrebse, das heißt Krebse, die im Begriff sind, ihren Panzer abzulegen. Der butterweiche, panzerlose Krebs ist ein äußerst begehrter Köder für einige Vertreter der Familie der **Stachelmakrelen.** Auch Einsiedlerkrebse, Edelschnecken und Muscheln eignen sich hervorragend. Die Purpurschnecke zieht besonders **Goldbrassen** an. Man ködert sie an einem »Long Arm« an. Bei mäßigem Wellengang ist der Wattwurm an einem langen, leichten Haken besonders fängig. Besonders zu Saisonbeginn bringt dieser Bürstenwurm reiche Beute in Form von **Umberfischen, Seebarschen** und anderen Grundfischen.

ANGELTECHNIK

Wie bereits erwähnt, ist korrektes Werfen beim Brandungsfischen besonders wichtig. Die profundesten Kenntnisse um Strömungsverhältnisse und Fressgewohnheiten der Fische haben keinen Sinn, wenn man nicht in der Lage ist, den Köder an die geeignete Angelstelle zu transportieren.

Es gibt verschiedene Wurftechniken, die sich sowohl was die erzielbare Weite als auch was die Zielgenauigkeit betrifft unterscheiden. Ein eher leichter Wurf ist der »Above Cast« oder Überkopfwurf, mit dem sehr präzise, allerdings weniger weit als mit anderen Techniken, geworfen werden kann. Liegt die Angelstelle nicht weiter als

*Links: Oft müssen die Angler lange Zeit am Strand warten und das Meer beobachten, bis die Bedingungen das Auswerfen erlauben.
Oben: Meerwürmer wie der Wattwurm oder Sandwurm werden besonders von Brassen und Seebarschen gerne genommen, erweisen sich aber auch auf viele andere Fischarten als fängig.*

80 m vom Ufer entfernt, genügt er den Anforderungen vollauf. In der Ausgangsposition hält man die Rute horizontal über dem Kopf, die rechte Hand umfasst die Rute auf der Höhe der Rolle, die Linke am äußersten Ende des Handteils. Die energische Wurfbewegung in die gewünschte Richtung wird nur mit den Armen ausgeführt, ohne den Körper dabei mitzubewegen.

Ein anderer unter Brandungsanglern beliebter Wurf ist der so genannte »Side Cast« oder Seitenwurf, bei dem ebenfalls erhebliche Weiten erzielt werden können. Dabei wird die Rute bei oben liegender Rolle hinter den Körper geführt und seitlich nach vorne geschleudert. Diese Bewegung wird plötzlich angehalten, gleichzeitig lässt man die Schnur frei ablaufen.

Am effizientesten ist sicherlich der »Ground Cast« (siehe Bildfolge). Dabei liegt das Blei auf dem Sandboden und wird in der Anfangsphase des Wurfes darüber gezogen. Mit ca. 1 m freier Schnur und nach unten zeigender Rutenspitze beginnt man mit der Drehung des Körpers in Wurfrichtung, dabei wird das Gewicht sukzessive vom rechten auf das linke Bein verlagert, in der Endphase des Wurfes ist der rechte Arm gestreckt und der linke gebeugt, die Schnur wird in diesem Moment frei gegeben.

Mit diesen drei Grundwürfen wird es auch dem Neuling bald gelingen, die ersten ansehnlichen Wurfweiten zu erreichen. Hat man ein paar Erfahrungen damit gesammelt, fällt es schon um einiges leichter, komplexere Techniken wie »Pendulum Cast« oder »Back Cast« zu erlernen.

Ist der unter den herrschenden Bedingungen vorteilhafteste Wurf einmal gelungen, geht es darum, alle technischen Hilfsmittel, die dem Brandungsangler zur Optimierung seines Fangerfolges zur Verfügung stehen, fachgerecht einzusetzen. Das Wichtigste ist zunächst, die verschiedenen Bewegungen der Rutenspitze richtig zu deuten, um beim Anheben keinen Fehler zu begehen.

Denn beim Brandungsfischen wirken sowohl der Wind als auch die Wellen ständig auf diesen empfind-

ANGELN VOM UFER

Zwei unter Brandungsanglern besonders geschätzte Beutefische: Seebarsch (oben) und Bläuel (unten).

lichen Bissanzeiger ein und können den unerfahrenen Angler zu einem Anhieb ins Leere verleiten. Um diese »natürlichen« Bewegungen der Rutenspitze von einem echten Anbiss zu unterscheiden, leistet uns immer wieder die Erfahrung unschätzbare Dienste. Es wird nicht lange dauern, bis der angehende Angler erkennt, wann es tatsächlich nötig ist, rasch und energisch den Anhieb zu setzen.

Je nach Art des Fisches kann es ratsam sein, ihm eine Weile Zeit zu geben, um den Köder zu prüfen, ehe er ihn nimmt, ja manchmal sogar ihn etwas Schnur abziehen zu lassen. Spätestens dann allerdings ist der Haken zu setzen, und zwar energisch, damit er auch gut eindringt. Nun muss der Fisch in Ufernähe geführt und sicher gelandet werden. Der Trick dabei ist, die Schnur stets gespannt zu halten, um zu keinem Zeitpunkt den Kontakt mit der Beute zu verlieren. Das Einholen erfolgt sorgfältig und mit Gefühl. Die schwierigsten Momente sind sicherlich jene Sekunden in der Sekundärströmung, die es dem Fisch erleichtern, aufs offene Meer hinaus zu flüchten. In diesen Fällen reagiert man je nach Größe des Fisches unterschiedlich. Kapitalere Exemplare lässt man besser etwas Schnur abziehen, um sie erst zu ermüden, bevor man sie definitiv landet, während man es bei kleineren Fischen vorzieht, sich auf keine weiteren Überraschungen einzulassen und sie möglichst schnell zu landen. Typische Beutefische beim Brandungsangeln sind **Goldbrasse, Marmorbrasse, Seebarsch** und **Meeraal.** Sporadisch werden auch **Umberfisch, Blaufisch** und **Stachelmakrelen** wie **Bläuel** gefangen, von denen einige Arten beträchtliche Größen erreichen können und bei Sportanglern entsprechend beliebt sind.

Matchangeln

Diese ursprünglich in England entstandene Angelmethode erfreute sich zunächst großer Beliebtheit unter den Süßwasseranglern und hat sich mittlerweile zu einer der verbreitetsten Techniken an den Meeresküsten entwickelt. Wie so oft im Angelsport waren es zuerst die Wettkampfangler, die, getrieben vom sportlichen Ehrgeiz, nach Möglichkeiten suchten, ihre Leistung zu steigern und so diesen wichtigen Schritt in der Entwicklung des klassischen Grundfischens vorangetrieben und eine Ausrüstung entwickelt haben, die den

speziellen Anforderungen dieser Technik gerecht wird. Die besten Stellen für das Matchangeln sind in der genannten Reihenfolge: Hafenbecken, Flussmündungen und natürliche und künstliche Wellenbrecher. Das Innere eines Hafenbeckens ist nicht nur deswegen ideal, weil man dort keine Schwierigkeiten hat, all die verschiedenen Ausrüstungsteile unterzubringen, sondern auch, weil der Grund keine besonderen Hindernisse aufweist und man dort präzise anfüttern und angeln kann, ohne dass sich Hauptschnur und Vorfach verdrallen. Sowohl am Tage als auch in der Nacht fängt man mit dieser Methode in und um die Häfen **Seebarsche, Meeräschen** und **Goldbrassen,** alles Spezies, die als Köder besonders die Fleischmade schätzen.

Gut sind auch Flussmündungen geeignet, wo sich oft sandiger Grund bildet, der gerne von Seebarschen und Goldbrassen aufgesucht wird, die von der Vielfalt an Kleinstlebewesen im Brackwasser angezogen werden.

Auch natürliche und künstliche Brecher sind Erfolg versprechend, vorausgesetzt, man findet die richtige Angelstelle, wo der Grund so beschaffen ist, dass man ihn mit der

Unten: Die Wahl der richtigen Rutenspitze ist entscheidend für den Fangerfolg. Oben: Futterbehälter, voll mit Paste, gehackten Sardinen und Maden.

ANGELN VOM UFER

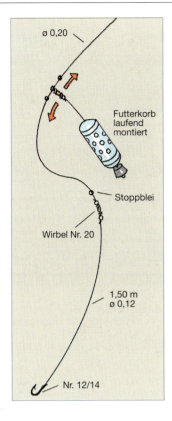

vorhandenen Ausrüstung weiträumig abfischen kann, ohne den Verlust des Futterkorbes zu riskieren.

Ausrüstung: Für das Matchangeln im Meer benötigt man eine zusammenschieb- oder -steckbare Matchrute mit drei oder vier verschieden sensiblen, austauschbaren Rutenspitzen. Diese 3 bis 4 m langen Ruten benötigen die Spitzen als Bissanzeiger, da damit ohne Pose geangelt wird und durch die weiten Würfe auch kein ausreichender Sichtkontakt besteht. Die so genannte Bibberspitze oder »Quiver Tip« wird sehr häufig verwendet, sie ist leicht an der Rute zu befestigen und in vielen verschiedenen Durchmessern, Profilen und Materialien erhältlich. Trotz dieser Vielfalt finden manche Angler »ihre« Spitze nicht im Handel und fertigen sie sich selbst an, weil sie auf diese Weise ihren speziellen Anforderungen in Bezug auf Elastizität, Sensibilität und Aktion genau entsprechen. Die Rolle muss zuallererst zur Rute passen, damit beide Teile zu einer gut ausgewogenen Einheit verschmelzen. Auf die Rolle kommt eine monofile Schnur mit 0,18 bis 0,20 mm Durchmesser.

Äußerst wichtig für den Matchangler ist weiters auch der Futterkorb, ein meistens durchsichtiger Plastikbehälter unterschiedlicher Form, der die Aufgabe hat, den Lockköder zielgenau auszustreuen. Wer mit Fliegenmaden fischt, verwendet häufig einen geschlossenen Zylinder mit Deckel und mehreren Löchern in den Wänden, damit der Köder gleichmäßig verstreut wird.

Oben: Vorfach für das Angeln auf Marmorbrassen. Unten: Hier wird der Futterkorb für die Matchrute befüllt.

ANGELTECHNIK

Der Futterbehälter läuft über eine mehr oder weniger lange Strecke frei auf der Hauptschnur, in der er mit einem Einhängewirbel eingefädelt wurde. Er streut so viel Lockfutter um den Köder am Haken aus, dass die Fische auf ihn aufmerksam werden. Die Rute wird auf eine Gabel oder einen dreibeinigen Rutenhalter gelegt, der Biss wird durch die Beugung der sensiblen Rutenspitze unverzüglich angezeigt. Auf eine eindeutige Bissanzeige hin erfolgt sofort ein energischer Anhieb. Ist der Haken gesetzt, geht es darum, den Fisch beim Drill zu ermüden. Dazu benötigt man eine Bremse mit fein dosierbarer Wirkung und genügend Rückgrat in der Rute, um auch die Stöße und Fluchten einer größeren Beute zu parieren. Schließlich wird der Fisch mit Hilfe eines Unterfangkeschers gelandet.

Das Angeln mit der Matchrute bringt selbst bei Strömung oder in 6 bis 7 m tiefem Wasser gute Erfolge, in Kombination mit dem Futterkorb ergibt sich zudem ein äußerst präzises Anfüttern, was den Fangerfolg noch mehr steigert. Die Beute ist entsprechend reich, und darunter befinden sich auch immer einige Arten, die gerade unter Sportanglern besonders geschätzt werden.

Matchangeln mit Pose

Diese zunächst hauptsächlich an Binnengewässern verbreitete Art zu angeln hat alsbald auch an den Küsten der Meere zahlreiche Anhänger gefunden. Der Zweck dieser Angelmethode ist es, die Wasserschichten dicht unter der Oberfläche mit einer dünnen Schnur und einer sensiblen Pose abzufischen. Da man dabei in einiger Entfernung vom Ufer angelt, ist es besonders vorteilhaft, dass sich durch die eingetauchte Rutenspitze kein lästiger »Bauch« in der Schnur bilden kann.

An der Meeresküste arbeitet man stets bei Wind und unterschiedlich starken Strömungen. Beim Matchangeln mit eingetauchter Spitze kann man Schnur und Köder natürlich arbeiten lassen und auch bei ungünstigem Wind an der gewählten Stelle halten.

Rute, Rolle und Schnur: Im Gegensatz zum Süßwasser, wo der Standort des Anglers meist mehr oder weniger auf derselben Ebene liegt wie die Wasseroberfläche, kommt es am Meer häufig vor, dass der Angler von einem verhältnismäßig stark erhöhten Platz aus arbeitet. Daher benötigt man dafür eine im Vergleich zum Angeln im Süßwasser längere Rute von etwa 4,2 bis 4,5 m Länge. Einfache Handhabung, niedriges Gewicht und ein gewisses Rückgrat sind weitere Kriterien, die eine Matchrute für das Meer auszeichnen, gleichgültig, ob es sich um eine Steck- oder Teleskoprute handelt. Der Handel hält speziell für diesen Zweck entworfene Modelle bereit, die heute von so gut wie allen Firmen angeboten werden. So sollte es keine Schwierigkeit bereiten, die passende Rute für jedes Wurfgewicht zu finden.

Die Rolle muss natürlich auf den Rest der Ausrüstung abgestimmt sein. Rollen mit konischer Spule erleichtern nicht nur das regelmäßige Aufwickeln der Schnur, sondern auch perfektes Ablaufen, was das Auswerfen beträchtlich erleichtert.

Unten: einige geeignete Ruten für das Matchangeln mit Pose. Oben: Die Pose wird montiert.

ANGELN VOM UFER

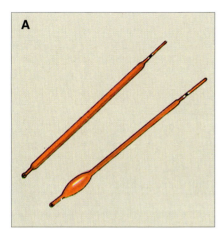

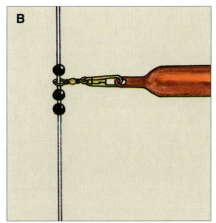

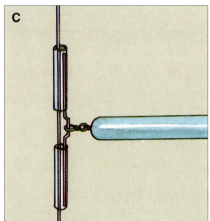

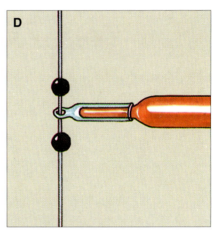

Als Hauptschnur wählt man ein speziell für das Matchangeln konzipiertes Monofil. In der Regel handelt es sich dabei um weiche Monofile mit hoher Elastizität und Abriebfestigkeit, die rasch sinken und damit den Köder in kürzester Zeit in die Wassertiefe bringen, in der wir ihn anbieten wollen. Im Salzwasser verwendet man normalerweise Stärken zwischen 0,12 und 0,16 mm, mit denen man durchaus auch kapitale Fische landen kann.

Pose, Vorfach und Haken: Beim Matchangeln im Meer werden Posen mit einer Tragkraft von 2 bis 20 g verwendet. Die Formen variieren vom einfachen Federkiel bis zu schlanken, unten ausgebauchten Typen. Wichtig ist, dass die Pose nicht bei jeder Wellenbewegung auf und ab hüpft, daher darf sie der Strömung keine zu große Angriffsfläche bieten. Bei einer Bleibeschwerung von bis zu 4 g empfiehlt sich der Federkiel für das Angeln in Ufernähe, benötigt man hingegen ein größeres Wurfgewicht, verwendet man die bauchige Form, mit der man auch weitab vom Ufer und unter Bedingungen angeln kann, bei denen andere Posen nicht mehr so gut funktionieren.

Die Befestigung der Pose an der Hauptschnur kann auf verschiedene Weisen erfolgen. Meistens wird zwischen zwei Spaltbleien ein Stückchen Silikonschlauch mit Öse eingefädelt, in das das untere Ende der Pose dann gesteckt wird. Auf diese Weise kann man sie rasch und einfach austauschen, falls es die Bedingungen erfordern. Unterhalb der Pose wird das Vorfach montiert, das ebenfalls mit Spaltbleien beschwert ist. Am Ende sitzt ein dünner Haken (Nr. 14 bis 18), der jedoch spitz und stark genug sein muss, um auch in harte Mäuler einzudringen.

Typische Matchposen: einfacher Federkiel und bauchige Form (A); drei Arten, wie die Pose an der Hauptschnur befestigt werden kann (B, C, D).

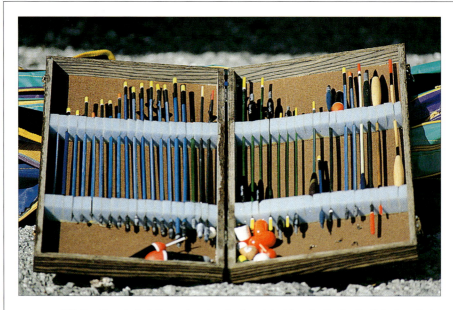

Köder: Gerade bei dieser Angelmethode zeigt sich, wie fängig die Fleischmade im Salzwasser sein kann. Dieser Köder wird nicht nur von allen Fischarten gerne genommen, er reißt auch bei weiten Würfen nicht vom Haken und ist daher ideal für das Matchangeln mit Pose im Meer geeignet. Andere gute Köder sind Weißbrotkrume, Sardinenstücke, Miesmuscheln, Meerwürmer und Krebse.

Gerade beim Angeln im Meer ist es wichtig, periodisch anzufüttern und das Lockfutter nicht über eine zu große Entfernung zu verstreuen, da die Fische aus einem weiteren Raum angelockt werden müssen. Da man oft weitab vom Ufer arbeitet, ist es ratsam, sich mit dem Gebrauch der Schleuder vertraut zu machen und beim Anfüt-

*Rechts: eine frisch gefangene Meeräsche.
Oben: ein schönes Sortiment von Matchposen verschiedener Grammaturen.*

ANGELN VOM UFER

Beim Matchangeln am Meer wird die Rutenspitze ins Wasser eingetaucht gehalten.

tern gut zu zielen. Zu diesem Zweck werden Fleischmaden mit Teig zu nicht zu großen Kugeln verknetet, auch Brotkrume oder Sardinenstücke stellen ein geeignetes Lockfutter dar.

Zu den klassischen Beutefischen beim Matchangeln zählen **Hornhechte**, **Bläuel** und **Brandbrassen**, die meist in größerer Entfernung vom Ufer stehen. Bei diesen Arten erweist sich die leichte Rute mit der dünnen Schnur als äußerst nützliches Gerät, das sich in zweiter Linie auch für **Seebarsche** und **Goldbrassen** eignet. **Blöker** fängt man an ähnlichen Montagen, wie sie beim Angeln mit der Bolognarute verwendet werden. **Meeräschen** gehen oft nahe an der Oberfläche an den unbeschwerten Haken, aber auch bei ausreichender Bebleiung an die Grundangel.

Klippenfischen (Rockfishing)

Im breiten Spektrum der Angeltechniken am Meer nimmt das Angeln von hohen Klippen aus einen ganz besonderen Rang ein und hat sich in letzter Zeit zu einer ganz speziellen Art entwickelt, die auch als »Rockfishing« bezeichnet wird. Diese ursprünglich aus Japan eingeführte Methode hat sich besonders an felsigen Mittelmeerküsten beim Angeln auf verschiedene Raubfischarten bewährt. Nach den ersten Erfolgen erfreute sich diese Technik besonders in Italien wachsender Beliebtheit. Man kann mit dieser Methode nicht nur kapitale Exemplare vom Ufer aus erbeuten, es ist auch eine überaus spannende und aufregende Art des Angelns.

Dabei werden von mehr oder weniger hohen Felsen aus gezielt Stellen in Ufernähe abgefischt, die zu bestimmten Zeiten im Jahr durch ein besonders reiches Nahrungsangebot zahlreiche mittelgroße und große Raubfische an die Küste locken. Je nachdem, wie die Küste beschaffen ist, kann allein das Erreichen des Standplatzes schon ein gewisses Maß an körperlicher Fitness erfordern, obgleich am Mittelmeer relativ niedrige und damit gut zugängliche Felsenküsten keine Seltenheit sind. Die Qualität des Standortes beeinflusst den Erfolg des Angeltages ganz entscheidend.

Als beste Saison für diese Technik gelten die Monate vom späten Frühjahr bis in den Herbst hinein, wobei besonders der Juni und der Oktober Erfolg versprechend sind, weil die in Küstennähe jagenden Raubfische in dieser Zeit weniger durch vorbeiziehende Schiffe gestört werden. Eine gut oder schlecht geeignete Tageszeit ist dagegen weniger leicht zu bestimmen. Es scheint sich sogar so zu verhalten, dass die normalerweise günstigen Morgen- und Abendstunden an den Felsen weniger erfolgreich sind als die Mittagszeit. Die häufigsten Beutefische sind **Seebarsche**, **Meerbrassen**, **Goldbrassen**, **Muränen**, **Meeraale**, **Zahnbrassen**, **Blaufische**, **Zackenbarsche**, **Bläuel** und **Grünel**.

Ausrüstung: Mit der Rute sollte man problemlos Wurfgewichte zwischen 50 und 200 g werfen können. Sie muss genügend Rückgrat besitzen, um auch mit kapitalen

Die besten Standorte liegen auf weit ins Meer hinausragenden Felsrücken und Vorsprüngen, die manchmal gar nicht so leicht zugänglich sind.

Exemplaren fertig zu werden, gleichzeitig muss die Aktion im vorderen Teil weich genug sein, um die Gegenwehr eines kampfstarken Fisches entsprechend parieren zu können. Die Aktion konzentriert sich auf die Spitze und nimmt zum Handteil hin schrittweise ab. Die Länge dieser Ruten liegt zwischen 4 und 4,5 m. Die große Rolle benötigt genügend Fassungsvermögen und eine gute Übersetzung, die beim raschen Einholen des gehakten Fisches aus größerer Entfernung wertvolle Dienste leistet.

Eine Stationärrolle der neuesten Generation mit 250 m Monofil der Stärke 0,50 bis 0,60 mm gewährleistet auch im Kampf mit größeren Raubfischen die größtmögliche Sicherheit.

Die Schnur muss ausreichend stark sein, da ihr nicht nur das Meerwasser zusetzt, sondern auch der mehr oder weniger häufige Kontakt mit den scharfen Kanten der aus dem Wasser ragenden und der unter der Wasseroberfläche unsichtbaren Felsenausläufer. Die Wahl eines stärkeren Durchmessers kann unter diesen Umständen unliebsamen Überraschungen vorbeugen.

Haken, Blei und Pose: Beim Angeln auf große Raubfische kommt dem Haken erhebliche Bedeutung zu. Je nach der Art des verwendeten Köders und des Beutefisches wählt man unterschiedliche Formen. Langschenkelige Haken mit rundem Bogen sind geeignet, um mit Würmern beködert zu werden und die harten, knorpeli-

Links: ein so genanntes Anker- oder Krallenblei mit Greifarmen. Oben: Genügend Rückgrat im Handteil und sensible Spitzenaktion sind die Charakteristika einer für das Raubfischangeln von den Klippen aus geeigneten Rute.

gen Mäuler der **Goldbrassen**, **Zahnbrassen** und **Seebarsche** zu durchdringen.

Es gibt unterschiedliche Bleiarten mit Grammaturen von 50 bis 100 g und spindelförmigem Profil, die sich auf dem Grund nicht so leicht in Hindernissen verhaken. Wenn man allerdings mit schweren oder großen Ködern arbeitet, die durch Eigenauftrieb oder Eigengewicht auch ein 100 g schweres Blei mit sich ziehen können, benutzt man spezielle, mit krallenartigen Greifarmen versehene Grundbleie, die sich im Boden verankern. Beim Einholen klappen die Greifarme dieser so genannten Ankerbleie durch einen eingebauten Mechanismus von selbst um. Will man den Köder jedoch nicht in Grundnähe, sondern in einer ganz bestimmten Höhe anbieten, arbeitet man mit einer Pose. Liegt der zu befischende Bereich knapp unter der Oberfläche, wird die Pose fest montiert, bei größeren Wassertiefen auf der Hauptschnur laufend.

Vorfächer: Ein klassisches Vorfach, das für das Angeln von der Felsenküste aus be-

*Zahnbrasse (rechts) und Meerbrasse (oben) gehören zu den wichtigsten Beutefischen an der Felsenküste.
Rechte Seite: Oft wählt der Angler einen erhöhten Standplatz.*

ANGELN VOM UFER

ANGELN VOM UFER

Diese Bildfolge zeigt die verschiedenen Phasen des Auswurfs. Gerade beim Angeln von hohen Klippen aus müssen oft große Wurfweiten erzielt werden, um eine geeignete Angelstelle zu erreichen.

ANGELN VOM UFER

nutzt wird, besteht aus einem 0,45 mm starken und ca. 80 cm langen Nylonvorfaden mit Wirbelverbindung zur Hauptschnur und einem ebenfalls mit Wirbel am Ende befestigten Grundblei. In der Mitte zwischen Grundblei und Hauptschnur zweigen zwei Seitenarme mit Haken ab. Je nach Länge des Vorfadens kann man damit den Köder in Grundnähe oder bis zu 1 m darüber arbeiten lassen. Dieses System eignet sich hervorragend für das Angeln bei stärkerer Strömung, man fängt damit hauptsächlich **Meer-** und **Goldbrassen**. Man kann auch eine Montage mit einer Laufpose verwenden, die mit einem eingeknüpften Stück Woll- oder Baumwollfaden gestoppt wird.

Oben: Meeraale lassen sich hervorragend mit Tintenfisch- oder Sardinenfetzen anlocken.

ANGELTECHNIK

Früher angelte man vielfach mit lebenden Köderfischen auf Raubfische. Da diese Methode heutzutage nicht nur vielerorts verboten ist, sondern auch zunehmend unter dem Aspekt des Tierschutzes nicht mehr gerne gesehen wird, behilft man sich mit toten Köderfischen oder Fetzenködern, die auf vielerlei Arten beweglich gehalten werden und ebenso fängig sind wie der lebende Köderfisch. Kleine Meeräschen sind hervorragende Köder, die meist mit zwei Haken angeködert werden. Auch kleine Hornhechte werden vielfach verwendet und stellen den klassischen Köder für große **Bläuel** und **Grünel** dar. Kleine Blöker und Brandbrassen sind ebenfalls außerordentlich gute Köder und werden von vielen Raubfischarten gerne genommen.

Sowohl beim Grundfischen als auch beim Angeln mit Pose wird meist weit ausgeworfen und die Schnur daraufhin ganz leicht angezogen und in lockerer Spannung gehalten. Anschließend ist es wichtig, die Rutenspitze nicht aus den Augen zu lassen, jede einzelne Bewegung zu beobachten und richtig zu deuten. Jeder Raubfisch hat eine ganz eigene, charakteristische Art, den Köder zu nehmen. **Blaufisch**, **Zahnbrasse**, **Grünel** und **Bläuel** stürzen sich aggressiv darauf, wodurch die Rutenspitze mehrmals hintereinander rasch herabgezogen wird, während **Meeraale** und **Muränen** zögerlicher anbeißen, sodass man die weniger deutlichen Bewegungen der Rutenspitze häufig mit jenen verwechselt, die durch Wellen hervorgerufen werden.

Bei einer anderen effizienten Methode des Raubfischangelns werden Sardinen im Ganzen oder in Stücken als Köder eingesetzt. Vor das Vorfach wird ein Laufblei gesetzt, das von dem Wirbel, an den das Vorfach anschließt, nach unten hin gestoppt wird. In diesem Fall füttert man reichlich mit gehackten Sardinen an, um möglichst viele Fische anzulocken. Die Sardine wird von so gut wie allen Raubfischen gerne genommen. Sie wird meist an einen einzelnen Haken angeködert und mit einem elastischen Stück Schnur gesichert. Eine gute Alternative zur Sardine stellen Blökerfetzen und Krebse dar. Beim Posenangeln fängt man mit Krebsen besonders gut **Seebarsche** und **Stöcker**.

ANGELN VOM UFER

Spinnen

Das Spinnen oder Angeln mit Kunstköder, das sich im Süßwasserambiente bereits weitgehend bewährt hat, erweist sich auch im Salzwasser als ebenso effiziente wie produktive Technik und wird nicht zuletzt dank der auf dem Markt gut eingeführten und leicht erhältlichen Ausrüstungsteile an den Meeresküsten zu einer immer verbreiteteren Methode des Sportangelns. Die Gründe, die einen Fisch, der sich gewohnheitsmäßig von Artgenossen ernährt, dazu veranlassen, an einen Kunstköder zu gehen, sind vielfältiger Natur. Hunger kann als Motivation zwar nicht ganz ausgeschlossen werden, scheint aber hier eine geringere Bedeutung zu haben. Was sicherlich eine Rolle spielt, ist die Aggressivität der Raubfische. Es ist bekannt, dass die Verteidigung des Territoriums ein wichtiger Aspekt des Instinktverhaltens der Fische ist. Der Verzicht auf das eigene Revier könnte den Verlust der Nahrungsquelle mit sich bringen und ist daher eng mit dem Nahrungstrieb gekoppelt. Auch der Neugier kommt ein nicht unerheblicher Stellenwert zu. Sie kann den Fisch ebenfalls dazu bringen, an den Kunstköder zu gehen, denn um ein unbekanntes Objekt, das sich in seinem Blickfeld bewegt, näher zu erkunden, steht dem Fisch kein anderes Organ zur Verfügung als das Maul. Daraus ergibt sich ein oft schwer einschätzbares Verhalten, das gerade für den passionierten Sportangler eine Herausforderung und ein spannendes Betätigungsfeld voller Überraschungen darstellt. Die theoretische Beschäftigung mit den verschiedenen Kunstködern und ihrer Wirkung ist oft fast ebenso wichtig wie das Angeln selbst.

Wo und wann angeln? Besonders günstig für das Angeln mit der Spinnrute sind Flussmündungen, wo sich immer zahlreiche unterschiedliche Fischarten aufhalten. Das Brackwasser enthält besonders viel organisches Material, das an der Basis einer differenzierten Nahrungskette steht. Am anderen Ende derselben befinden sich geschätzte Raubfischarten wie etwa der **Zackenbarsch**. Auch von hohen Felsrücken aus erreicht man gute Stellen, an denen oft kapitale Räuber stehen.
Aus bestimmten Bewegungen auf der Wasseroberfläche lässt sich auf die Anwesenheit jagender Räuber schließen, wie etwa wenn kleine Schwarmfische auf der Flucht aus dem Wasser spritzen oder tauchende Möwen hinter den von den Räubern an die

*Rechts: Der Grund vor steilen Felsenküsten ist immer reich an Nahrung und damit auch an Fischarten, die den Sportangler interessieren.
Rechte Seite oben: Spinnruten für große Wurfweiten.
Unten: Ein beliebter Kunstköder ist der Wobbler, der auch als äußerst beweglicher Gliederwobbler erhältlich ist.*

ANGELN VOM UFER

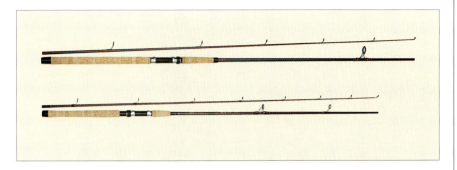

Oberfläche gejagten Fischen her sind. Welche Jahreszeit eignet sich besonders für das Spinnangeln am Meer? Im Winter setzt die Abwanderung der Fische in größere Tiefen ein, wo die Temperatur zum Überwinden der kalten Jahreszeit günstiger ist. Durch dieses winterliche Absteigen wird die Beute für den Spinnangler rar, es bleibt fast nur der **Seebarsch** als treuer Bewohner der Küstengebiete übrig. Im Frühjahr setzt die Rückwanderung an die Küste ein, zahlreiche kleine Friedfische machen den Anfang, in ihrem Gefolge kommen auch die Räuber. **Stöcker**, **Makrelen** und **Bläuel** stellen sich als Erste ein, bis dann zum Sommer hin die Artenvielfalt wieder ihren Höhepunkt erreicht und **Brandbrassen**, **Blaufische** und **Petermännchen** in großer Zahl vorhanden sind.

Es gibt noch verschiedene andere Faktoren, die das Verhalten der Beutefische des Spinnanglers beeinflussen können, dazu zählen etwa die Gezeiten. Bestimmte Raubfischarten haben es sich zur Gewohnheit gemacht, ihre Aktivität auf den Höhepunkt der Flut zu konzentrieren. Auch das Wetter beeinflusst das Verhalten der Fische. Naht beispielsweise ein Unwetter, das für die meisten Arten eine erzwungene Fastenzeit bedeutet, machen sie sich besonders intensiv auf die Suche nach Nahrung und werden auch entsprechend leichter an den Kunstköder gehen. In der Periode danach, wenn sich das Meer wieder beruhigt, nähern sich die Fische im Wettbewerb um die aufgewühlte Nahrung dem Festland, und der Fangerfolg des kunstfertigen Spinnanglers wird entsprechend hoch ausfallen.

ANGELN VOM UFER

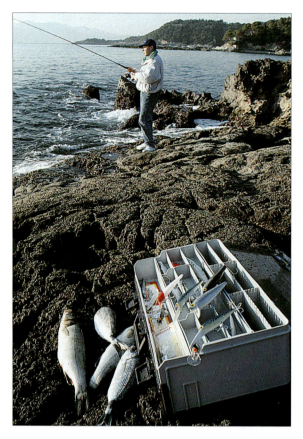

Brandbrassen und Seebarsche, am Kunstköder gefangen.

Ausrüstung und Kunstköder: Der Fachhandel bietet alles, was der Spinnangler zur fachmännischen Ausübung des Sports benötigt.

Die ideale Rute besteht aus zwei zusammensteckbaren Teilen von 3 m Gesamtlänge, am besten aus Kohlefaser mit korrosionsbeständigen Führungsringen. Sie muss genügend Rückgrat besitzen und problemlos den Auswurf mindestens 8 bis 10 und maximal 30 bis 40 g schwerer Kunstköder gestatten. Wichtigstes Charakteristikum ist die progressive Parabolik, außerdem sollte der Handteil so gebaut ein, dass ein beidhändiger Auswurf bequem möglich ist.

Auch die Rolle und alle Teile der Mechanik müssen aus korrosionsbeständigem Material bestehen, da das Salzwasser alle Ausrüstungskomponenten stark beansprucht. Sie sollte groß genug und hoch übersetzt sein, eine große Stationär- oder auch Multirolle werden diesen Ansprüchen genügen. Eine konische Spule ist immer günstig, wenn es darum geht, große Schnurlängen reibungslos aufzuwickeln und auch ablaufen zu lassen. Die passende Schnur ist etwa 0,20 bis 0,30 mm stark, bei leichterem Gerät genügen 0,20 bis 0,25 mm. Sie sollte farbneutral, weich und dehnungsarm sein, denn stark gedehnte Stellen beeinträchtigen die Tragkraft durch die Beanspruchung im Meer noch mehr als im Süßwasser. Weitere unverzichtbare Komponenten der Ausrüstung sind Bleie und bleibeschwerte Posen, die dann zum Einsatz kommen, wenn der Kunstköder nicht genügend Eigengewicht für die erforderliche Wurfweite besitzt.

Die beliebtesten und effizientesten Kunstköder sind der Spinner oder Blinker und der Wobbler. Spinner sind Metallplättchen, die sich im Wasser drehen und Metallreflexe aufblitzen lassen, wodurch die Aggressivität großer Raubfische geweckt wird. Sie können aber auch ein krankes oder verletztes Fischchen vortäuschen, das für sie eine leichte Beute darstellt. Die Wobbler sind mehr oder weniger naturgetreue Nachbildungen der bevorzugten Beutefische der Räuber. Diese Kunstköder haben am Kopfende eine so genannte Tauchschaufel, die manchmal verstellbar ist. Dadurch simulieren sie Tauch- und Taumelbewegungen, die besonders natürlich wirken. Als äußerst fängig erweisen sich auch Gummiaale oder Twisterschwänze, die besonders **Seebarsche** anziehen. Dabei ist der Haken zum Teil im Körper des nachgebildeten Sandaals verborgen. Diese Kunstköder sehen in der Bewegung echten kleinen Sandaalen täuschend ähnlich.

ANGELTECHNIK

Beim Spinnen geht es hauptsächlich darum, den Kunstköder so zu führen, dass er die Aufmerksamkeit eines Raubfisches erregt. Für den Angler ist es besonders aufregend und interessant, der Imitation an der Schnur mit verschiedenen Manövern Leben einzuhauchen. Es erfordert besonderes Geschick, die Bewegung niemals monoton aus-

ANGELN VOM UFER

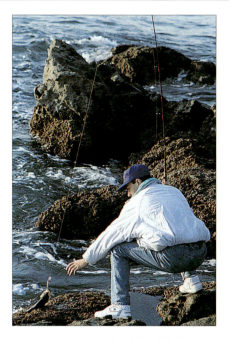

sehen zu lassen und den Köder dabei immer in derselben Wassertiefe zu halten. Man kann den Kunstköder knapp unter der Wasseroberfläche führen, ihn abtauchen lassen oder ihn mit kleinen Zupfern aus dem Handgelenk im Zickzack bewegen.
Der Angler lässt sich allerlei einfallen und setzt dabei fast wie ein Gaukler all sein manuelles Geschick, seinen Einfallsreichtum und seine Erfahrung ein, um aus dem leblosen Metallstück die Illusion eines lebenden Wesens zu erzeugen.
Da man es bei dieser Art des Angelns meist mit Fischarten mit robustem Maul zu tun hat, müssen der Anhieb und das Haken des Fisches mit einer kräftigen, energischen Bewegung erfolgen. Da die Räuber des Meeres um ein Vielfaches kampfstärker sind als ihre Artgenossen im Süßwasser, empfiehlt es sich auch, beim Einholen entsprechend zügig vorzugehen und zum Landen des Fisches einen Unterfangkescher zu benutzen.

Oben und links: Hier wird ein schöner Seebarsch gelandet, eine beliebte Beute unter Spinnanglern.

Angeln vom Boot aus
Grundangel und Handschnur

Diese Methode zählt sicherlich zu den ältesten Angeltechniken in der Geschichte der Menschheit und gehört an allen Meeresküsten seit jeher zur Tradition. Noch heute gibt es zahlreiche Angler, die dieser Leidenschaft frönen, mit einem einfachen Boot hinausfahren und geduldig auf den Fangerfolg warten, der bei einigen Fischarten als ziemlich sicher angesehen werden kann. Warum sich auch mancher Sportangler für diese Methode interessiert, liegt meistens daran, dass die Technik leicht zu erlernen ist, was besonders für den Anfänger einen wichtigen Beweggrund darstellt.

Grundsätzlich arbeitet man dabei mit einer Hauptschnur und einem Vorfach mit mehreren mit Haken bestückten Seitenarmen und einem Grundblei am Ende, das die beköderten Haken ganz bis zum Meeresboden absinken lässt. Die Hauptschnur kann mit der Hand oder auch mit einer Rute betätigt werden. Das Angeln mit der Handschnur beschert dem Angler das einzigartige Erlebnis, das Anbeißen des Fisches direkt in der Hand zu spüren, eine Erfahrung, die besonders Neulinge nachhaltig beeindruckt. Allerdings sind Handleinen hierzulande nicht gestattet, weil in den Beschreibungen der erlaubten Ausrüstung immer von Angelruten die Rede ist. Die Montage wird daher meist an einer Bootsrute befestigt und ist je nach Wassertiefe und Untergrundcharakter verschieden aufgebaut. Die beste Zeit für diese Art des Angelns sind die temperierten bis warmen Monate zwischen Frühjahr und Herbst.

Handschnur: An allen Meeresküsten, insbesondere rund um das Mittelmeer, ist das Angeln mit der Handschnur hauptsächlich unter Berufsfischern noch weit verbreitet. Die Ausrüstung ist denkbar einfach: Schnur, Blei und Haken genügen. Es handelt sich um eine der ältesten bekannten Techniken der Fischerei. Die Hauptschnur wird um ein ausreichend großes Stück Kork oder auch um eine Spule aus Plastik oder Holz gewickelt. Vom Boot aus lässt man die beköderten Haken am Vorfach sinken, bis man am Nachlassen des Widerstandes merkt, dass das Blei den Grund erreicht hat. Dann holt man eine Hand breit Schnur ein, um sie in Spannung zu halten. Auf diese Weise fühlt man sogleich, wenn ein Fisch an den Köder geht. Diese enge, direkte Verbindung zwischen Angler und Beutefisch macht den Erfolg und auch das spannende Element an dieser Methode aus. Die Hauptschnur ist etwa 100 m lang, das mit einem zwischengeschalteten Wirbel montierte Vorfach hat einen etwas geringeren Durchmesser als die Hauptschnur. Die Länge des Vorfachs hängt von der Anzahl der Haken ab, die man zu montieren gedenkt. Die Seitenarme haben dieselbe Stärke wie der Vorfaden und sind zwischen 10 und 20 cm lang. Am Ende des Vorfachs wird das

Rechts: Grundangeln vom Boot aus.
Rechte Seite oben: Besonders am Mittelmeer sieht man häufig Fischer, die mit der Handschnur arbeiten.
Unten: moderne Ausrüstungsteile für eine alte Technik.

ANGELN VOM BOOT AUS

Grundblei wieder mit einem Wirbel montiert, um das lästige Verdrallen der Schnur zu vermeiden.

Damit die Arbeit mit der Handschnur auch von Erfolg gekrönt ist, muss man alle Komponenten der Montage sorgfältig auswählen und zusammenstellen. Als Haken kommen hauptsächlich gerade Plattenhaken der Größe 1 bis 9 in Frage, je nachdem, auf welche Fischart man es abgesehen hat. Auch die Schnurstärke muss dem Gewicht der zu erwartenden Beute angepasst sein. Bei der Wahl des Grundbleis zieht man Strömungsstärke und Grundbeschaffenheit sowie die Wassertiefe in Betracht. Die ganze Schnur samt Vorfach wird dann um ein rechteckiges, 2 bis 3 cm dickes Korkstück gewickelt. Naturkork ist empfehlenswert, denn er zieht sich unter dem Druck der aufgewickelten Schnur nicht zusammen.

Mit Bootsrute und Rolle: Obwohl die Arbeit ohne Rute naturgemäß viel billiger ist, ziehen es die meisten Angler vor, mit Rute und Rolle zu arbeiten. Die Montage bleibt dabei gleich. Beim Einholen bringt die Rolle unbestreitbare Vorteile, insbesondere, wenn es um größere Fischarten geht. Man ist nicht nur viel schneller als bei der Hand-über-Hand-Methode, auch ein Verwickeln und Verdrehen der Schnur wird dabei vermieden. Die Rute ist zwischen 3 und 4 m lang und sollte am besten aus Kohlefaser sein, einem Material, das sich durch geringes Gewicht und hohe Sensibilität auszeichnet. Der Fachhandel hält eigene Bootsruten bereit. Ihre Hauptmerkmale sind ausgeprägte Spitzenaktion und eine extrem sensible Rutenspitze, die bereits den leisesten Kontakt des Fisches mit dem Köder anzeigt.

Die Rolle muss leicht, aber robust sein. Rollen mit austauschbarer Spule sind prak-

ANGELN VOM BOOT AUS

Rechts: Grundangeln vom Boot aus.
Unten: Ringelwürmer sind gute Köder für diese Art des Angelns.

tisch, denn so kann der Angler auf wechselnde Bedingungen rasch mit der jeweils richtigen, bereits vorbereiteten Schnur reagieren und schnell auf einen größeren bzw. geringeren Durchmesser umsteigen, wenn das Gewicht der Fische nicht den Erwartungen entspricht.

Grundangeln in Küstennähe: Für diese Art des Angelns genügt ein kleines Boot, das stabil und bequem genug ist, die damit verbundenen Aktivitäten angenehm zu gestalten. Natürlich sollte man die Beschaffenheit des Meeresgrundes an der Angelstelle kennen, um für die jeweiligen Umstände entsprechend gerüstet zu sein. Am ergiebigsten ist felsiger oder reich bewachsener Untergrund. Aus den Charakteristika der Küste, an der man angeln will, lässt sich auf die Beschaffenheit des Meeresbodens schließen. Vor steil abfallenden Felsenküsten wird der Grund ebenfalls felsig sein, ähnlich verhält es sich bei Sand- oder Kiesstränden.

Nach diesen ersten Hinweisen kann man sich der Suche nach den besten Angelstellen zuwenden. Hat man einen fischreichen Platz gefunden, sucht man nach Bezugspunkten am Ufer, um die Stelle jederzeit wiederfinden zu können. Am besten gelingt das mit vier festen Orientierungspunkten, wobei der Schnittpunkt der gedachten Geraden durch jeweils zwei der Punkte die Angelstelle markiert. Die beste Tageszeit für das Grundangeln sind gewöhnlich die frühen Morgenstunden und die Mittagszeit.

ANGELN VOM BOOT AUS

Ausrüstung und Angeltechnik: Beim Grundangeln in Küstennähe arbeitet man normalerweise in einer Tiefe von maximal 25 bis 30 m. Dazu benötigt man leichtes bis mittelschweres Gerät, die Rute sollte etwa 3 m lang sein, die Rolle muss ein entsprechendes Fassungsvermögen aufweisen.

Für das Vorfach (siehe Zeichnung S. 178) verwendet man einen Nylonvorfaden von etwa 0,30 mm Stärke, an den drei 0,22 bis 0,25 mm starke Seitenarme mit Haken geknüpft werden. Am Ende des Vorfadens wird das Blei befestigt, das je nach Grundbeschaffenheit und Strömung 20 bis 50 g schwer ist. Bei einer anderen Variante wird ein Olivenblei vor den letzten Haken montiert. Besonders auf felsigem Grund erweist sich diese Art als vorteilhaft. Dabei kann man Vorfaden und Seitenarme entweder in einheitlicher Stärke zwischen 0,25 und 0,30 mm wählen oder aber einen Vorfaden von 0,22 bis 0,28 mm Stärke und 0,14 bis 0,18 mm starke Seitenarme. Da auf diese Art nur ein begrenzter Bereich abgefischt wird, muss man die Angelstelle entsprechend sorgfältig wählen und auch darauf achten, dass die Art des Köders den Fressgewohnheiten der dort vorhandenen Fischarten entspricht.

Als Köder eignen sich Krebse, aber auch Würmer, kleine Meeräschen, Fischfetzen,

Oben: farbige Grundbleie. Unten: eine Reihe von für das Grundangeln geeigneten Bootsruten.

ANGELN VOM BOOT AUS

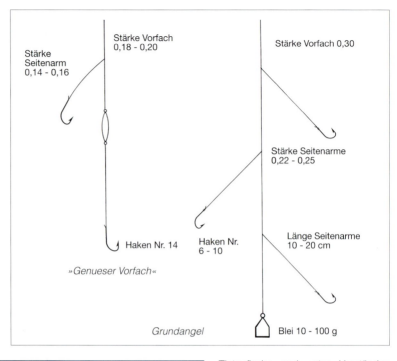

»Genueser Vorfach«
Grundangel

Tintenfische und unter Umständen auch Sardinenfilets. Nach dem Beködern der Haken senkt man die Schnur ins Wasser, bis das Blei den Grund berührt, danach wird eingeholt, bis die Schnur gut gespannt ist und jeder Biss sofort wahrgenommen werden kann. Nun holt man immer wieder 1 bis 2 m ein, um den Köder dann wieder sinken zu lassen. Zeigt ein kräftiger Ruck an der Handschnur an, dass ein Fisch gebissen hat, antwortet der Angler sogleich mit einem energischen Zug, um den Haken zu setzen. Dann beginnt er sogleich zügig mit dem Einholen Hand über Hand. Benutzt man eine Rute, lässt man die Rutenspitze nie aus den Augen. Mit wachsender Erfahrung lernt der Angler, die verschiedenen Angriffsstrategien der Meeresfische zu unterscheiden, jeder nimmt den Köder auf eine ganz eigene Art. In Grundnähe fängt man häufig **Meerjunker**, **Seebarsche**, **Lippfische** und **Drachenköpfe**, während in halber Wassertiefe häufiger **Makrelen**, **Stöcker**, **Blöker** und **Brandbrassen** an den Köder gehen.

Grundangel in halber Tiefe: Nach den ersten Erfahrungen an der Küste wird der Angler unweigerlich den Wunsch verspüren, sein Glück in

ANGELN VOM BOOT AUS

größeren Tiefen zu versuchen. Die Aussicht auf Beutefische wie etwa die **Rotbrasse** oder auch den **Knurrhahn** inspiriert ihn, sich weiter vom Ufer zu entfernen. Diese Fischarten findet man vorzugsweise in 30 bis 80 m tiefem Wasser. Für diesen Bereich muss das Gerät schon etwas schwerer sein. Die ideale Rute ist etwa 4 m lang und wirft Bleie bis zu 200 g Gewicht. Die Rolle muss robust sein und genügend Hauptschnur der Stärke 0,35 bis 0,45 mm

aufnehmen. Am Ende des Vorfadens wird ein konisches oder quaderförmiges, 100 bis 200 g schweres Blei befestigt, an den Seitenarmen sitzen kräftige Haken Nr. 2 bis 4 je nach Größe der zu erwartenden Beute. Gute Köder sind Krebse, vor allem Mieterkrebse, Tintenfischfetzen und alle möglichen kleinen Fischchen. Selbstverständlich ist auch hier die Kenntnis der Grundbeschaffenheit von entscheidender Bedeutung für den Erfolg, ein gutes Echolot leistet unschätzbare Dienste beim Erkunden des Meeresbodens. Man angelt vom treibenden Boot aus. Um zeitgerecht wahrzunehmen, wann ein Fisch beißt und ihn anschließend auch zu haken, muss der Angler ständig aufmerksam bleiben und prompt reagieren, einerlei, ob er mit der Handschnur oder mit der Rute arbeitet. Durch die größere Strecke, die die Schnur im Wasser verläuft, sind die Rucke oft kaum noch wahrnehmbar. Sobald man ein solches Zeichen erkennt, ist sofortige Reaktion gefragt, auch sollte man sich mit dem Einholen beeilen, um Schnur zu gewinnen und dem Fisch keinen zu großen Spielraum zu lassen. Taucht der gehakte Fisch nach unten ab, ist es allerdings oft ratsam, ihn etwas Schnur abziehen zu lassen und erst wieder mit dem Einholen zu beginnen, wenn er gegen die Wasseroberfläche hin aufsteigt.

Diese Seite: zwei Köder, die auf viele Fischarten eine besondere Anziehungskraft haben: Sardinenstücke (oben) und Tintenfisch (unten). Linke Seite: Eine Rotbrasse wird vom Haken gelöst.

ANGELN VOM BOOT AUS

Das Angeln mit dem Grundblei ist leicht zu lernen und bringt gute Erfolge, vorausgesetzt, man wählt dabei einen Köder, der der Angelstelle und den dort stehenden Fischen entspricht.

Tiefseeangeln: Beim Tiefseeangeln arbeitet man in einiger Entfernung von der Küste in Wassertiefen von über 150 m. Dort hat man freilich überdurchschnittlich große Exemplare zu erwarten: **Wrackbarsche**, **Peterfische**, große **Stöcker** und **Knurrhähne** wie der **Seeschwalbenfisch** sowie **Rochen** halten sich in diesen Bereichen auf. Da man bei dieser Art des Angelns oft stundenlang auf die offene See hinausfährt und gegebenenfalls, wie etwa beim Aufziehen eines Sturms, rasch wieder das Land erreichen muss, benötigt man ein Boot, das einige Sicherheitskriterien erfüllt. Es sollte unbedingt einen Hilfsmotor besitzen, schnell genug und auch bei rauer See stabil sein sowie eine Kabine haben, die dem Angler ausreichend Schutz bietet. Weiters sind ein gutes Echolot, das bis in 300 m Tiefe arbeitet, sowie eine elektrische Winde erforderlich, die dem Angler das anstrengende Einholen langer Leinen erleichtert.

Für die Hauptschnur wählt man ein Nylon-Monofil oder eine geflochtene Draconschnur von 600 bis 800 m Länge und 0,90 bis 1,20 mm Stärke. Der Vorfaden besteht aus mehreren Metern 0,70 mm starken Nylons, für die Seitenarme, die zwischen 15 und 25 cm lang sind, nimmt man eine Stärke von 0,50 bis 0,60 mm. Sie werden mit geschmiedeten Haken Nr. 1/0/1 armiert. Das Blei wird je nach Strömung gewählt und ist 400 bis 600 g schwer, es kann pyramiden-, kegel- oder kugelförmig sein.

Als Köder ist die Sardine, in grobe Stücke zerhackt und angeködert, beinahe unschlagbar, sie muss nur so befestigt werden, dass sie nicht allzu leicht vom Haken reißt. Weiters geeignet sind Tintenfische und Fetzenköder, vorzugsweise von Fischen, die festes Fleisch besitzen und sich in der großen Tiefe nicht so schnell auflösen und verloren gehen.

Angeltechnik: Beim Tiefseeangeln ist es ebenso wie bei allen anderen Grundangelmethoden wichtig, die Angelstelle sorgfältig auszuwählen, weil der Köder nicht in einem weiten Umkreis bewegt wird. Doch das Erkunden des Meeresgrundes gestaltet sich hier schon schwieriger. Am besten setzt man sich mit erfahrenen Anglern aus der

ANGELN VOM BOOT AUS

Gegend in Verbindung, um sich einige Informationen zu beschaffen. Eine gute Hilfe stellen auch See- und Fischereikarten dar. Das wichtigste Utensil ist jedoch zweifellos ein einwandfrei arbeitendes Echolot, mit dem man günstige Stellen wie Gräben oder Wracks punktgenau orten kann.

Die beste Angelzeit ist in den Morgenstunden. Um sie zu nutzen, sollte man sich einen genauen Plan zurechtlegen und die langen Wege mit einkalkulieren, damit man zur rechten Zeit am rechten Ort ist. Auch die Zeit für die nötigen Vorbereitungsarbeiten muss einberechnet werden. Ist man an der gewählten Angelstelle angelangt, stellt man den Motor ab und lässt das Boot treiben. Dann senkt man die Schnüre ins Meer, bis das Blei den Grund berührt. Anschließend holt man etwas Schnur ein und lässt nach einer Weile wieder nach. Das macht man in periodischen Abständen, bis ein Fisch angebissen hat. Sobald man ein

Links: Beim Angeln von größeren Booten aus sollte man über einige Instrumente wie ein Echolot, einen Navigationscomputer und gute Seekarten verfügen.
Unten: Beim Tiefseeangeln fängt man die unterschiedlichsten Arten.

sicheres Anzeichen dafür bemerkt hat, setzt man den Haken, wartet dann einen Moment und beginnt darauf mit dem Einholen über die elektrische Winde.

Wenn man mehrere Haken benutzt, kann der Fang entsprechend umfangreich sein. Manchmal ist es daher vorteilhaft zu warten, bis mehrere Fische angebissen haben, ehe man mit dem Einholen beginnt. Da sich die Fische oft selbst haken, stellt das Warten kein besonders großes Risiko dar und erhöht die Fangchancen beträchtlich. Beim Tiefseeangeln stößt man nicht selten auf besonders kapitale Fische. Für diesen Fall sollte man immer vorbereitet sein und ein entsprechend starkes Vorfach, eventuell aus Stahldraht, dabeihaben.

ANGELN VOM BOOT AUS

Schleppangeln

Beim Schleppangeln, der sicherlich aufregendsten unter allen Angelmethoden, fängt man die Räuber unter den Meeresfischen. Der Angler nutzt den Jagdinstinkt der Raubfische, indem er vom fahrenden Boot aus Natur- oder Kunstköder verschiedener Art anbietet. Die Köder können dabei nicht nur in unterschiedlicher Entfernung vom Heck, sondern auch in verschiedenen Wassertiefen arbeiten, etwa knapp an der Oberfläche, in den mittleren Schichten oder in Grundnähe. Natürlich kann man

auch eine Handschnur schleppen, die sportlichere Version ist es natürlich, Rute und Rolle zu benutzen. Diese Methode gestaltet den Fischfang um ein Vielfaches interessanter, da der Sportangler dabei all sein Wissen, seine Erfahrung und auch seinen Kampfgeist einsetzen und mit verschiedenen Komponenten der Ausrüstung auf jede Situation anders reagieren kann. Mit leichtem bis mittelschwerem Gerät arbeitet man gewöhnlich in der Nähe der Küste bis einige Kilometer auf die offene See von kleineren Booten aus. Man bekommt es dabei mit kleineren bis mittelgroßen Raubfischen zu tun, die für jeden Angler einen hoch interessanten Gegner darstellen.

Ausrüstung: Beim Schleppangeln mit leichtem und mittelschwerem Gerät müssen alle Teile der Ausrüstung miteinander harmonieren. Rute, Schnur und Rolle müssen zum Kaliber und zur Kampfstärke der Fische passen, die man zu fangen gedenkt, andernfalls wird es sicherlich unliebsame Überraschungen geben. Normalerweise bestehen die für das Schleppangeln geeigneten Bootsruten aus zwei Teilen. Die Spitze ist etwa 1,5 m

Unten: Schleppangeln mit leichtem Gerät in der Nähe der Küste.
Oben: Die Multirolle ist für diese Art des Angelns am geeignetsten.

ANGELN VOM BOOT AUS

Links: leichte Schleppangelruten.
Unten: Dieses so genannte Tauchbrett ist hydrodynamisch geformt und bringt den Köder in eine bestimmte Wassertiefe.

lang, das Handteil etwa 0,50 m, was gut 2 m Gesamtlänge ergibt. Die Spitze bildet den Körper der Rute und ist mit vier oder fünf Führungsringen mit Abrollwalzen ausgestattet. Diese Walzen reduzieren die Kräfte, die auf die Schnur einwirken und damit auch ihre Abnutzung beträchtlich, was besonders beim schnellen Ablaufen der Schnur von Vorteil ist. Ringe und Rolle sind stehend auf der Oberseite der Rute montiert. Neuerdings gibt es auch so genannte »Stand-up«-Ruten, die in einem Stück gefertigt sind. Sie sind etwas kürzer als die zweiteiligen Ruten und haben eine Tragkraft von 6 bis 20, maximal 20 bis 50 Pfund. Diese meistens in Pfund (abgekürzt »lbs«, ein Pfund entspricht 453 g) angegebene Tragkraft entspricht dem Gewicht, unter dem die Rutenspitze sich in einem Winkel von 90 Grad biegt. Beim leichten Schleppangeln, auch »Trolling« genannt, verwendet man Ruten von 3 bis 20 Pfund Tragkraft, beim mittelschweren Schleppen solche von 10 bis 25 Pfund Tragkraft.

Eine für das Schleppangeln geeignete Rolle hat eine rotierende Spule, denn so kann die Schnur glatter und reibungsloser ablaufen. Diese Multirollen sind entsprechend hoch übersetzt, was das Einholen erheblich erleichtert. Es gibt zwei unterschiedliche Arten von Bremsen, die Sternbremse und die Schiebebremse. Die Schiebebremse arbeitet präziser und behält die eingestellte Bremswirkung bei, sie ist verlässlicher und wird deshalb oft auch für das leichte Gerät bevorzugt.

Andere wichtige Ausrüstungsteile sind die fest montierten Rutenhalter, die an der Seitenwand des Bootes befestigt sind, sowie ein »Harness« oder Gurt mit Rutenhalter für das Drillen von großen Fischen.

Kunstköder: Beim Trolling sind auch Kunstköder beliebt, die für den Fang der unterschiedlichsten Raubfischarten eingesetzt werden können. Meistens verwendet man Löffelblinker, Federn, Wobbler oder verschiedene knallbunte Plastikköder wie etwa »Konaheads« oder »Knuckleheads«, die in der Form wie Tintenfische aussehen. Die Federn, häufig Marabufedern, sind meist 5 bis 10 cm lang und normalerweise weiß. Wenn sie geschleppt werden, gleichen sie einem kleinen

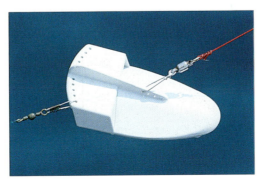

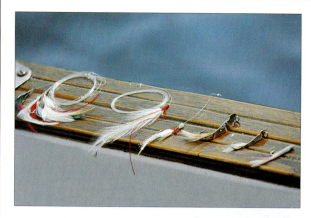

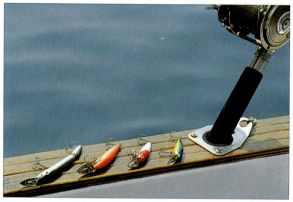

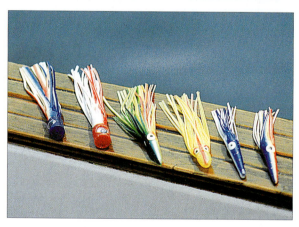

Fischchen auf der Flucht und stellen somit eine attraktive Beute für den Raubfisch dar. Es gibt auch Federn mit Bleikopf, so genannte »Feder-Jigs«, die sich beim Schleppfischen als besonders fängig erweisen, wenn sie weiß-gelb, weiß-blau oder gelb-rot gefärbt sind. In welcher Situation welche Farbstellung am fängigsten ist, wird der Angler durch Experimente herausfinden und mit wachsender Erfahrung auch im Voraus beurteilen können.

Die Löffelblinker, die mit ihrer taumelnden Bewegung besonders täuschend Jungfische imitieren, werden ebenfalls viel und mit Erfolg eingesetzt.

Weiters haben Plastikköder, die kleinen Kraken und Kalmaren nachempfunden sind, eine besondere Anziehungskraft auf viele Räuber. Der Kopf ist meist bebleit, die Tentakel bestehen aus beweglichem Material, das dabei die wellenförmigen Schwimmbewegungen dieser Meeresbewohner relativ natürlich simuliert, und so kann man mit ihnen auch ganz erstaunliche Fänge machen. Wenn alles andere versagt, erzielt man oft mit einem oktopusartigen Plastikköder in Kombination mit einem Fischfetzen endlich den ersehnten Erfolg. Natürlich dürfen hier die unschlagbaren Wobbler nicht unerwähnt bleiben, sehr fängige und besonders bewegliche Kunstköder. Wenn sie bei einer Geschwindigkeit von ca. 4 Knoten geschleppt werden, entfalten sie ihr maximales Potenzial, denn dann sind sie in der Bewegung fast nicht von echten Fischen zu unterscheiden. Wobbler sind in Größen von 6 bis 20 cm erhältlich. Auch ihr Farbkleid gleicht jenem der Fische, die sie imitieren sollen. Die beste Farbstellung scheint dabei Weiß in Kombination mit Rot zu sein, viele Angler schwören auf diese Färbung und versichern, damit bei einigen Arten von Meeresfischen immer sichere Erfolge zu erzielen.

Naturköder: Beim Schleppangeln kann man auch Naturköder benutzen, ebenso wie tote oder lebende Köderfische. Der lebende Köderfisch stellt für viele Raubfischarten

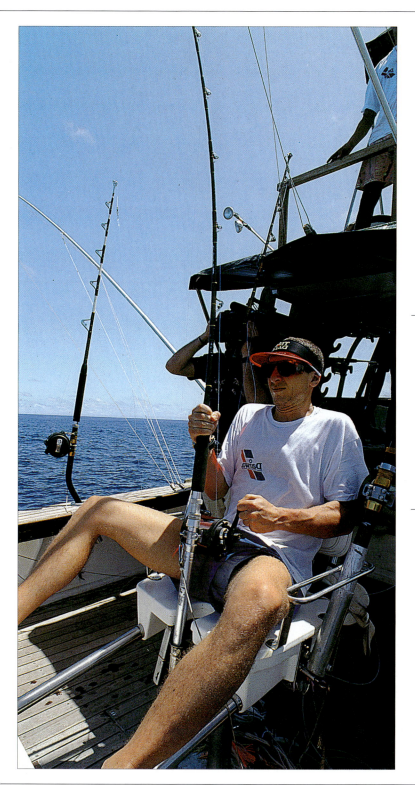

Links: Schlepp-
angeln mit
leichtem Gerät.
Linke Seite oben:
Federn und
Löffelblinker.
Mitte: verschiede-
ne für das
Schleppangeln
geeignete
Wobbler.
Unten: einige
so genannte
»Konaheads«,
große und be-
sonders bunte
Kunstköder.

*Rechts: Ein Seebarsch, auch Wolfsbarsch genannt, ist an den Köder gegangen.
Unten: Schleppangeln mit leichtem Gerät vor der Küste.
Rechte Seite oben: Führungsring mit Abrollwalzen (links) und für das Schleppangeln geeignete Schnüre (rechts).
Unten: Hornhechte werden häufig beim leichten Schleppangeln gefangen.*

sicherlich den attraktivsten Köder dar, doch da diese Methode in vielen Gebieten verboten ist und überdies in letzter Zeit kontroversiell diskutiert wird, wollen wir uns hauptsächlich der Verwendung des toten Köderfisches und des Fetzenköders zuwenden. Mit Naturköder fängt man vor allem **Zackenbarsche**, **Zahnbrassen**, **Grünel**, seltener auch **Bläuel** und **Blaufisch**.

Oft und gerne verwendet man Makrelen, aber auch Stöcker, Brandbrassen und den sehr fängigen Hornhecht. Meeräschen und Tintenfische sind ebenfalls geeignet, sofern man sie sich von Berufsfischern beschaffen kann.

Wenn man mehrere Stunden auf offener See verbringt, muss man dafür sorgen, dass der Naturköder, besonders wenn es sich um Fische handelt, auch entsprechend frisch bleibt. Manche Boote besitzen Wannen, in welchen man die Köderfische in Wasser aufbewahren kann. Sie dienten also ursprünglich dem Hältern der lebenden Köderfische, leisten jedoch auch zum Frischhalten toter Köderfische gute Dienste, wenn das Wasser regelmäßig ausgewechselt wird. Auch allerlei verschiedene Plastikbehälter und

Kühlboxen sind geeignet. Am besten ist es, immer nur ganz frische Fische zu verwenden, denn besonders Räuber haben einen feinen Geruchssinn. Außerdem sollten es festfleischige Arten sein, die beim Schleppen nicht vom Haken reißen. Ganze Köderfische sollten möglichst unbeschädigt sein.

Um die Haltbarkeit des Fisches und auch seine natürliche Bewegung im Wasser zu gewährleisten, wird daher sehr vorsichtig angeködert.

Das Vorfach, meist aus Nylon, sollte mindestens eine Stärke von etwa 0,50 bis 0,60 mm aufweisen, besonders, wenn auch mit Fischen größeren Kalibers gerechnet werden muss. Kräftige Räuber haben ein kräftiges Gebiss, das einen zu dünnen Vorfachfaden rasch abreißen würde.

Als Haken eignen sich kräftige, spitze Stahlhaken der Größen 2/0 bis 7/0. Ködert man einen kleinen Tintenfisch an, genügt ein Haken in der Mundöffnung, handelt es sich hingegen um einen Hornhecht, nimmt man zwei Haken, einen kleineren Trägerhaken und einen zweiten größeren in der Körpermitte. Bei größeren Tintenfischen, wie sie oft beim Angeln auf große **Grünel** verwendet werden, nimmt man ebenfalls immer zwei Haken, einen kleinen am Kopfende zum Schleppen des Köders und einen großen Haken zwischen Augen und Tentakeln, mit dem der Fisch dann gehakt wird. Mit Naturködern kann man knapp unter der Wasseroberfläche, in mittlerer Tiefe oder auch nahe dem Grund arbeiten, wo man oft mit ganzen Köderfischen den besten Erfolg erzielt. Es gibt vielerlei kleine Kunstgriffe, die Probleme mit dem toten Köderfisch beim Schleppen vermeiden sollen. Manchmal wird das Maul zugenäht, damit das eindringende Wasser den Köder nicht vom Haken reißt oder aufplatzen lässt. Größere Köderfische können filetiert und in Fischform zugeschnitten werden. Mit diesem so genannten Fetzenköder, der meist zwischen 6 und 8 cm lang ist, erzielt man oft ebenso gute Erfolge wie mit einem ganzen Fisch.

ANGELN VOM BOOT AUS

Schleppen in verschiedenen Wassertiefen: Die Unterscheidung zwischen Schleppangeln an der Oberfläche, in mittleren Tiefen und in Grundnähe ist nicht nur deshalb sinnvoll, weil sich dort unterschiedliche Fischarten aufhalten, sondern auch und vor allem, weil man sich einer jeweils anderen Technik bzw. unterschiedlicher Hilfsmittel bedienen muss.

Schleppt man den Köder vom fahrenden Boot aus, genügen der Auftrieb und die Beschleunigung, um ihn an der Oberfläche zu halten.

Anders sieht es aus, wenn der Köder einige Zentimeter bis Meter unter Wasser geschleppt werden soll. In diesem Fall muss man an der Hauptschur vor dem ersten Wirbel ein hydrodynamisch geformtes Blei zwischenschalten, das bis in die gewünschte Tiefe absinkt. Der Fachhandel hält eigens für diesen Zweck gebaute Bleie in Spezialformen bereit. Sie können bis zu mehreren hundert Gramm schwer sein und bringen den Köder in die gewünschte Tiefe, um beispielsweise **Makrelen**, **Stöcker**, **Seebarsche** und andere Arten zu erreichen, die gewohnheitsmäßig in der Nähe der Wasseroberfläche und in geringer Tiefe jagen.

Neben den Spezialbleien verwenden viele Angler noch andere technische Hilfsmittel, um den Köder in die Tiefe zu bringen. Tauchbretter zum Beispiel gibt es in zahlreichen

Diese Seite: ein Seebarsch an der Schleppangel (oben) und vom Haken gelöst (unten).

ANGELN VOM BOOT AUS

Formen, moderne Versionen laufen nach dem Biss gerade auf der Schnur, sodass der Fisch nicht mehr weiter abtauchen kann, ohne dass der Angler dazu etwas tun muss. Zum Angeln auf Fische, die in größerere Wassertiefe - das sind mehr als 30 m – stehen, verwendet man den »Downrigger«, das ist im Prinzip ein kleiner Kranarm, an dem ein bis zu 5 kg schweres Gewicht an einem Stahldraht befestigt ist. Beim Biss löst sich der Clip und gibt die Hauptschnur frei. Der Fisch kann ungehindert gedrillt werden, wodurch das sportliche Vergnügen bei dieser Angelmethode erhalten bleibt. Das Gewicht wird anschließend separat geborgen. Wenn man mit dem Downrigger arbeitet, sollte man unbedingt ein Echolot an Bord haben, nicht nur, um die Wassertiefe genau auszuloten, sondern auch um das Profil des Meeresgrundes zu erkunden und die ideale Tiefe, in die der Köder sinken soll, zu ermitteln.

Schnur, Haken und Zubehör: Für das Schleppangeln kann man sowohl Nylon- als auch Draconschnüre (geflochtene Schnüre) verwenden. Sie sind nach Durchmesser und Tragkraft eingeteilt und gekennzeichnet. Die Tragkraft ist entweder in Pfund oder in Kilogramm angegeben. Zu beachten ist, dass Verschleißstellen, aber auch Knoten die Tragkraft erheblich beeinträchtigen können. Beim mittelschweren bis leichten Schleppen

Oben: Beim Schleppangeln wird der Köder vom fahrenden Boot aus durchs Wasser gezogen. Unten: einige Wobbler, Gliederwobbler und Feder-Jigs.

ANGELN VOM BOOT AUS

wählt man eine Hauptschnur mit 6 bis 7 kg Tragkraft. Für das schwere Schleppen greift man zu einer entprechend stärkeren Schnur mit 15 bis 24 kg Tragkraft. Auch die Haken müssen stark genug sein, um den einwirkenden Kräften zu widerstehen. In jedem Fall sollte man immer nur erstklassige Qualität kaufen und die Haken austauschen, sobald sie erste Anzeichen von Korrosion zeigen. Häufig werden langschenkelige Öhrhaken 1/10 bis 4/0 verwendet. Weitere wichtige Zubehörteile sind ein ausziehbarer Landehaken oder Gaff, das ist ein spitzer Haken an einem Stiel, mit dem größere Fische aus dem Wasser gehoben werden, sowie ein Unterfangkescher zur schonenden Landung der weniger kapitalen Exemplare.

Besonders wichtig sind beim Schleppen auch die »Outrigger«. Das sind seitliche Ausleger aus Fiberglas in verschiedener Länge, die mit mobilen Halterungen montiert werden. Die Schnur ist mit einem Clip befestigt. So kann man seitlich in einiger Entfernung vom Boot Köder oder auch Luren (Reizköder ohne Haken) mitschleppen, ohne dass man Gefahr läuft, dass sich die Schnüre mit jenen der am Heck geschleppten Köder verdrallen.

Ein Outrigger ist ein seitlicher Ausleger in einer mobilen Halterung am Boot, an dem die Angelschnur mit einem Clip befestigt wird.

ANGELTECHNIK

Die Ruten mit dem Schleppköder können an verschiedenen Stellen des Bootes platziert werden. Wie man dabei verfährt, hängt von den Vorlieben und Erfahrungen des Anglers ab. Am einfachsten ist es, je eine Rute auf jeder Seite des Bootes zu befestigen, sodass sich zwischen den Schnüren ein möglichst großer Abstand befindet und sie sich nicht verwickeln können. Eine dritte Schnur kann mit einem Blei in der Mitte des Hecks festgemacht werden, wobei der Köder in kürzerer Entfernung vom Boot geschleppt wird als die beiden anderen. Man kann zwei weitere Angeln an den seitlichen Auslegern montieren. Es ist ratsam, die Haken mit unterschiedlichen Ködern zu bestücken und die Schnüre verschieden tief einzustellen, um die Fangchancen zu erhöhen.

Später kann man auf die Montage wechseln, welche sich als am fängigsten erweist.

Die Schleppgeschwindigkeit hängt vom Köder ab, mit dem man seine Haken bestückt hat. Köderfische schleppt man langsamer als Kunstköder, beim schnellen Schleppen

ANGELN VOM BOOT AUS

auf Thunfische erreicht man schon mal eine Geschwindigkeit von 6 bis 7 Knoten. Hat ein Fisch angebissen, vibriert die Rutenspitze und die Schnur läuft schnell von der Rolle ab. Der Angler nimmt nun die Rute aus der Halterung und setzt das Ende des Handteils in die dafür vorgesehene Tasse an seinem Gurt. Nachdem der Fisch einiges an Schnur abgezogen hat, wird er langsamer. Nun ist es Zeit, den Haken zu setzen. Der Anhieb erfolgt energisch, dann geht man unverzüglich daran, Schnur zu gewinnen. Wenn der Fisch seitlich fliehen oder abtauchen will, lässt man ihn wieder etwas Schnur abziehen. Sehr wichtig ist es jedoch, die Schnur niemals durchhängen zu lassen, denn ohne Spannung hat der Fisch die größten Chancen, sich vom Haken zu befreien. Sollte der Fisch unter das Boot fliehen, muss man sehr vorsichtig sein, damit die Schnur nicht in die Schraube gerät. Dann wird der Fisch mit dem Kescher aus dem Wasser gehoben, was sowohl für das Tier als auch für das Gerät am schonendsten ist, besonders bei kapitalen Exemplaren. Wenn man es mit einem Schwarm zu tun hat und mehrere Fische gleichzeitig beißen, ist die korrekte Ausführung jedes Handgriffs besonders wichtig, auch eine gute Vorbereitung macht sich dann bezahlt. Vor allem ist zu vermeiden, dass sich die einzelnen Schnüre miteinander verwickeln.

Links: Stolz zeigt der Angler seine Beute: Zwei Bonitos sind an den Köder gegangen. Oben: Bei dieser Angelmethode muss die Rute genau beobachtet werden, damit man den Moment nicht versäumt, in dem ein Fisch anbeißt.

ANGELN VOM BOOT AUS

Hochseeschleppen (Big Game)

Unter Hochseeschleppen oder »Big Game« versteht man das Angeln vom fahrenden Boot aus auf offener See auf kapitale Raubfische. Dies ist sicherlich die Königsdisziplin für den Sportangler, da es sich bei den hierbei erbeuteten Fischen um die begehrtesten Exemplare von **Thunen**, **Schwertfischen** und **Haien** handelt. Insbesondere am Mittelmeer ist in letzter Zeit ein regelrechtes Big-Game-Fieber ausgebrochen, und überall in den Häfen sieht man mehr und mehr starke, schnelle Boote mit beträchtlicher Reichweite, die von den Werften bereits mit den Errungenschaften neuester Technologie ausgerüstet und mit Kampfstuhl, Outriggern und Rutenhaltern bestückt angeboten werden. Der sportliche Hochseeangler fischt ausschließlich mit Rute und Rolle, wobei die Ausrüstung dem Kaliber der Beutefische entsprechen muss, die gefangen werden sollen. Dem Hochseeangler geht es weniger um den Fang an sich als viel mehr um das Erlebnis und die Spannung, die der Kampf mit einem dem Menschen an Kraft weitgehend ebenbürtigen Gegner bringen kann. Folgerichtigerweise kann man auch nur dann von Big Game sprechen, wenn es dem Angler gelungen ist, seinen Beutefisch nur mit Hilfe von dem Gewicht und der Kampfstärke des Gegners angepasster Schnur, Rute und Rolle zu besiegen. Nur dann wird sich der Sportangler seines Erfolges so richtig freuen und auch rühmen können.

Unten: Beim schweren Schleppangeln kommt man unmöglich ohne einen speziellen Kampfstuhl aus, der auf der Heckplattform des Bootes montiert ist. Oben: Hochsee-Multirolle.

Ausrüstung: Zum Hochseeangeln benötigt man eine speziell für diesen Zweck geeignete Rute, die aus zwei Teilen besteht: der Spitze, die den eigentlichen Körper der Rute ausmacht, und einem Handteil. Die Gesamtlänge beträgt ca. 2 m. Solche Ruten sind nicht gebaut, um ein Gewicht zu werfen. Ihre eigentliche Bestimmung ist der Kampf mit dem Gegner, der Drill.

Schleppruten sind besonders stabile Bootsruten mit kräftigem Rückgrat, die Tragkraft ist auf der Rute angegeben. Die neueren Stand-up-Ruten sind nicht auf diese Art klassifiziert, denn sie decken ein weites Spektrum ab. Sie sind speziell dafür gebaut, es mit kräftigen Fischen von 10 kg aufwärts aufzunehmen. Für kleinere Exemplare bedient man sich besser einer herkömmlichen Bootsrute mit durchgehender Parabolik, die so lang als möglich sein sollte.

Die Rolle für das Big Game muss zur jeweiligen Schlepprute passen, der Hersteller versieht die Ruten mit den ent-

ANGELN VOM BOOT AUS

sprechenden Angaben. Am geeignetsten ist eine Rolle mit rotierender Spule, bei der die Rollenachse quer zur Ablaufrichtung liegt. Es gibt sie mit Stern- oder Schiebebremse. Die Version mit Schiebebremse wird am häufigsten verwendet, denn die Bremswirkung lässt sich während des Drills zuverlässig kontrollieren, während die Sternbremse immer wieder nachgestellt werden muss. Bei manchen Modellen ist die Einholgeschwindigkeit verstellbar. Das bedeutet jedoch nicht, dass die billigeren Modelle mit Sternbremse nicht genauso gut arbeiten würden, wenn man sie richtig bedient. Alle Ausrüstungsteile für das Angeln im Meer sollten sich durch hohe Korrosionsbeständigkeit auszeichnen, das gilt vor allem für die beweglichen Teile. Trotz der starken Beanspruchung muss das Gerät einwandfrei und verlässlich funktionieren und insbesondere für das Big Game hohen Belastungen standhalten. Diese Voraussetzungen erfüllen heute alle modernen Hochseerollen der neuesten Generation. Die Schnur muss natürlich ebenfall robust sein und darf sich - bei ausreichender Elastizität - nicht zu stark dehnen. Die Tragkraft der Schnüre wird in Pfund oder Kilogramm angegeben. Große Knotenfestigkeit und absolut keine Verschleißstellen sind weitere Anforderungen, die das Monofil oder die geflochtene Schnur für das Big Game erfüllen müssen. Für das Vorfach verwendet man Nylon, sofern das möglich ist. Bei sehr großen Fischen oder solchen mit scharfen Zähnen muss man unbedingt ein Stahlvorfach montieren. Die Haken müssen eine scharfe Spitze haben, die gut ins Maul eindringt, und sollten stark genug sein, den Zug- und Hebelkräften zu widerstehen.

Köder: Auch beim schweren Schleppen ist die Wahl des

Links: Wahl eines Kunstköders. Oben: Schnüre, Haken, Kampfgurt und Kunstköder für das schwere Schleppen.

ANGELN VOM BOOT AUS

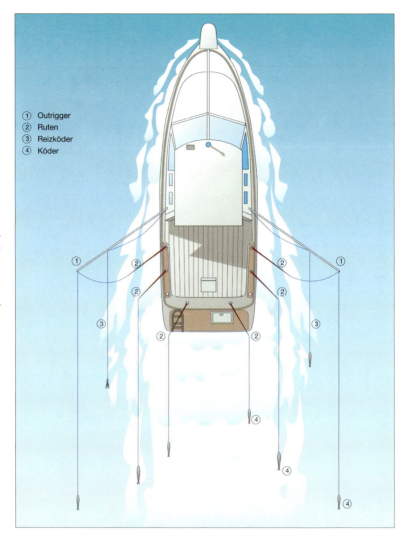

Rechts: Hier ist die ideale Verteilung der Ruten auf dem Boot schematisch dargestellt.

richtigen Köders wieder von entscheidender Bedeutung für den Erfolg. Es gibt einige natürliche und künstliche Köder, die besonders für das Big Game geeignet sind und eigens dafür hergestellt werden.

Aus der Kategorie der Kunstköder verwendet man beim schweren Schleppfischen ähnliche Formen wie beim mittelschweren Schleppen an der Oberfläche: Federn, Jigs mit Bleikopf, Konaheads, Knuckleheads und natürlich die beliebten Wobbler und Gliederwobbler. Weiße Federn erweisen sich dabei als Universalköder, Jigs arbeiten besonders gut bei hohen Schleppgeschwindigkeiten, während die Konaheads hauptsächlich für den Fang von **Marlin** und **Segelfischen** eingesetzt werden. Auch die größten unter den **Thunen** gehen besonders gut an diese oktopusartigen Kunstköder, sowohl beim langsamen Schleppen als auch bei mittlerer Geschwindigkeit sind daran schon Rekordexemplare gefangen worden. Beim schnellen Schleppen wiederum sind die Wobbler unschlagbar, Fischimitationen aus verschiedenen Materialien, die auch im Farbkleid bestimmten Spezies von Meeresfischen gleichen. Am häufigsten werden Exemplare zwischen 14 und 26 cm Länge eingesetzt.

Gute Naturköder sind Makrelen, Meeräschen, Hornhechte und kleine Bonitos oder Fregattmakrelen. Vielfach werden die toten Köderfische geöffnet, um Vorfach und Haken darin zu verbergen, und dann wieder zusammengenäht.

Die Beute: Der passionierte Sportangler, der sich mit dem Hochseefischen beschäftigt, ist gemeinhin dann in seinem Element, wenn es auf **Große Thune** geht. Langsames Schleppen natürlicher Köder und zügiges Schleppen von Kunstködern sind die besten Methoden, um einen Großen Thun zu fangen. **Thunfische** gehen besonders gerne an Meeräschen, Makrelen und an die so genannten Konaheads, die wie Tintenfische aussehen. Die Kunst dabei ist, die Köder so an einem

Thunfischschwarm vorbeizuschleppen, dass die Thune aufmerksam werden und möglichst zahlreich dem Köder hinterherjagen. Dabei muss man immer darauf achten, den Schwarm nicht aus den Augen zu verlieren. Thunfische stürzen sich immer aggressiv auf den Köder, anschließend ziehen sie sehr schnell ab. Anfangs lässt man das zu und beginnt dann nach und nach, mit Seitwärtszug zu parieren. Die Schnur muss unbedingt immer gespannt bleiben, damit man den Kontakt mit dem Fisch nicht verliert. Beim Drill ermüdet man den Fisch nicht nur durch die Arbeit an der Rute, geschicktes Manövrieren des Bootes gehört ebenfalls dazu und erleichtert den Kraftaufwand erheblich. Nach einiger Zeit kann man den Fisch dann längsseits an das Boot führen und ihn mit großen Gaffs sicher landen.

Ebenso Respekt einflößende und unter Sportanglern hoch geschätzte Gegner sind die **Haie**, auf die man mit Meeräschen, Makrelen, Konaheads, Jigs und Gummifischen angelt. Sehr schöne und unter den Anhängern des Big Game begehrte Trophäen sind außerdem alle schwerttragenden Fische wie **Schwertfisch**, **Marlin** oder **Segelfisch**. Sie sind in den europäischen Meeren eher selten, und ihr Fang ist nicht gerade einfach. Nur wenige Angler können sich rühmen, jemals einen so schönen Fisch erbeutet zu haben, daher werden sie nicht selten präpariert und ausgestellt.

Diese Seite: zwei ansehnliche Exemplare: ein Thun (oben) und ein kapitaler Grünel (links).

Treib- und Grundangel auf der Duftspur

Diese Angelmethode kann das ganze Jahr über praktiziert werden und ist auf der ganzen Welt weit verbreitet. Dabei fängt man auch in Küstennähe zahlreiche Wanderfische wie **Grünel**, **Bonito**, kleine **Thune** und **Bläuel** sowie Standfische wie **Seebarsche**, **Zackenbarsche** und **Muränen**. Was die Besonderheit dieser Methode ausmacht, ist das Anfüttern mit riechendem Material, das zahlreiche Fische über größere Distanzen anlockt. Ganze oder gehackte Sardinen oder auch Fischbrei werden aus Eimern übers Heck aus dem Boot geworfen, man kann aber auch einen Netzbeutel mitschleppen, aus dem allmählich das gehackte Fischmaterial entweicht. Dazu benötigt man ein Boot, das geräumig und bequem genug ist, dass man alle nötigen Handgriffe bequem ausführen und die Materialien verstauen kann. Natürlich hängt die Größe des Bootes auch davon ab, welche Art von Fischen man fangen möchte.
Der hohe Fangerfolg zeigt, dass es sich hier um eine hoch effiziente Methode handelt, doch um auch wirklich Erfolg zu haben, muss man die lokalen Gegebenheiten sehr gut kennen und benötigt ein gewisses Maß an Erfahrung.

Ausrüstung: Damit der Angeltag zur Zufriedenheit aller Beteiligten ausfällt, benötigt man eine spezielle Ausrüstung, da man es hier oft mit großen, kampfstarken Gegnern zu tun bekommt. Daher sollte man schon beim Kauf darauf achten, dass alle Komponenten der Ausrüstung nur aus erstklassigem Material bestehen und einwandfrei verarbeitet sind. Beim Angeln im Meer ist es nie falsch, sich nur auf die besten Marken zu verlassen.
Die ideale Rute ist zwischen 1,8 und 2 m lang und besitzt eine sensible Spitze und ausreichend Rückgrat. Dazu nimmt man beim Angeln auf kleinere bis mittelgroße Fische eine Stationärrolle, auf kapitale Fische und in sehr tiefem Wasser eine Multirolle. Starke Monofil- oder Draconschnüre sowie ein entsprechendes Vorfach aus Nylon oder auch Stahldraht ergänzen die Ausrüstung.

ANGELN VOM BOOT AUS

Links: Der beste Köder im Mittelmeer ist die Sardine.
Linke Seite: Thunfische werden oft von der Duftspur angezogen.

Die Haken zum Anködern von toten Köderfischen liegen beim Angeln auf kleinere Fische zwischen den Größen 6 und 1, bei kapitaleren Exemplaren hingegen zwischen 1/0 und 7/0.

Um verschiedene Wassertiefen abfischen zu können, benötigt man weiters ein Sortiment an verschiedenen Bleien. Vielfach werden die Grundbleie mit einem Wirbel mit Karabinerhaken in die Vorfachspitze eingehängt. Je nachdem, wie stark die Strömung ist und in welcher Wassertiefe man arbeiten will, variiert das Gewicht des Grundbleis zwischen einigen wenigen bis zu 300 g.

Köder und Lockfutter: Der am häufigsten verwendete und wichtigste Köder ist im Mittelmeer sicherlich die Sardine, da sie die Grundnahrung für viele der dort lebenden Fischarten darstellt. Für Nord- und Ostsee übernehmen diese Rolle kleine Heringe und Makrelen. Je nachdem, welche Fischart man zu fangen gedenkt, füttert man mit ganzen Fischen, Fischstücken oder auch Fischbrei an. Am besten eignen sich ganz frische Fische, aber auch Tiefkühlware verfehlt ihre Wirkung nicht.
In zweiter Linie eignen sich auch Anchovis, Tintenfische, Stöcker und Blöker.

ANGELN VOM BOOT AUS

Damit die Fische der Duftspur auch tatsächlich folgen, muss ihnen der Geruch wie das wohlbekannte Aroma ihrer bevorzugten Nahrung erscheinen. Obwohl man mit einem Einzelköder oft gerade durch einen ungewöhnlichen Geruch oder Anblick Erfolg haben kann, wird das bei der Duftspur sicherlich nicht funktionieren, daher sollte man unbedingt immer eine Fischart wählen, die zahlreich im betreffenden Gewässer vorkommt. Stark riechende, ölhaltige Fische wie Sardinen und Makrelen wirken unter anderem auch deshalb so attraktiv, weil sich der Duft noch viel weiter verbreitet als die Fischstücke selbst. Während des Anfütterns achtet man genau auf Stärke und Richtung der Strömung, damit der Köder dann auch dort eingeworfen wird, wo die Duftspur tatsächlich endet. Das Risiko, dass die Schnur mit der Montage weit vom Anfütterungsmaterial abgetragen wird, ist dann geringer, wenn man einen Netzbeutel mit Lockfutter am Heck befestigt.

Eine Duftspur aus gehackten oder ganzen Sardinen stellt einen wirkungsvollen Lockköder dar, der die Fische auch aus beträchtlicher Entfernung anzieht.

ANGELN VOM BOOT AUS

ANGELTECHNIK

Ist die Duftspur gelegt, müssen die Ruten vorbereitet und die Köder eingeworfen werden. Normalerweise arbeitet man mit nicht mehr als drei Ruten gleichzeitig, um ein Verwickeln der Schnüre und damit den Verlust gehakter Fische zu vermeiden. Man setzt die Köder genau in die Duftspur. Will man in geringerer Tiefe angeln, benutzt man einen Schwimmer, für das klassische Tiefseeschleppen eine Montage mit schwerem Grundblei. Der Haken ist gut getarnt, wenn er mit demselben Material beködert ist, aus dem das Lockfutter besteht, man kann jedoch auch alle anderen Arten von kleinen Fischen dazu verwenden.

Ist der Fisch gehakt, kann man entweder vom treibenden oder vom fahrenden Boot aus drillen, je nachdem, welche Ausrüstung man gewählt hat und wie groß und stark der Gegner ist. Selbstverständlich sollte man auch bei dieser Methode ein Echolot an Bord haben, um den Meeresboden zu erkunden: Gräben, die unmittelbare Umgebung von Wracks oder reich bewachsener Grund sowie Riffe sind gute Angelstellen.

Nach dem Anfüttern mit reichlich riechendem Material wirft der Angler noch gezielt etwas kompakteres Lockfutter aus, um die verschiedenen Wassertiefen zu erreichen.

Meeresfische
Boops boops • Blöker

Visitenkarte

Ordnung
Perciformes

Familie
Sparidae

Maximale Länge
40 cm

Lebensraum
Fels- und Kiesgrund

Angeltechnik
Stippen

Unter allen Mitgliedern der Familie der Sparidae ist es sicherlich der Blöker, der den am deutlichsten spindelförmigen Körper hat. Die Schnauze ist kurz, das Maul klein und unterständig, die Augen sehr groß. Die charakteristische Rückenflosse ist sehr lang mit 13 bis 14 stachelharten und 15 bis 16 weichen Strahlen. Die Brustflossen sind kaum kürzer als die Schwanzflosse, die Bauchflossen setzen gleich hinter dem Brustflossenansatz an und sind deutlich kürzer. Die Schwanzflosse ist kräftig und konvex mit zwei zugespitzten Lappen. Der Körper ist von regelmäßig angeordneten kleinen Schuppen bedeckt. Das Farbkleid tarnt den Fisch gut, der Rücken ist olivgrün, die Flanken silbrig und von drei bis vier golden schimmernden Linien durchzogen, der Bauch ist weißlich. Die Brustflossen und die Schwanzflosse sind rosig gelb, die Rückenflosse schimmert silbern.

Fortpflanzung und Wachstum: Der Blöker laicht im April und Mai in Küstennähe. Die schwimmenden Eier werden frei ins Wasser gesetzt. Die Larven halten sich in Küstennähe auf und wandern erst aufs offene Meer ab, wenn sie die Geschlechtsreife erreicht haben. Der Blöker wird bis zu 40 cm lang und 600 g schwer.

Lebensraum und Nahrung: Der Blöker liebt kiesreichen oder felsigen Grund, auch Riffe oder steinigen Untergrund mit reichlich Muschelsediment. Man findet ihn oft in Küstennähe, auch in Hafenbecken oder in kleinen Buchten an der Felsenküste. Er lebt in Schwärmen, die auf der Suche nach Nahrung umherwandern. Er ernährt sich vorzugsweise von Mollusken, kleinen Krustentieren, Algen und Rogen anderer Fischarten. Am meisten Aktivität zeigt er nach Sonnenuntergang, wenn dichte Schwärme im Schutz der Dunkelheit die Strände nach Nahrung absuchen.

Wissenswertes: Der Name dieser Spezies, Boops, bedeutet Ochsenauge. Außerdem findet man auf den Flanken des Blökers oft einen kleinen Parasiten der Gattung *Cymodocea*.

MEERESFISCHE

Links: Wellenbrecher sind gute Standplätze für das Angeln auf Blöker.
Linke Seite: Lösen des Hakens.

ANGELMETHODEN

Stippen: Der im Mittelmeer besonders verbreitete Blöker wird häufig an einer Stippangel gefangen. Die Rute misst 5 bis 6 m, die Hauptschnur ist je nach den Sichtverhältnissen im Wasser 0,12 bis 0,16 mm stark. Ans Ende der Hauptschnur kommen einige Schrotbleie mit einem Gewicht bis zu 2 g.
Mit einem Wirbel wird ein Vorfach mit zwei mit Haken Nr. 12 bis 14 armierten Seitenarmen der Stärke 0,12 mm an die Hauptschnur montiert. Ist die Montage fertig, bereitet das Angeln keinerlei Schwierigkeiten, der Blöker ist eine leichte Beute. Größere Blöker beißen energisch, kleinere Exemplare etwas zögerlicher. Auf jeden Fall muss der Anhieb prompt erfolgen, sobald der Schwimmer untertaucht, aber auch mit Gefühl, damit das Vorfach nicht reißt. Der gehakte Fisch zeigt ein lebhaftes Temperament und schlägt noch gehörig um sich, weshalb es immer gut ist, ihn möglichst schnell zu landen, bevor er sich den Haken aus dem Maul hebelt.

Köder und Lockfutter: Der Blöker nimmt so gut wie alles, daher kann man ihm zahlreiche Köder anbieten. Eine Vorliebe scheint er für Mieterkrebse, Ringelwürmer sowie Brot- und Käseteig zu haben. Da der Blöker gesellig lebt, empfiehlt es sich auch, vor und während des Angelns ständig anzufüttern, um die Fische an der Angelstelle zu halten. Der Fachhandel hält geeignete Pasten und Teige bereit.

MEERESFISCHE

Conger conger • Conger, »Meeraal«

Visitenkarte

Ordnung
Anguilliformes

Familie
Congridae

Maximale Länge
2,5 m

Lebensraum
Felsenküste

Angeltechnik
Handschnur,
Grundangel,
Brandungsfischen

Der Conger gleicht einem großen Aal und wird darum auch oft »Meeraal« genannt. Sein schlangenartiger Körper ist zylindrisch geformt und am hinteren Ende etwas zusammengedrückt. Die Schnauze ist lang und spitz, das Maul groß, der Oberkiefer steht etwas über den Unterkiefer, beide sind mit zahlreichen kleinen scharfen Zähnen besetzt. Die Rückenflosse ist sehr lang und schmal, beginnt gleich hinter dem Brustflossenansatz und setzt sich über den ganzen Rücken fort. Sie geht direkt in die Schwanzflosse und von dort auf der Bauchseite in die Analflosse über. Die schuppenlose Haut ist von einer Schleimschicht überzogen. Das Farbkleid variiert von Aschgrau bis Schwärzlich, die Bauchseite ist schmutzig weiß, die lange Rückenflosse grauweiß.

Fortpflanzung und Wachstum: Der Conger laicht nur einmal im Hochsommer. Die Eier haben etwa 3 cm im Durchmesser. Die Larven gleichen den Aallarven. Die Jungfische halten sich vorweigend in Küstennähe auf und steigen erst mit Erreichen der Geschlechtsreife in Tiefen von bis zu 1000 m ab. Der Conger kann 2,5 m lang und 40 kg schwer werden.

Ein Fischer zeigt einen eben an der Legschnur gefangenen Conger.

Lebensraum und Nahrung: Der Conger ist ein gefräßiger Räuber, der sich tagsüber in der Nähe felsiger Küsten verborgen hält und sich in der Dämmerung auf Nahrungssuche begibt. Er lauert seiner Beute, die er mit seinem besonders ausgeprägten Geruchssinn aufspürt, in Höhlen und zwischen Felsen auf, packt sie blitzschnell, um sie sodann mit seinen scharfen Zähnen zu zerfleischen. Er wird nicht so schnell satt und frisst sich in beutereichen Nächten so richtig voll. Der Angler spürt den Conger oft in der Nähe natürlicher und künstlicher Brecher, aber auch in den sandigen Buchten vor Felsenküsten auf.

Wissenswertes: Der Conger ist überaus neugierig und flieht im Gegensatz zum Aal nicht vor Geräuschen, im Gegenteil, sie scheinen ihn sogar anzuziehen. Außerdem ist er sehr stark und hat schon so manches Gerät zerschlagen.

MEERESFISCHE

Der Conger (unten) lebt an Felsenküsten (oben), wo er seiner Beute in Höhlen und Spalten auflauern kann.

ANGELMETHODEN

Handschnur: Es hat etwas für sich, nur mit der Handschnur auf große Conger zu angeln, die schwerlich mit anderen Methoden zu erreichen wären. Dazu knüpft man an die 0,10 mm starke Hauptschnur mehrere 2 m lange, 0,70 mm starke, mit Haken der Größe 8 bis 9 armierte Seitenarme an. Damit die beköderten Haken auch wirklich gut auf dem Grund liegen, sollte man ein 200 g schweres Gewicht ans Ende des Vorfachs knüpfen. Da man große Conger wahrscheinlich nur im Dunkeln fängt, wenn sie auf Jagd gehen, sollte man beim Einholen eines so gefährlichen Gegners besser zu zweit sein, denn dieser Fisch besitzt erstaunliche und bereits berüchtigte Kräfte. Beim Einholen trachtet man geduldig danach, ihn zu ermüden und landet ihn dann mit Hilfe eines Gaffs. Auch mit der herkömmlichen Grundangel mit Rute und Rolle erbeutet man so manchen Conger.

Brandungsangeln: Als gieriger Räuber, der besonders in der Dämmerung auf Jagd geht, stellt der Conger auch einen typischen Beutefisch für den Brandungsangler dar. Seine Kampfstärke fordert die Kraft und die Geschicklichkeit des Sportanglers auf das Äußerste. Da der Conger dicht bezahnte, robuste Kiefer besitzt, ist darauf zu achten, dass das Vorfach auch entsprechend beschaffen ist. Man greift am besten zu einer geflochtenen Schnur mit 15 bis 20 kg Tragkraft. Der Conger beißt heftig und aggressiv, die Rutenspitze wird ruckartig nach unten gezogen und noch ein paar Mal angezupft. Anschließend kann man häufig beobachten, wie die Schnur ganz plötzlich durchhängt, was bedeutet, dass der Conger auf das Ufer zustürzt. In diesem Moment ist der Anhieb zu setzen, um dann sogleich mit dem Drillen zu beginnen. Den Stößen und Fluchten dieses starken Gegners muss der Angler begegnen, ohne das Gerät zu überlasten, und selbst an Land ist der Conger noch gefährlich. Der Haken sollte besser erst dann gelöst werden, wenn er tot ist.

MEERESFISCHE

Dentex dentex • Zahnbrasse

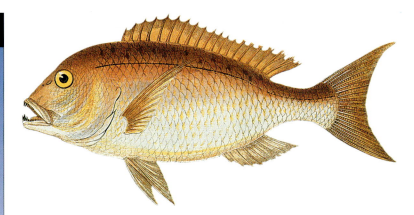

Visitenkarte

Ordnung
Perciformes

Familie
Sparidae

Maximale Länge
über 1 m

Lebensraum
felsiger Grund

Angeltechnik
Schleppen, Grundangel von der Felsenküste aus

Die Zahnbrasse hat einen kräftigen, seitlich zusammengedrückten Körper, ein breites Profil und mit nur vier Fangzähnen besetzte Kiefer, die auch bei geschlossenem Maul gut zu sehen sind. Dieses Merkmal, dem die Zahnbrasse ihren Namen verdankt, verrät uns auch, dass sie ein aggressiver Kurzstreckenjäger ist. Die beiden Brustflossen sind lang und spitz und machen die Zahnbrasse zu einem schnellen Sprinter. Auf dem Rücken sitzt eine lange Flosse, die im vorderen Teil von 11 bis 12 stachelspitzen Strahlen aufgerichtet wird. Die breite Schwanzflosse ist konvex, die Analflosse eher kurz und endet auf derselben Höhe wie die Rückenflosse. Die Seitenlinie ist deutlich zu sehen, sie verläuft im oberen Teil des Rückens und folgt seiner Krümmung. Das Farbkleid ist vorwiegend silbrig, weist aber je nach Alter und Umgebung die verschiedensten Schattierungen auf, ältere Exemplare sind oft karottenrot getönt und silbrig abschattiert. Junge Exemplare sind bläulich, an den Flanken verlaufen dunklere Streifen.

Fortpflanzung und Vermehrung: Die Zahnbrasse kommt im Frühjahr zum Ablaichen an die Küste, wo sie bis zum Sommerbeginn bleibt. Sie kann über 1 m lang und 12 bis 13 kg schwer werden, es wurden auch schon größere Exemplare gefangen.

Lebensraum und Nahrung: Dieser sehr wachsame und misstrauische Fisch bevorzugt die tieferen Gewässerschichten zwischen 15 und 200 m mit felsigem Grund und zahlreichen Niveauunterschieden, Löchern und Spalten als Lebensraum. Dort lebt die Zahnbrasse entweder als Einzelgänger oder in Paaren. Sie lauert Hornhechten, kleinen Makrelen und Sardinen auf, verschmäht aber auch Mollusken nicht, der Tintenfisch gehört zu ihren Lieblingsspeisen. Sie ist ein typischer Kurzstreckenjäger, der häufig den Standort wechselt und ist daher oft schwer zu lokalisieren. Das Echolot hilft, die Grundbeschaffenheit dahingehend zu untersuchen, ob sie für Zahnbrassen geeignet wäre.

MEERESFISCHE

ANGELMETHODEN

Schleppen: Um einen Räuber zu fangen, der in Grundnähe jagt, ist das Schleppen sicher eine der besten Möglichkeiten. Um die verschiedenen Wassertiefen abzusuchen, verwendet man unterschiedliche Bleie und Gewichte sowie Tauchbretter, mit denen man Tiefen von 10 bis 12 m erreicht. Wenn man Naturköder wie Hornhechte, Tintenfische oder Makrelen schleppt, drosselt man die Geschwindigkeit ein wenig, während man Kunstköder wie Wobbler oder Löffel mit 3 bis 4 Knoten schleppen kann.

Grundangel vor der Felsenküste: Eine andere Methode ist die Grundangel von der steilen Felsenküste aus, am besten von einem vorspringenden Felsen oder Brecher. Man benötigt ausreichend Gewicht und ein Vorfach von 70 cm bis 2 m Länge, an das zwei Haken Nr. 2/0 bis 5/0 mit etwa 20 cm Abstand geknüpft werden. Die Haken werden mit Naturköder bestückt. So gut wie jede Fischart eignet sich dafür, Meeräschen werden häufig verwendet, weil man sie oft an denselben Stellen findet. Während der Köder auf dem Grund arbeitet, muss die Bremse unbedingt offen bleiben, damit der Fisch beim Anbiss nicht den geringsten Widerstand spürt. Die Zahnbrasse beißt rasch und entschlossen, ebenso entschlossen sollte der Anhieb erfolgen. Es ist besser, man gewährt der Zahnbrasse nicht zu viel Schnur, denn dieser Fisch nutzt die kleinste Unachtsamkeit, um sich vom Haken zu befreien.

Oben und linke Seite: Eine große Zahnbrasse ist immer ein schöner Fang. Unten: Mit diesem schweren Gewicht bringt man den Köder in große Tiefen.

MEERESFISCHE

Lithognatus mormyrus • Marmorbrasse

Visitenkarte

Ordnung
Perciformes

Familie
Sparidae

Maximale Länge
40 cm

Lebensraum
sandiger und krautiger Grund

Angeltechnik
Grundangel

Die Marmorbrasse (auch *Pagellus mormyrus*) hat einen annähernd oval geformten, seitlich zusammengedrückten Körper und eine spitze Schnauze. Der Unterkiefer des tief sitzenden Mauls ist etwas länger als der Oberkiefer. Die vorderen Zähne sind konisch geformt, die hinteren abgerundet. Die Rückenflosse ist lang mit 11 bis 12 harten und 12 weichen Strahlen. Die Schwanzflosse ist mittelgroß mit zwei spitz zulaufenden Lappen. Die Afterflosse ist 13- bis 14-strahlig, die ersten drei Strahlen sind stachelspitz. Die Brustflossen sind schwach ausgebildet, die Bauchflossen sind klein und brustständig mit einem harten Strahl. Der Körper ist von großen rundlichen Schuppen bedeckt. Das Farbkleid ist silbrig mit goldenem Schimmer. Das besondere Merkmal dieser Spezies sind 10 bis 13 schwärzliche Querstreifen, die über die Flanken bis zum weißlichen Bauch verlaufen.

Fortpflanzung und Wachstum: Die Marmorbrasse ist ein protandrischer Hermaphrodit und kann das Geschlecht im Lauf ihres Leben wechseln. Die Jungfische sind vornehmlich männlichen Geschlechts, erst später bildet sich das weibliche Geschlecht aus. Es scheint aber auch von Beginn an weibliche Exemplare zu geben. Die Marmorbrasse laicht im späten Frühjahr und Frühsommer. Sie setzt schwimmende Eier ab. Sie kann bis zu 40 cm lang und rund 1 kg schwer werden.

Lebensraum und Nahrung: Die Marmorbrasse bevorzugt vegetationsreichen, eher sandigen Grund. Sie lebt in Tiefen von 20 bis 30 m. Oft steigt sie auch in Flussmündungen auf, wo sie dank ihrer hohen Anpassungsfähigkeit an wechselnden Salzgehalt und unterschiedliche Temperaturen gut gedeiht.

Die Marmorbrasse wird häufig an der Grundangel von der Sandküste aus gefangen.

MEERESFISCHE

Sie ernährt sich hauptsächlich von Sandwürmern, kleinen Krustentieren und Mollusken, die sie mit dem Maul aus dem Sand filtert. Sie schwimmt in Schwärmen und geht vorzugsweise in der Dunkelheit auf Nahrungssuche.

Ein besonders schönes Exemplar einer Marmorbrasse.

ANGELMETHODEN

Grundangel: Die Marmorbrasse ist ein typischer Beutefisch beim Grundangeln. Mit einer etwa 4 m langen Rute und einer Schur mit 0,30 mm Durchmesser auf der Rolle ist man gut gerüstet. An die Hauptschnur wird ein durch einen Wirbel mit Karabiner gestopptes flaches Laufblei montiert, in den Karabiner hängt man das etwa 1 m lange, mit einem geraden, langschenkeligen Haken Nr. 6 bis 10 armierte Vorfach von 0,22 mm Durchmesser ein. Nach dem Auswerfen holt man die Schnur langsam etwas ein, wartet dann ca. eine Minute, lässt etwas nach und fährt auf dieselbe Weise fort. Beim Biss biegt sich die Rutenspitze zwei oder drei Mal deutlich, danach zuckt sie noch ein wenig nach. Gewöhnlich hakt sich dieser Fisch selbst, daher muss man nur noch mit einer gefühlvollen Gegenbewegung dafür sorgen, dass der Haken auch gut sitzt. Dann beginnt man vorsichtig mit dem Einholen.

Mugil cephalus • Meeräsche, Großkopf

Visitenkarte

Ordnung
Perciformes

Familie
Mugilidae

Maximale Länge
80 cm

Lebensraum
Felsenküste,
Flussmündungen,
Häfen

Angeltechnik
Stippen

Die Meeräsche hat einen spindelförmigen Körper, einen großen, abgeflachten Kopf und ein kurzes Maul mit kleinen, dünnen Zähnen. Die Augen werden von einer Membran geschützt, die sie zur Gänze bedeckt und nur einen engen Schlitz für die Pupille freilässt. Sie besitzt zwei kurze Rückenflossen, die erste weist vier fächerartig angeordnete Strahlen auf. Die große Schwanzflosse ist in zwei zugespitzte Lappen unterteilt, die Afterflosse hat vorne drei harte und hinten sieben bis acht weiche Strahlen. Der Körper ist von rundlichen, eher großen Schuppen bedeckt, der Rücken ist blaugrau, Flanken und Bauch sind silbrig weiß. An den Flanken sind deutlich sechs bis sieben dünne, schwärzliche Längsstreifen zu sehen.

Fortpflanzung und Wachstum: Die Meeräsche wird in der Regel mit drei Jahren geschlechtsreif und laicht von Oktober bis Dezember. Im ersten Lebensjahr wächst sie ziemlich rasch. Sie kann etwa 80 cm lang werden und ein Gewicht von maximal 8 kg erreichen.

Lebensraum und Nahrung: Die besonders misstrauische Meeräsche hält sich vorzugsweise in der Nähe felsiger Küstengebiete auf, in und um Hafenbecken und vor allem an Flussmündungen findet man sie ebenfalls häufig vor, denn sie ist besonders gut an die Lebensbedingungen im Brackwasser angepasst. Sie lebt in Schwärmen, die die Flussläufe oft mehrere Kilometer hochsteigen. Sie ernährt sich von kleinen Meerestieren, Algen und allerlei organischem Material und sucht oft auf schlammigem Grund nach Nahrung.

Ähnliche Arten: Besonders im Mittelmeer, im Sommer aber auch in Nord- und Ostsee, gibt es mehrere Arten von Meeräschen. Die häufigsten europäischen Arten sind die **Dünnlippige Meeräsche** und die **Dicklippige Meeräsche**.

ANGELMETHODEN

Stippen: Es ist gar nicht so einfach, eine Meeräsche zu fangen. Dieser Fisch ist besonders misstrauisch und scheu und nimmt den Köder extrem vorsichtig. Bevor sie den Köder richtig schluckt, betastet sie ihn erst gründlich mit den Lippen, daher ist es nicht leicht, mit dem Anhieb den richtigen Moment zu erwischen. Als Ausrüstung eignet sich am besten eine Stipprute von 5 bis 7 m Länge mit Monofil von 0,16 mm Durchmesser, an das man eine leichte Pose montiert, die mit Spaltblei austariert wird. Als Vorfachmontage hat sich eine Variante mit zwei Seitenarmen von 0,12 bis 0,14 mm Stärke mit Haken Nr. 14 bis 16 bewährt.

MEERESFISCHE

Da man so gut wie nie die Chance hat, eine Meeräsche beißen zu sehen, muss man sich auf die Pose verlassen.

Diese taucht relativ langsam unter, aber deutlicher, als das durch die Wellenbewegung geschieht. Im Zweifelsfall entscheidet man sich für das Anschlagen, denn einmal zu viel ist allemal besser als einmal zu wenig. Mit wachsender Erfahrung gelingt es dann immer öfter, den rechten Moment zu erkennen.

Köder und Lockfutter: Die besten Köder sind zweifellos Brotkrume und Sardinenfiletstücke, allerdings scheint die Meeräsche Krebsfleisch und Fleischmaden oft ebenso zu nehmen. Wer mit der Brotflocke fischt, wie die Mehrzahl der Sportangler, tut gut daran, gründlich anzufüttern, und zwar am besten mit einem Teig aus Brot und Käse. Das Lockfutter muss regelmäßig ausgestreut werden, um den Schwarm zu beschäftigen und in der Nähe der Angelstelle zu halten.

Links: Das Landen mit dem Kescher ist für Fisch und Gerät gleichermaßen schonender. Oben: Brot - die Lieblingsspeise der Meeräsche. Linke Seite: Lösen des Hakens.

Pagellus erythrinus • Rotbrasse

Visitenkarte

Ordnung
Perciformes

Familie
Sparidae

Maximale Länge
50 cm

Lebensraum
unterschiedlich

Angeltechnik
Paternosterangel

Die Rotbrasse hat einen annähernd oval geformten, seitlich zusammengedrückten Körper mit spitzer Schnauze. Das Maul ist vorne mit kleinen, konischen Fangzähnen besetzt, weiter hinten mit Mahlzähnen. Die Rückenflosse ist lang, vorne höher und hartstrahlig mit 12 Strahlen und hinten weichstrahlig mit 9 bis 11 Strahlen. Die langen, schmalen Brustflossen reichen angelegt bis hinter den Ansatz der Analflosse zurück. Die Schwanzflosse ist zweilappig und an der Wurzel mit Schuppen bedeckt. Das Farbkleid der Rotbrasse ist mit den rosafarbenen, silbrig gebänderten Flanken besonders attraktiv. Der Bauch ist rosa-weiß. Die Brustflossen haben an der Basis einen rosafarbenen Fleck, alle Flossen mit Ausnahme der farblosen Bauchflossen weisen einen schönen Rosaton auf.

Fortpflanzung und Wachstum: Die Rotbrasse laicht im Frühjahr und Frühsommer und setzt die Eier freischwimmend ab. Wie bei den meisten Spariden handelt es sich auch hier um eine Zwitterart, die das Geschlecht wechselt. Die Rotbrasse ist ein protogyner Hermaphrodit, das heißt in jungen Jahren weiblich, später männlich. Sie kann bis zu 50 cm lang werden, meistens zwischen 20 und 30 cm.

Lebensraum und Nahrung: Die Rotbrasse ist ein Schwarmfisch und lebt auf unterschiedlich beschaffenem Boden, vorzugsweise jedoch auf schlammig sandigem Grund, wo besonders viele kleine Meerestiere als Nahrungsgrundlage vorhanden sind. Meistens findet man sie in Tiefen zwischen 30 und 50 m, wo sie auf der Suche nach Mollusken, Krustentieren und Ringelwürmern den Grund abwandert.

MEERESFISCHE

Links und linke Seite: Die Rotbrasse hat ein wunderschönes rosa schimmerndes Farbkleid mit silbern gebänderten Flanken.

ANGELMETHODEN

Paternosterangel: Da man mit dieser Methode mehrere Fische gleichzeitig fangen kann, setzt man sie am besten an einer Stelle ein, wo sich dichte Schwärme aufhalten. Die Rute sollte ca. 3 m lang sein, die Rolle geräumig genug für ausreichend Schnur der Stärke 0,50 mm. Das Vorfach (siehe rechts) besteht aus einem ca. 2 m langen Vorfaden mit Grundblei zwischen 50 und 150 g am Ende. Etwa 30 cm vom Endblei entfernt zweigt der erste Seitenarm ab. Die Seitenarme sind 20 bis 25 cm lang, 0,30 mm stark und mit Haken Nr. 6 bis 2 je nach Größe der Fische armiert. Ein guter Köder ist Krebsfleisch. Man sucht sich mit dem Boot eine gute Angelstelle, wo man die Montage ins Wasser lässt. Die Rotbrasse beißt eher vorsichtig und nimmt den Köder nicht sofort, daher braucht man etwas Übung, um zu wissen, wann es Zeit ist, den Anhieb zu setzen.

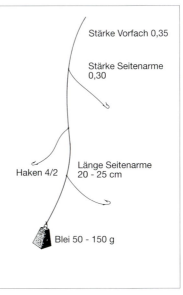

Pomatomus salatrix • Blaufisch (Bluefish)

Visitenkarte

Ordnung
Perciformes

Familie
Pomatomidae

Maximale Länge
1 m

Lebensraum
Küstennähe

Angeltechnik
Schleppen,
Treibangel
von der
Felsenküste aus

Der Blaufisch hat einen schlanken, leicht zusammengedrückten Körper und ein eher großes Maul mit kräftigem, etwas vorstehendem Unterkiefer und spitzen, starken Zähnen. Durch dieses Merkmal sieht man ihm den Raubfisch auf den ersten Blick an. Er besitzt zwei Rückenflossen, eine niedrige hartstrahlige und eine höhere weichstrahlige. Die

Analflosse ähnelt der zweiten Rückenflosse, die Schwanzflosse ist relativ groß und in zwei gleich große Lappen gegabelt. Brust- und Bauchflossen sind klein. Das Farbkleid ist dunkel graugrün mit bläulichem Schimmer, die Flanken sind heller und zum Bauch hin silbergrau. Die Wangen sind golden getönt, an der Basis der Brustflossen sitzt ein deutlich sichtbarer dunkler Fleck.

Fortpflanzung und Wachstum: Der Blaufisch laicht im Frühjahr und setzt runde, schwimmende Eier ab. Die Brut misst beim Schlüpfen etwa 2 mm und wächst im ersten Jahr extrem schnell. Durchschnittlich erreicht der Blaufisch ein Gewicht von 2 bis 3 kg, er kann aber in Ausnahmefällen auch 10 kg schwer und über 1 m lang werden.

MEERESFISCHE

Links und linke Seite: Der Blaufisch hält sich oft in Küstennähe vorzugsweise vor ins Meer ragenden Felsvorsprüngen und Brechern auf.

Lebensraum und Nahrung: Dieser gefräßige Raubfisch ist ständig auf der Jagd nach Beute und zögert nicht, manchmal auch größere Spezies anzugreifen. Er stellt sein aggressives Verhalten auch nicht ein, wenn er satt ist. Er lebt in Schwärmen, und wenn so ein Blaufischschwarm erst einmal gute Jagdgründe gefunden hat, nistet er sich dort ein und verjagt alle anderen Fische, die sich in die Nähe wagen. Er kommt besonders häufig an den türkischen Küsten vor, wo er eine große industrielle Bedeutung hat, doch man findet ihn auch in anderen Bereichen des Mittelmeers und des Atlantik.

ANGELMETHODEN

Schleppen: In den frühen Morgenstunden oder gegen Abend ist die beste Zeit, die küstennahe Zone vor Sandstränden in etwa 5 bis 30 m Tiefe abzufischen. Als Köder eignen sich mit mäßiger Geschwindigkeit geschleppte Löffel von 7 bis 10 cm Länge, kleine Konaheads, Wobbler und ganz besonders weiße oder bunte Federn. Die beste Vorfachmontage dafür ist ein Nylonvorfaden von 0,40 bis 0,50 mm Stärke. Wenn man es auf größere Exemplare abgesehen hat, die beim Anbiss etwas misstrauischer sind, empfehlen sich ganze Köderfische, die in mittlerer Wassertiefe geschleppt werden, oder Kombiköder. Ein mit zwei Haken armierter, langsam in mittlerer Tiefe geschleppter Hornhecht verfehlt seine Wirkung selten.

Treibangel vor der Felsenküste: Da der Blaufisch mit Vorliebe vor ins Meer ragenden Felsen und vor großen Brechern jagt, sind diese Plätze hervorragende Angelstellen. Dazu verwendet man ein Stahlvorfach und beködert den Haken mit einem Köderfisch. Ein Schwimmer sorgt dafür, dass der Köder etwa 2 m über dem Grund platziert wird. Ist er einmal gehakt, liefert der Blaufisch einen spannenden Kampf beim Drill, sodass er zu den in Sportanglerkreisen am höchsten geschätzten Beutefischen unserer Meere zählt.

MEERESFISCHE

Scomber scombrus • Makrele

Visitenkarte

Ordnung
Perciformes

Familie
Scombridae

Maximale Länge
50 cm

Lebensraum
Küstennähe

Angeltechnik
Schleppen,
Spinnen

Die Makrele hat einen schlanken, spindelförmigen Körper, eine spitze Schnauze und ein mit spitzen Zähnen besetztes Maul. Das Auge ist von einem vollständigen Augenknochenring umgeben. Die beiden Rückenflossen stehen eher weit voneinander entfernt, die erste ist dreieckig und 11- bis 12-strahlig, die zweite steht symmetrisch zur Afterflosse und ist 10- bis 11-strahlig, dahinter sitzen noch fünf bis sechs so genannte Flösselchen, die sich bis zur Schwanzflossenwurzel fortsetzen und auch auf der Bauchseite vorhanden sind. Die Schwanzflosse ist in zwei schmale, spitz zulaufende Lappen gegabelt, Brust- und Bauchflossen sind verhältnismäßig klein. Das Farbkleid zeigt einen metallischen Glanz und spielt am Rücken vom Blauen ins Grünliche, bis zur Seitenlinie verlaufen dunkle Bänder über den Rücken. Der Bauch ist hell silberweiß.

Fortpflanzung und Wachstum: Die Makrele laicht zu Frühjahrsbeginn und wächst sehr schnell. Bereits mit zwei Jahren erreicht sie 20 cm Länge, insgesamt wird sie etwa 50 cm lang und in Ausnahmefällen sogar über 1,5 kg schwer.

Makrelenschwärme trifft man gewöhnlich einige wenige Kilometer vor der Küste an. Hat man erst einmal eine gefangen, kann man ziemlich sicher sein, dass noch weitere an den Haken gehen werden.

MEERESFISCHE

Lebensraum und Nahrung: Dieser schnelle Raubfisch ist ein unermüdlicher Schwimmer, mit dem Schwarm wandert er besonders im Frühjahr in Küstennähe, wo die geschlüpften Jungfische die Uferzone verlassen, um aufs offene Meer zu schwimmen. Die Makrele ernährt sich hauptsächlich von Jungfischen. Die charakteristischen Beulen und auseinander spritzenden Fischchen an der Oberfläche zeigen ziemlich verlässlich an, dass ein Makrelenschwarm auf der Jagd ist. Auch tauchende Möwen können ein Anzeichen dafür sein, sie werden von den vom Schwarm an die Oberfläche gejagten Fischen angezogen, die eine leichte Beute darstellen.

ANGELMETHODEN

Schleppen: Eine der besten Methoden zum Makrelenfang ist das Schleppen. Die sich nähernden Schwärme sind gut auszumachen, das Meer bekommt an der betreffenden Stelle einen ausgefransten dunklen Fleck, der sich deutlich von der Umgebung unterscheidet. Für diese nicht besonders großen Fische genügt leichtes Gerät, eine leichte Bootsrute mit Rolle, die Stärke der Hauptschnur liegt bei 0,30 mm, die des Vorfachs unter 0,25 mm. Ein Feder-Jig von etwa 5 bis 6 cm Länge oder ein Schlepplöffel in der gleichen Größe sind die besten Kunstköder, die man in unterschiedlichen Tiefen arbeiten lassen kann. Die beste Geschwindigkeit liegt bei 4 bis 5 Knoten, der Abstand zum Heck beträgt idealerweise um die 40 m. Um die Fangchancen zu erhöhen, empfiehlt es sich, nicht nur einen Köder zu schleppen, sondern mehrere in verschiedenen Tiefen sowie einen an der Oberfläche.

Spinnen: Da die Makrele ebenso gut an den Löffelblinker mit oder ohne Feder geht wie an den Wobbler, sofern der Rücken blau und die Flanken silbrig sind und er einer Sardine gleicht, stellt sie auch eine klassische Beute für den Spinnfischer dar. Von halbhohen bis hohen Klippen aus erreicht man sie ebenso gut wie aus dem Boot. Ist sie einmal gehakt, überrascht die Makrele mit ausdauernder Kampfstärke und liefert einen spannenden Drill. Nicht selten biegt sich unter dem Zug ihrer Fluchten und Stöße die Spinnrute ordentlich durch.

Oben: frisch gefangene Makrelen. Unten: Vorschlag zur Ausstattung eines Bootes mit verschiedenen Kunstködern zum Makrelenfang.

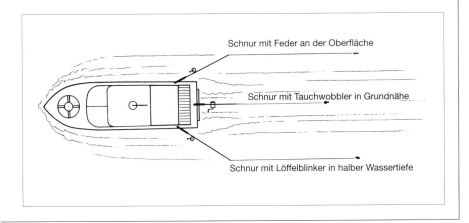

Sparus auratus • Goldbrasse

Visitenkarte

Ordnung
Perciformes

Familie
Sparidae

Maximale Länge
70 cm

Lebensraum
Häfen,
Wellenbrecher,
Flussmündungen,
Lagunen

Angeltechnik
Grundangel,
Handschnur

Die unter Sportanglern höchst beliebte Goldbrasse verdankt ihren Namen einem golden schimmernden Fleck auf der Stirn, der sich bis zu den Augen fortpflanzt. Sie hat einen ovalen, hochrückigen, seitlich zusammengedrückten Körper mit großem Kopf und kräftigem Gebiss mit vier bis sechs Reißzähnen, hinter welchen weitere kräftige Mahlzähne an Ober- und Unterkiefer sitzen, mit denen sie mühelos alle möglichen Schalentiere knacken kann. Die Rückenflosse besitzt 11 harte und 13 weiche Strahlen, die Brustflossen sind lang und spitz, die Bauchflossen ziemlich klein, die Analflosse sitzt weit hinten. Der vorherrschende Farbton des Farbkleides ist Silbergrau, wobei das Grau am Rücken etwas dunkler ist und zu den Flanken hin heller wird, der Bauch ist beinahe weiß. Charakteristisch sind die großen, dunkleren, golden schimmernden Flecken auf dem Kopf und die schwärzlichen Flecken auf den Kiemendeckeln.

Fortpflanzung und Wachstum: Die Goldbrasse laicht von Oktober bis Dezember. Jeder Rogner kann pro Kilogramm Körpergewicht bis zu 200.000 Eier absetzen, nach drei Tagen schlüpfen die Larven. Die Goldbrasse wird maximal 70 cm lang und kann ein Gewicht von bis zu 7 kg erreichen.

Lebensraum und Nahrung: Die Goldbrasse ist ein Standfisch und lebt häufig in Hafenbecken, in der direkten Umgebung größerer Wellenbrecher, in Lagunen und im Bereich von Flussmündungen. Dort bleibt sie vom Frühling bis zum Spätsommer, im Herbst steigt sie zum Laichen in tiefere Zonen ab. Sie ist empfindlich gegen Kälte und sucht im Winter tiefe Bereiche mit besseren Temperaturbedingungen auf, wo sie in dichten Schwärmen mit Artgenossen lebt. Sie bevorzugt Krustentiere und Mollusken als Nahrung.

Wissenswertes: Im Griechenland der Antike war die Goldbrasse nicht nur wegen ihres wohlschmeckenden Fleisches, sondern auch wegen ihrer anmutigen Erscheinung geschätzt. So galt sie bei den Athenern als der Göttin der Schönheit, Aphrodite, geweiht.

Rechts: eine schöne Goldbrasse. Diesen Fisch trifft man häufig in Hafenbecken an (rechte Seite), wo er seine bevorzugte Nahrung auf dem Grund vorfindet.

MEERESFISCHE

ANGELMETHODEN

Grundangel: Die besten Angelstellen für die Grundangel auf Goldbrassen findet man dort, wo sandige Stellen mit algenbewachsenen Felsen und Steinen abwechseln. Mit einer Wurfrute von 3 bis 4 m Länge und einer Stationärrolle mit guter Übersetzung und ausreichend Fassungsvermögen für etwa 200 m Monofil der Stärke 0,40 mm ist man gut ausgerüstet. Für das passende Vorfach (siehe rechts) montiert man ein tropfenförmiges Laufblei von 50 bis 150 g Gewicht vor einen Einhängewirbel als Stopper, an den eine 1 m lange, 0,30 mm starke und mit einem Bronzehaken Nr. 5 bis 1 je nach Art des verwendeten Köders armierte Vorfachspitze montiert wird. Die Goldbrasse geht besonders gerne an Miesmuscheln, doch auch Sandwürmer, Wattwürmer, Mieterkrebse und Stabmuscheln sind äußerst fängige Köder. Der Biss der Goldbrasse ist unverwechselbar: Nach ein paar zaghaften Zupfern biegt sich die Rutenspitze ein- bis zweimal kräftig, unmittelbar darauf wird rasch Schnur abgezogen. Der Angler tut gut daran, nicht sofort anzuheben, sondern den Fisch erst einige Meter gewinnen zu lassen, bevor er den Haken mit einem energischen Ruck setzt.

Handschnur: Wo es erlaubt ist, kann man auf die Goldbrasse auch vom Ufer aus mit der Handschnur angeln. Dazu benötigt man eine Hauptschnur von 200 m Länge, die um ein Stück Naturkork gewickelt wird. Die Stärke beträgt 0,30 mm. Diese weniger sportliche, aber darum nicht minder spannende Methode ist den Berufsfischern abgeguckt, die dazu gerne eine Miesmuschel verwenden, da sie mit diesem Köder auf weiteres Bebleien verzichten können. Sie schieben stattdessen einige kleine Steinchen zwischen die Schalen der Muschel und können den Köder auf diese Weise mehrere Meter weit auswerfen. Das Korkstück mit der Schnur wird einfach auf die Hafenmauer gelegt, dann holt man etwas Schnur ein und beschwert diese mit einem Stein, der gleichzeitig als Bissanzeiger dient: Zieht der Fisch mit dem Köder ab, springt der Stein hoch.

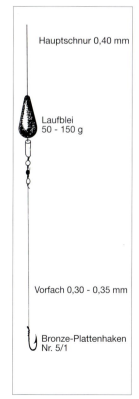

Hauptschnur 0,40 mm

Laufblei 50 - 150 g

Vorfach 0,30 - 0,35 mm

Bronze-Plattenhaken Nr. 5/1

Thunnus thynnus • Großer Thun, Roter Thun, Blauflossenthun

Visitenkarte

Ordnung
Perciformes

Familie
Thunnidae

Maximale Länge
über 2,5 m

Lebensraum
offene See

Angeltechnik
Hochseefischen

Der Große Thun hat einen perfekt stromlinienförmigen Körper und relativ kleine Kiefer mit konischen, spitzen Zähnen im gesamten Maul. Er hat zwei Rückenflossen, eine dreieckige hartstrahlige, die nach hinten immer niedriger wird, bis die zweite weichstrahlige Rückenflosse ansetzt, auf die mehrere kleine Flösselchen folgen. Die mondsichelförmige, große Schwanzflosse sitzt an einem kräftigen Schwanzstiel und sorgt für ebenso kräftigen Antrieb. Die dicke Haut des Großen Thuns ist am Rücken bläulich silbrig, silbergrau an den Flanken und am Bauch silbrig weiß. Die Flösselchen sind gelblich getönt, die Schwanzflosse ist dunkelblau.

Fortpflanzung und Wachstum: Der Große Thun laicht vom Frühjahr bis zum Sommer. Die Eier sind rund, die Brut ist beim Schlüpfen etwa 3 mm lang. Er wächst schnell, bereits nach vier Monaten kann er eine Länge von 40 cm und ein Gewicht von 1 kg erreichen. Mit fünf Jahren wiegt er oft bereits 40 kg, nach 15 Jahren kann er über 2,5 m lang sein und 250 kg wiegen.

Lebensraum und Nahrung: Der Große Thun schwimmt sowohl auf der Nahrungssuche als auch zum Ablaichen in Schwärmen. Er ist ein gefräßiger Räuber, der besonders Sardinen und Sardellen bevorzugt, über die Schwärme dieser kleinen Fische fällt er besonders häufig her. Doch auch Stöcker, Meeräschen, Makrelen und Hornhechte werden nicht verschmäht.

*Rechts: Ein Großer Thun hat angebissen.
Rechte Seite: Das Landen eines kapitalen Thuns ist kein leichtes Unterfangen, doch ein solcher Fang zählt sicherlich zu den aufregendsten Erlebnissen, die die hohe See dem Sportangler zu bieten hat.*

MEERESFISCHE

ANGELMETHODEN

Hochseeschleppen: Der Große Thun ist ein faszinierender Beutefisch für den Hochseeangler, denn kaum ein anderer Fisch wird ihm ein ähnlich spannendes Abenteuer bescheren. Ein so großer Fisch erfordert entsprechendes Gerät, die Tragkraft der Schnur darf nicht unter 40 kg liegen, oft ist sie auf den letzten 6 bis 7 m mit Doppelknoten verstärkt, das Vorfach ist aus Stahldraht. Als Köder eignen sich Naturköder wie etwa die Makrele, die Sardine oder der Hornhecht, als Kunstköder große Wobbler und Feder-Jigs oder Konaheads. Naturköder schleppt man mit 2 Knoten, Kunstköder mit etwa 3 bis 4 Knoten. Normalerweise angelt man mit zwei Ruten, die Köder werden 50 bis 150 m hinter dem Heck hergeschleppt. Der Anbiss erfolgt immer stürmisch, anschließend flieht der Thun schnell und zieht rasch mehrere Dutzend Meter Schnur ab. Das gesteht man ihm zunächst zu, bevor man damit beginnt, seine Fluchten zu parieren. Es ist besonders wichtig, immer Kontakt mit dem Fisch zu halten, das heißt die Schnur niemals durchhängen zu lassen.

Glossar

Ablaichen
Das Weibchen (der Rogner) setzt die Eier (den Rogen) ab.

Abziehen
Der flüchtende Fisch am Haken zieht bei gelöster Bremse Schnur von der Rolle.

Acipenseriformes
Störähnliche, Ordnung der Knorpelganoiden mit zwei Familien, Störe und Löffelstöre.

Anadrom
Eine Spezies, die zum Laichen aus dem Meer ins Süßwasser wandert, ist anadrom.

Anguilliformes
Aalfische, Ordnung der Echten Knochenfische mit schlangenartigem Körper.

Anschlagen, Anhauen
Den Haken im Maul des Fisches so verankern, dass er von innen den Gaumen durchstößt, meist durch Anheben der Rute.

Backing
Reserveschnur beim Fliegenfischen hinter der eigentlichen Flugschnur.

Barteln
Meist in den Maulwinkeln sitzende, mehr oder weniger lange, haarartige Hautausstülpungen bei Grundfischen.

Beulen
Typische Bewegung auf der Wasseroberfläche, die von jagenden Forellen oder nach Insekten steigenden Salmoniden erzeugt wird.

Caster
Verpuppte Fleischmade.

Casting
Werfen mit Fliegen- und Spinnrute, auch in Form sportlicher Wettkämpfe.

CIPS
Confédération Internationale de la Pêche Sportive, Internationaler Sportanglerverband.

Clupeiformes
Heringsfische, Ordnung der Echten Knochenfische mit zahlreichen im Salz- und Süßwasser lebenden Arten sowie Wanderfischen wie etwa Lachsen.

Cypriniformes
Karpfenfische, Ordnung der Echten Knochenfische mit über 6000 meist im Süßwasser lebenden Arten.

Duftspur
Eine Spur aus stark riechendem Lockfutter, das über das Heck des fahrenden Bootes ausgeworfen wird.

Dun
Englische Bezeichnung für das ausgewachsene Stadium der Eintagsfliege bzw. ihre Imitation.

EFSA
European Federation of Sea Anglers, Europäische Vereinigung der Meeresangler.

Emerger
Englische Bezeichnung für die zur Wasseroberfläche aufsteigende Nymphe.

Farbkleid
Die Farben der Fischhaut. Variiert bei vielen Arten im Laufe des Lebens.

Fischmade
Auf Fischabfällen gezüchtete Fliegenmade. Weniger beliebt, da sie leicht ausläuft.

Fleischmade
Fliegenmade, die auf Fleischabfällen gezüchtet wurde. Beliebter Universalköder.

Glasaal
Jungform des Aals.

Gliederwobbler
Wobbler mit Gelenk, der sich im Wasser besonders natürlich bewegt.

Grundblei
Schweres Blei am Vorfachende, das entweder flach (Sargblei) oder rundlich geformt sein kann.

Gumpen
Tiefe Ausspülung in Fließgewässern, gute Angelplätze.

Hauptschnur
Hauptteil der Angelschnur.

Hechel
Eine dünne Feder, meist vom Kragen des Hahns, wird aufgespreizt und bildet die zum Binden von Fliegen notwendigen Hecheln, die die Beine des Insekts darstellen sollen.

Hermaphrodit
Ein Individuum, das weibliche und männliche Geschlechtsmerkmale aufweist. Protogyne Hermaphroditen sind in der Jugend weiblich, dann männlich. Protandrische H. sind zuerst männlich, später weiblich.

Hochzeitskleid
Bei vielen Fischen verändert sich das Farbkleid zur Laichzeit.

Jugendkleid
Von Jugendkleid spricht man, wenn der junge Fisch eine andere Färbung hat als der ältere.

Kammschuppe
Schuppe mit gezahntem Außenrand.

GLOSSAR

Katadrom
Fische, die zum Laichen aus dem Süßwasser ins Meer wandern, sind katadrom.

Keulenschnur
Schnur für das Fliegenfischen mit einer etwa 9 m langen Verdickung an der Spitze (WF).

Laichgrube
Manche Fische bauen sich eine Art »Nest«, eine Kuhle, in die die Eier abgesetzt werden.

Lebender Köderfisch
Der lebende Köderfisch gehörte früher zu den klassischen Ködern beim Angeln, ist jedoch heutzutage aus Tierschutzgründen beinahe überall verboten.

Löffel
Kunstköder zum Spinnen und Schleppen.

Milchner
Männlicher Fisch.

Montage
Gesamtheit von Schnur, Blei und Schwimmer.

Nassfliege
Nachbildung eines Insekts mit Flügeln, mit dem unter der Wasseroberfläche (nass) gefischt wird.

Nymphe
Nachbildung eines Insekts ohne Flügel.

Olive
Beliebte Bleiform für das Grundfischen.

Paternoster
Mehrhakensystem mit Grundblei.

Perciformes
Barschfische, formenreichste Ordnung der modernen Echten Knochenfische.

Plankton
Mikroorganismen und Schwebeteilchen sowie pflanzliches Material im Süß- oder Salzwasser, das manchen Fischarten und Wassertieren als Nahrung dient.

Pöddern
Methode zum Aalfang, bei der ein Bündel Tauwürmer an der Vorfachspitze ohne Haken angeködert wird.

Rogen
Eier des Fisches, die vom Weibchen entweder schwimmend oder an Wasserpflanzen bzw. auf dem Grund abgesetzt werden.

Rogner
Weiblicher Fisch.

Rundschuppe
Schuppe mit glattem Außenrand.

Salmoniformes
Lachsfische, Unterordnung der Heringsfische mit Fettflosse am Schwanzstiel.

Sedge
Englische Bezeichnung für die Köcherfliege bzw. ihre Imitation.

Segge
Köcherfliege.

Seitenarm, Seitenvorfach
Seitliche Verzweigung des Vorfachs, häufig mit Haken armiert, aber auch zur Befestigung von Blei oder Pose.

Siluriformes
Welsfische, Unterordnung der Karpfenfische, durchwegs Bodenbewohner.

Sitzkiepe
Gerätekiste mit gepolsterter Sitzfläche, beliebt bei Friedfischanglern.

Spaltblei
Leichte Bleikügelchen, die zum Austarieren der Pose auf die Schnur geklemmt werden.

Standfisch
Ein Fisch, der in einem festen Revier lebt.

Streamer
Kunstköder, der Jungfische oder Fischlarven imitiert.

Tauchbrett
Scheiben- oder brettförmiges Gerät, das beim Schleppen den Köder in die Tiefe zieht.

Tiroler Hölzl
Holzstab oder Röhrchen aus Kunststoff mit Bleibeschwerung am unteren und Öse am oberen Ende. Gut zum Grundangeln auf steinigem Grund. Wird auch als Aufstehblei bezeichnet.

Trockenfliege
Nachbildung eines Insekts mit Flügeln, mit der an der Oberfläche (trocken) gefischt wird.

Tropfenblei
Tropfenförmiges Blei zur Beschwerung der Montage.

Vorfach
An die Spitze der Hauptschnur geknüpfte Montage aus etwas dünnerer Schnur und Haken sowie eventuell Bebleiung.

Wanderfisch
Ein Fisch, der weite Bereiche der Meere durchwandert.

Wasserkugel
Hohler, kugelrunder Schwimmer, der ganz oder teilweise mit Wasser gefüllt werden kann.

Widerhaken
Kleiner Dorn am Haken, der verhindert, dass der Fisch ihn sich aus dem Maul hebelt. Es gibt auch Angelhaken ohne Widerhaken.

Wobbler
Mit Haken armierte Nachbildung eines Fisches.

Artenverzeichnis

SÜSSWASSERFISCHE
Aal 10, 12, 13, 16, 20, 21, 26, **84**
Acipenser sturio 82
Acipenseridae 82
Acipenseriformes 82
Aitel **106**
Anguilla anguilla 84
Anguillidae 84
Anguilliformes 84
Äsche 10, 12, 13, 52, 74, 78, **124,** 125-127

Bachforelle 12, 15, 114, 117
Barbe 10, 12, 13, 16, 20, 21, 26, 38, **86**
Barbus barbus plebeius 86
Barsch 10, 12
Blankaal 84, 85
Blauaal 85
Blaufelchen 14, 15, **92**

Carassius carassius 90
Centrarchidae 104, 110
Clupeiformes 92, 98, 124
Coregonidae 92
Coregonus lavaretus 92
Cyprinidae 86, 90, 94, 106, 112, 128
Cypriniformes 86, 90, 94, 106, 112, 128
Cyprinus carpio 94

Döbel 10, 12, 15, 16, 20, 21, 25, 26, 32, 35, 38, 46, 52, 66, 74, **106,** 109

Elritze 10, 11, 13
Esocidae 98
Esox lucius 98

Finte 13, 14
Flunder 12
Forelle 10, 21, 52, 66, 70, 72, 74, 78
Forellenbarsch 15, **110**
Frauennerfling 20
Fressaal 85

Gelbaal 85
Glasaal 85
Grünaal 85

Hecht 10, 12, 15, 66, **98,** 100, 101
Hechtbarsch 120

Ictaluridae 102
Ictalurus melas 102

Karausche 12, 25, 32, 46, **90**
Karpfen 10, 12, 14, 21, 26, 32, 38, 46, 90, **94,** 97
Katzenwels 13, 26, **102,** 103

Lachsforelle 10, 11
Largemouth Black Bass 110
Lederkarpfen 94
Lepomis gibbosus 104
Leuciscus cephalus cabeda 106

Maifisch 10, 16
Marmorata 114
Micropterus salmoides 110

Nase 13, 16, 32, 46, 52
Nerfling 15

Percidae 120
Perciformes 104, 110, 112
Pfrille 11
Plötze 13, 52, **112,** 113

Regenbogenforelle 14, 15, 114
Renke 14
Rotauge 112, 113
Rotfeder 12, 13, 15, 16, 21, 46, 52
Rutilus erythrophthalmus 112

Saibling 16, 52, 74, **118**
Salmo gairdneri 114
Salmo trutta fario 114
Salmonidae 114, 118
Salmoniformes 114, 118
Salvelinus alpinus 118

Schleie 12, 15, 21, 26, 32, 38, **128,** 129
Schuppenkarpfen 94
Schwarzbarsch 15, 52, 66, 72, **110,** 111
Seeforelle 46
Seesaibling 118
Siluridae 120
Siluriformes 102, 120
Siluris glanis 120
Sonnenbarsch 15, **104,** 105
Spiegelkarpfen 94
Stizostedion lucioperca 122
Stör 10, 12, **82**
Strömer 52

Thymalidae 124
Thymallus thymallus 124
Tinca tinca 128

Waller 120, 121
Wels 10, 15, **120,** 121

Zander 15, **122**
Zeilkarpfen 94
Zwergwels 102

MEERESFISCHE
Ährenfisch 135-138, 141
Anguilliformes 202

Bläuel 157, 163, 164, 169, 171, 186, 196
Blaufisch 157, 164, 169, 171, 186, **212,** 213
Blauflossenthun **218**
Blöker 133, 135, 136, 138, 141, 147, 163, 178, **200,** 201
Bluefish **212**
Bonito 191, 196
Boops boops 200
Brandbrasse 133, 135, 136, 138, 146, 147, 163, 171, 172, 178
Brasse 134-137, 147, 149

Conger **202,** 203
Conger conger 202
Congridae 202

Dentex dentex 204
Drachenkopf 133, 135, 178

Glasaal 137
Goldbrasse 133-137, 149, 155, 157, 158, 163, 164, 166, 169, **216**
Goldstrieme 136, 138, 141
Großer Thun **218**
Großkopf 137, **208**
Grundel 137
Grünel 164, 169, 186, 187, 195, 196

Hai 192, 195
Hornhecht 135, 137, 146, 163, 187

Knurrhahn 133, 179, 180

Lippfisch 133, 178
Lithognathus mormyrus 206

Makrele 171, 178, 188, **214,** 215
Marlin 194, 195
Marmorbrasse 134, 137, 149, 157, **206,** 207
Meeraal 133, 134, 149, 157, 164, 169, **202**
Meeräsche 133, 135, 137, 138, 147, 149, 158, 162, 163, **208**
Meerbrasse 136, 164, 169
Meergrundel 136, 149
Meerjunker 133, 141, 178
Mugil cephalus 208
Mugilidae 208
Muräne 133, 164, 169, 196

Pagellus erythrinus **210**
Pagellus mormyrus 206
Perciformes 200, 204, 206, 208, 210, 212, 214, 216, 218
Peterfisch 180
Petermännchen 134, 135, 171
Pomatomidae 212
Pomatomus salatrix 212

Rochen 134, 180
Rotbrasse 178, 179, **210,** 211
Roter Thun **218**

Schleimfisch 133
Scholle 134
Schwarzgrundel 133

ARTENVERZEICHNIS

Schwertfisch 192, 195
Scomber scombrus 214
Scombridae 214
Seebarsch 133, 135-137, 146, 147, 155, 157, 158, 163, 164, 166, 169, 170, 172, 173, 178, 186, 188, 196
Seeschwalbenfisch 180
Segelfisch 194, 195
Sparidae 200, 204, 206, 210, 216
Sparus auratus 216
Stachelmakrele 133, 155, 157
Steinbutt 134
Stöcker 147, 169, 170, 178, 180, 188

Thun, Großer **218,** 219
Thun, Roter **218**
Thunfisch 192, 194-196, **218,** 219
Thunnidae 218
Thunnus thynnus 218

Umberfisch 133, 137, 149, 155, 157

Wolfsbarsch 186
Wrackbarsch 180

Zackenbarsch 133, 135, 164, 170
Zahnbrasse 133, 134, 164, 166, 169, 186, **204,** 205

Beim im Süß- und Salzwasser gleichermaßen beliebten Spinnangeln können alle möglichen Arten von Kunstködern eingesetzt werden. Meist sind sie aus Metall, Kunststoff oder Balsaholz und gleichen in Beweglichkeit und farblichem Erscheinungsbild den natürlichen Beutefischen der Raubfischarten.